内蒙古发展研究文库2019

中蒙俄智库

国际论坛报告

（2015）

CHINA-MONGOLIA-RUSSIA THINK TANK
INTERNATIONAL FORUM REPORT 2015

内蒙古自治区发展研究中心
内蒙古自治区经济信息中心 编

中国发展出版社
CHINA DEVELOPMENT PRESS

图书在版编目（CIP）数据

中蒙俄智库国际论坛报告（2015）/ 内蒙古自治区发展研究中心，内蒙古自治区经济信息中心编．—北京：中国发展出版社，2019. 2
ISBN 978-7-5177-0965-7

Ⅰ. ①中… Ⅱ. ①内… ②内… Ⅲ. ①咨询机构—研究报告—中国、蒙古、俄罗斯—2015 Ⅳ. ①C932. 81

中国版本图书馆 CIP 数据核字（2019）第 012071 号

书　　名：中蒙俄智库国际论坛报告（2015）
著作责任者：内蒙古自治区发展研究中心　内蒙古自治区经济信息中心
出 版 发 行：中国发展出版社
（北京市西城区百万庄大街 16 号 8 层　100037）
标 准 书 号：ISBN 978-7-5177-0965-7
经　销　者：各地新华书店
印　刷　者：河北鑫兆源印刷有限公司
开　　本：787mm×1092mm　1/16
印　　张：16
字　　数：346 千字
版　　次：2019 年 8 月第 1 版
印　　次：2019 年 8 月第 1 次印刷
定　　价：69. 00 元

联 系 电 话：（010）68990630　68990692
购 书 热 线：（010）68990682　68990686
网 络 订 购：http：//zgfzcbs. tmall. com//
网 购 电 话：（010）88333349　68990639
本 社 网 址：http：//www. develpress. com. cn
电 子 邮 件：370118561@ qq. com

中蒙俄智库国际论坛报告（2015）

编 委 会

序　言

当前，“一带一路”倡议正在从谋篇布局的“大写意”转入精耕细作的“工笔画”，共建“一带一路”正在走深、走实。“中蒙俄经济走廊”作为“一带一路”六大走廊之一，既是联通东北亚经济圈和欧洲经济圈的重要桥梁，也是全方位深化与蒙古国、俄罗斯合作的重要通道。中蒙俄在“一带一路”框架下，在“共商、共建、共享”和“合作共赢”原则的指引下，共建“中蒙俄经济走廊”取得了良好的阶段性成果。内蒙古作为“中蒙俄经济走廊”建设的重要窗口和重要节点，发挥好毗邻区位、口岸协同发展、产业互补、人文交流密切等综合优势，扎实推进，深度融入，积极参与“中蒙俄经济走廊”建设，具有十分深远的时代意义。

在共同推进“中蒙俄经济走廊”建设中，中蒙俄三国副外长北京会议对建立三方学术和智库交流机制提出新要求。为实施好这一新要求，中国内蒙古自治区发展研究中心联合中国国务院发展研究中心国际合作局、俄罗斯科学院远东研究所、蒙古国科学院和国立大学以及中国北京、内蒙古、黑龙江、吉林、辽宁、新疆等智库，于2015年共同发起创立中蒙俄智库国际论坛，并组建中蒙俄三方智库合作中心（联盟）。

论坛和联盟的主要目标是在三国副外长级磋商机制框架内，构建中蒙俄三方学术交流与智库合作机制，围绕“中蒙俄经济走廊”建设优先方向，开展人文交流、政策沟通、共研合作，在中国的共建“一带一路”、蒙古国的“发展之路”和俄罗斯的“欧亚经济联盟”对接中，为三国政府提供智力服务。五年来，按照“联合发起、平等参与、共建共赢、稳步推进”的原则，坚持高端定位，建立机制性、常态化的智库对话、人员交流与合作研究机制，推动三方智库合作，发挥协同效应，形成智库交流互动、有效合作的三国多元智库网络。

中蒙俄智库国际论坛由中蒙俄智库合作中心（联盟）主办，2015～2018年在三国轮值举办了四届年会，已汇集了320余篇论文。每届论坛围绕“中蒙俄经济走廊”建设的重点议题，三国专家学者同台建言献策，为深化三国智库间的合作与交流，共谋“中蒙俄经济走廊”建设，发挥了积极的智库先行作用。为更好地服务国内读者，现根据每届论坛公开出版的三国语言文字版会议论文，梳理编译为中文版文集，以《中蒙俄智库国际论坛报告》的形式与广大读者见面。

《中蒙俄智库国际论坛报告》凝聚了中蒙俄三国智库专家学者对共建“一带一路”中“中蒙俄经济走廊”的研究观点和政策建议，不仅对助力《建设中蒙俄经济走廊规划纲要》的实施和促进共同繁荣具有很好的理论实践意义，更有助于三国政策沟通、设施联通、贸易畅通、资金融通、民心相通共同目标的实现。

《中蒙俄智库国际论坛报告》属于历年中蒙俄智库国际论坛成果，其中每篇报告都是参会代表心血和智慧的结晶，体现了作者对助力推进“中蒙俄经济走廊”的高度热情，以及对中蒙俄三国人民世代友好和共同繁荣发展的殷切希望。因报告成果涉及专家学者较多，出版前未能一一征求意见，还望各位专家学者给予理解。特别是蒙古国和俄罗斯专家学者的论文，有可能出现语言转换、翻译理解偏差等问题，敬请参会代表和广大读者谅解并批评指正。

目前，《建设中蒙俄经济走廊规划纲要》已全面实施，中蒙俄三国合作框架和合作机制十分清晰，三方合作也进入全方位、多层次、立体化的新阶段，中蒙俄智库合作需要新思维、新举措、新推力。希望《中蒙俄智库国际论坛报告》能够为广大读者提供一些思路启发和实践借鉴，为更好地促进三方政策沟通、设施联通、贸易畅通、资金融通、民心相通增添新动力。

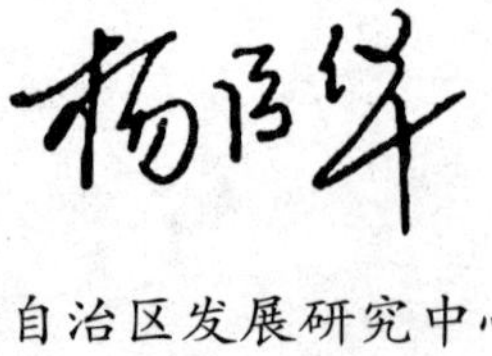

内蒙古自治区发展研究中心主任

前 言

为落实中俄蒙三国元首会晤达成的共识，加强三国智库间合作交流，在中国外交部的支持下，由内蒙古自治区发展研究中心组织发起，与国务院发展研究中心国际合作局、俄罗斯科学院远东研究所、蒙古国科学院、蒙古国国立大学共同主办，蒙古国科学院、蒙古国国立大学承办的主题为“文明互鉴·思想交流·政策沟通——携手推动中蒙俄经济走廊建设”的“中蒙俄智库国际论坛2015年会”于2015年9月17日到20日在蒙古国首都乌兰巴托市成功举办。

来自中蒙俄三国政府部门领导、三方30家智库机构总计120余位嘉宾出席本届论坛，其中中方代表40人、俄方代表23人、蒙方代表60多人。蒙古国科学院常务副院长特·道尔吉主持开幕式，中国外交部参赞夏敬革、蒙古国外交部邻国司顾问格·铁木尔楚伦、俄罗斯驻蒙古国大使馆参赞利斯托沃宁、蒙古国科学院院长博·恩和图布新、中国内蒙古自治区发展研究中心主任杨臣华分别致辞。来自中俄蒙三方智库共15位专家学者围绕论坛主题：“文明互鉴·思想交流·政策沟通——携手推动中蒙俄经济走廊建设”发表了专题演讲，还有22位专家做了简短而精彩的学术报告。在论坛主题框架下，三方智库的专家学者分别就“发展战略对接、基础设施联通”“经贸、旅游、文化、人文交流合作”“智库创新、生态保护、农牧业发展”等专题，从不同角度对共商、共建、共享“一带一路”和“中蒙俄经济走廊”发表了真知灼见。

《中蒙俄智库国际论坛报告2015》系参会文章选集。本书共收入中蒙俄三方文章41篇，其中中方20篇，蒙方6篇，俄方15篇。根据文章内容，本论文集分为政策交流、思路沟通两个部分。

本着充分尊重参会学者的意愿，我们在汇编本书时，对其中的观点和内容未做修改和删节。外方学者的论文的翻译，基本保持原汁原味。论文的学术观点仅代表作者个人观点。敬请各位学者同仁参阅指正。

编委会

2019年5月

目　　录

政策交流

思路沟通

政策交流

蒙古国发展政策：三方战略伙伴

特·道尔吉（蒙古国科学院副院长、院士）
策·巴特尔（蒙古国科学院国际关系研究所教授、博士、研究员）

尊敬的专家、学者，尊敬的来宾：

大家好！欢迎大家来到秋高气爽的蒙古国！

根据2014年9月11日在塔吉克斯坦杜尚别举行的三国元首第一次会晤达成的发展三方合作和地区合作、作为三方峰会的准备三国外交部间举办副部级磋商会晤的共识，于2015年3月在北京举行三国外交部副部长磋商会晤，决定在三国学者间建立“智库网”。2015年7月10日，在俄罗斯巴什科尔托斯坦首府乌法市举行上合组织和金砖国家第二次峰会之际，三国元首再次会晤，讨论达成了蒙俄中之间建设经济走廊的共识。笔者认为对于执行该精神，三国学者们的参与职责很重要。因此，在此相聚为了落实《关于建设中蒙俄经济走廊规划纲要的谅解备忘录》内容、使三方合作推向新高度、制定中期合作路线图之科学依据目的的三国顶尖学者专家。三国学者间进行合作研究已成为迫在眉睫的紧迫性问题。

“一带一路”对中国来说，是一项宏大的合作倡议。它涵盖西亚、中亚、东亚、东南亚、欧洲、东非、美洲区域内国家，在共商、共建、共享原则下，基于互补和发挥各自优势，进行互利合作的思想。

中国提出的“丝绸之路经济带”和“21世纪海上丝绸之路”两大思想简称“一带一路”。为此，向提出涵盖亚欧大陆的宏伟项目的中国国家主席习近平先生和与会的中国学者表示祝贺。

如果把蒙古国提出的“草原之路”项目与俄罗斯的架设高压线、铺设欧亚高速铁路以及中国的“丝绸之路经济带”项目加以对接，发挥蒙俄中各自优势进行共建，不仅惠及三国，而且对加强亚太地区国家间的经济合作具有深远意义。如果能做到这一点，则完全有可能5线（公路、铁路、石油和天然气管道、高压线）经由蒙古领土的连接亚欧大陆的“草原之路”项目得以实现。在此我以高兴的心情向大家告知，世界银行负责蒙古问题干事伯特·霍夫曼先生已向我方通报将参与并予以支持。

我认为，在俄罗斯乌法市举行的三国元首第二次会晤之际，蒙古国总统查·额勒贝格道尔吉提出的编制蒙俄中经济走廊经济技术可行性报告、为加强项目的对接和协调成立三国学者智库网建议的兑现，将发挥重要作用。

蒙古国政府施政纲领中指出：“连接俄罗斯与中国、亚欧大陆的运输走廊，增加经由蒙古国领土的过境运输。”① 为落实该内容之目的，在2014年的蒙古国经济社会发展基本方针中指出：“阐明促使形成连接俄罗斯与中国的铁路、高速公路、石油和天然气管道、高压线之物流的政策，并逐一落实。”②

蒙古国政府对三国全面、互利、平等、均衡合作的扩展予以重视的表现是，蒙古国总统额勒贝格道尔吉提出了加强三方合作、使国家元首们的会晤定期化的建议。现在该建议已经落地开花而本人无比高兴。下面就蒙俄中经贸、基础设施领域的合作现状做一分析。

在新的市场条件下，我们三国的经贸合作互不相同。

1990年在蒙古国外贸中俄罗斯占比远超中国；而到2013年则相反，中国占比远超俄罗斯。我国与俄罗斯贸易下降的空间，由中国填补了。当时，蒙古国和俄罗斯均转型进入市场经济，虽然我们希望两国经贸合作在新条件下将开辟互利、平等、均衡的崭新局面，但实际情况是两国经贸关系的范围越来趋窄。而蒙中经贸关系始终在扩展。

向中国出口的产品以精铜粉、精钼粉、原油、畜牧产品为主，向俄罗斯出口的产品以萤石、牛马肉为主。随着中国经济的增长，其对能源资源的需求也扩大。这对蒙古国利用地理之便向中国供应矿产品，并增加贸易量产生了正面影响。

1990年在我国出口中俄罗斯（前苏联）占比远超中国。到2013年则相反，中国占比远超俄罗斯。蒙古国向俄罗斯出口下滑的原因有运费高、俄方的关税和非关税壁垒、俄方对蒙古国肉类产品的检验检疫壁垒以及蒙古国出口品竞争力低下等。

就蒙古国向俄罗斯出口产品的结构而言，矿产品占大部分即占66.8%，其中萤石

---

① 由蒙古国议会37号决议通过的《蒙古国政府2012—2016年施政纲领》，http：//zasag. mn/uploads/gov_plan2012 - 2016 - 1. pdf。

② 关于通过《2014年蒙古国经济社会发展基本方略》的议会39号决议，2013年5月24日，http：//www. legalinfo. mn/law/。

一项就占50%，肉类产品约占25%，传统的绒毛、毛毡产品、地毯占3.4%。因此，对蒙古国来说，支持具有出口优势的国内生产、推广新技术设备、让国际层面认证产品质量和安全性等非常重要。

蒙古国向中国出口的96.2%为矿产品。其余3%左右为牛马肉、肠衣、牲畜角和蹄子、皮革、羊毛、驼毛、牛粗毛、羊绒、地毯、其他绒、服装。

在蒙古国进口中，2013年中国占28.7%，俄罗斯占24.6%。换句话说，在蒙古国进口中俄罗斯的地位在下降，中国地位始终在上升。

从俄罗斯进口的产品结构看，汽油、柴油占60.6%，农畜产品和食品约占25%，粮食、面粉、面粉产品占3%，其余约11%为传统分类的必需品、食品、机器设备、运输工具、矿山机械。

在蒙古国从中国进口的产品结构中，电器及其零部件、影像设备及其零部件占23.8%，汽车、机械设备及其零部件占18.4%，各类服装、鞋帽占4.3%。从中国的进口对国内市场供应和必需品供应起着重要的作用。

下面就蒙俄中在连接亚欧大陆的交通运输业合作前景和潜力做一简单分析。蒙古国2004年4月签署联合国亚太经济社会委员会成员国政府间协定，加入了亚洲高速路网。为此，蒙古国承担了亚洲统一公路网中的AH3、AH32、AH4在自己国土上铺设的义务。阿拉坦布拉格—乌兰巴托—扎门乌德方向高速路属于AH3。蒙古国计划建设的高速路经由具有国际运输、物流、经贸、工业、旅游意义的扎门乌德自贸区、阿拉坦布拉格自贸区以及呼西哥特国际航空港。

蒙俄中元首会晤之际，谈到了自俄罗斯向中国的高压线经由蒙国领土问题。这也符合我们两邻的利益。我国持有把该项目同亚洲统一网和戈壁高新技术倡议相对接的战略。戈壁高新技术倡议的基本原则是建设蒙古戈壁高功率太阳能和风能电站，并把生产的电力出口到中国、日本、韩国等国家。在大图们江项目范围内，蒙古国希望建设向东和南北向两条铁路。蒙古国为达成将矿产品送达东亚海港之目的，计划建设向东、南北向干线的达兰扎德盖特—赛因商达—霍特—乔巴山—额仁查布方向的约1800公里铁路。为此，根据蒙古国政府指示，2008年3月成立了100%国有的蒙古铁路股份公司。蒙古国从未展开过如此大规模的建设，为此国内企业响应国家政策成立了财团。其经济技术可行性报告已经由美国跨国咨询公司——麦肯锡公司制作完毕。新铁路将连接大的矿山，计划在国际资本市场上进行融资。目前，已投资1.73亿美元资金，完成了塔本套鲁盖—噶顺苏海特方向267公里的土木工程①。

---

① 蒙古国交通部：《蒙古铁路国有股份公司的通报》，http：//mrt.gov.mn/。

毫无疑问，如果把建设三方经济走廊的兴趣引入到该铁路铺设之中，则不仅对三国而且对东亚地区一体化将产生深远的影响。

从蒙俄中旅游、文化、人文合作前景和潜力看，近年来旅游是蒙古国发展最快的产业之一。今天旅游业已经占蒙古国 GDP 的 5.3%。我国每年接待 45 万名入境游客[①]。蒙俄中之间发展旅游业具有很大的意义，它不仅对三国经济社会发展提供支持，而且对三国人民彼此了解习俗和文化、加深相互沟通和信任都具有深刻的意义。

蒙古国议会 2008 年通过的《国家发展综合政策》中阐明了至 2021 年的旅游发展政策，在 2008 年 83 号决议中确定旅游业为国民经济的优先发展产业。在该政策范围内，提出了发展旅游业所需基础设施、建设旅游景观综合体、旅游业分地域专业化发展的目标，并正在组织实施。为此，对国内企业参加在外国举办的旅游节、展销会、活动予以支持，在国内举办国际旅游节并对国外企业参加提供了各种便利条件。例如，自 1999 年开始定期参加在德国首都柏林每年一度举行的柏林国际旅游交易会，且 2015 年该交易会把蒙古国首次宣布为伙伴国家并命名为“蒙古大自然游牧景区”（Mongolia Nomadic by Nature）。旅游业方面中国是世界领先国家，有数字表明 2014 年接待了 1.09 亿境外游客。我们三国边境地带居民之间有很大的旅游动机而旅游潜力很大。比如，自蒙俄免签之后从蒙古国到俄罗斯贝加尔湖观光度假旅游、到萨茵山脉温泉疗养、到布里亚特共和国膜拜伊特格勒特大喇嘛的游客流急剧增多，在某些时候超出了其容量。俄罗斯居民观光我国原始自然景观、戈壁、草原，到库斯古尔湖度假的兴趣很大。中国著名旅游景区鄂尔多斯市、内蒙古的自然景区、满洲里商业旅游大大吸引着三国居民。因此，三国彼此分享旅游业成功经验、进一步扩展该领域的合作是蒙俄中之间建设经济走廊目标的重要组成部分。蒙俄中经济走廊除开展经济、贸易、旅游合作以外，使文化人文关系达到新的层次、共同保护文化遗产尤为重要。在文化领域开展合作，可以发展基于文化遗产的创新型生产，生产针对旅游的具有民族特点的产品和纪念品。对于蒙俄中而言，拥有文化领域合作的巨大潜力和经验，且有很多自然文化遗产地。在此可以列举蒙古国的阿尔泰山脉自然名胜区、汗肯特自然名胜区、苏赫巴托——东方草原、大戈壁荒漠区等。

可以说，与俄罗斯和中国相比，蒙古国农牧资源，尤其畜牧业资源相对丰富。肉类、皮革、绒毛以及种植业资源不仅以绿色安全食品满足我国人口，而且已经成为增加出口的重要来源。

蒙古国牲畜头数逐年增加，肉类资源也随之增加。我国草原畜牧业生产与自然气

---

① www.touristinfocenter.mn/news.

候条件相适应，随四季不断开展。受干旱、自然灾害影响，产肉多的大畜头数在减少，气候变暖和变干旱对畜牧业和种植业的打击巨大。然而，近几年气候条件相对较理想，牲畜头数迅速增长，增强了出口潜力。学者们认为，蒙古牲畜从大草场选吃营养价值高的药用植物、在产肉过程中不使用任何添加剂、饲料上没有任何化学品的纯天然饲草喂养，因而富含人体所需的各种氨基酸和维生素。

虽然蒙古国土地面积大，但因地理位置和气候条件而可耕面积并不大。1990 年之前，我国粮食尤其是小麦除完全满足国内需求以外，还能出口。2009 年政府开始实施“第三次垦荒计划”，在种植业领域开展业务的企业获得优惠贷款以购买种子和设备，结果使得种植业得到恢复。近 2 ~ 3 年，我国在粮食、土豆、蔬菜方面达到了能够自给的程度。

蒙古国每年收获 30 万 ~ 40 万吨粮食产出，其中约 97% 为小麦，收获 15 万 ~ 20 万吨蔬菜，其中土豆占 49. 5% 。农民因为没有储存器皿和仓库或者储存器皿仓库的卫生条件达不到要求而不能充分利用所收获的粮食和蔬菜资源。因此，在农牧业资源具有互补性的蒙俄中三国，可以在天然绿色食品、肉类生产以及种植业方向上进行合作。比如，在畜牧业领域的牲畜保健、繁殖选育配种，种植业领域的合作建造粮库、交流经验、开垦荒地增加耕地面积、提高单产、增加作物蔬菜种类方面，进行合作。

在蒙俄中之间的经济、贸易、基础设施、文化、人文、旅游领域合作中，虽有需要解决的紧迫性问题，但我们也看到了合作中存在着巨大的积极、正面可能。我们认为，我们彼此间存在今后加强三方合作的巨大潜力。我们都有通过加强三国战略合作的途径，将国内经济发展推向新高度的愿望。

因此，进一步明确三国元首在塔吉克斯坦首都杜尚别、俄罗斯乌法会晤所达成的建设经济走廊、推进全面战略伙伴关系、扩展合作等原则思想的科学依据问题很重要。这样才使三国元首达成的共识，更具长期性和生命力。现在在我们三国学者面前摆的任务是，成立从科学角度去制定经济走廊之依据的蒙俄中三方智库网，向三国政府机关提供决策咨询。

祝出席蒙俄中三方智库网首次会晤的三国学者工作顺利！

谢谢！

深化智库合作　共建丝绸之路

蒋希蘅（中国国务院发展研究中心国际合作局副局长、副研究员）

尊敬的各国来宾、女士们、先生们：

大家好！很高兴来到乌兰巴托，参加中俄蒙智库合作联盟成立暨首届中俄蒙三方智库国际合作论坛。经过中俄蒙三国智库的共同努力，智库合作联盟正式成立，请允许我代表国务院发展研究中心国际合作局，对“中俄蒙智库合作联盟”的成立，对首届中俄蒙三方智库国际合作论坛的召开表示衷心的祝贺！

下面，我结合丝绸之路建设，就深化智库合作谈几点认识。

一、智库的重要作用

智库以公共政策为主要研究对象，目标是帮助政府制定更好的公共政策。随着在公共政策制定中参与度的提高，智库已成为现代国家治理体系的组成部分，在政策制定与学术研究之间、政府与公众之间，以及国家间政策沟通中发挥着重要的桥梁作用。

第一，智库是政策制定与学术研究之间的桥梁。智库的使命是以专业、客观、独立的方式开展公共政策研究，提出政策建议，帮助决策者制定政策，监督评估政策实施效果。政策研究不同于学术研究，追求的不是学术理论，而是来源于实践，服务于实践的政策依据和政策思想，但政策研究离不开学术研究的科学方法，也需要从学术研究中不断汲取创新思想和理论支撑。第二，智库是政府与公众之间的桥梁。公共政策的目的是服务公共利益，现代信息技术使公众在政策制定中的参与度大幅提高。智库拥有专业知识和中立立场，能够帮助公众了解和理解公共政策。同时，智库能够广泛了解各社会群体意见和利益诉求，站在客观、公正的立场上提出政策主张。第三，智库可以成为国家间政策沟通学习的桥梁。智库具有专业优势，贴近政策制定，在向其他国家介绍和解释本国政策、学习借鉴其他国家政策经验方面具有独特优势，可以在各国相互学习交流政策经验方面发挥重要作用。

二、智库加强国际合作是时代要求

美国宾夕法尼亚大学于 2015 年 1 月发表的《2014 全球智库指数报告》提出，从全球来看，智库面临四大挑战，即越来越多需要研究的问题、越来越多的参与主体、越来越激烈的同行竞争、越来越多的矛盾。这个现实既改变着智库内部的工作方式也在改变智库对外沟通的方式。

当今世界，经济全球化深入发展，社会信息化持续推进，世界各国的联系日益紧密，经济的相互依存和相互影响不断加强。越来越多的全球共同挑战需要各国在制定对内对外政策时朝着共同方向去努力。即将在纽约联合国总部召开的联合国发展峰会上，联合国 193 个成员国将正式通过 2015 年后发展议程，确立可持续发展目标，这将成为世界各国未来 15 年共同的政策指南。

这个充满机遇和挑战的时代，为智库提供了广阔的舞台，也对智库提出了更高的要求。各国智库唯有加强合作，以更宽广的视野分析世界大势和时代大潮，才能提出有效的解决方案，制定切实可行的政策措施，为各国自身发展和人类共同发展做出积极贡献。

三、丝路建设为智库合作带来新的机遇

中国的发展离不开世界，世界的发展也需要中国。中国是一个新兴国家，发展是硬道理。发展需要机遇，或抓住机遇，实现自我发展；或创造机遇，谋求共同发展。过去 30 多年，中国通过改革开放，抓住世界产业分工调整机遇，实现了经济发展和社会进步。改革开放 30 多年来，中国经济实现高速增长，使国内 7 亿多人口脱贫，占同期全球脱贫人数的 93.3%，为世界减贫事业做出巨大贡献。2013 年 9 月和 10 月，中国提出建设“丝绸之路经济带”和“21 世纪海上丝绸之路”的倡议，就是在努力为世界创造新的发展机遇，就是要与包括俄罗斯、蒙古国在内的丝绸之路沿线国家，共同建设开放包容、互利共赢的国际合作新格局，促进亚欧非共同发展，打造人类命运共同体。

从历史上看，丝绸之路是各国沟通交流的典范，亚欧人民堪称知识交流、相互学

习的先行者。近代以来，我们在知识交流、政策沟通方面远远落后于欧洲和美洲，这也在一定程度上制约了亚洲的共同发展。

“丝绸之路经济带”是惠及各参与国家经济社会发展的共建项目，是有关各国的共同事业。推进“丝绸之路经济带”建设，关键要大力推动包括政策沟通、设施联通、贸易畅通、资金融通、民心相通在内的互联互通。其中，政策沟通是实现互联互通的根本保障。智库具有专业研究能力及对政府和公众的影响力，在促进各参与国政策沟通、增进政府和民众相互了解和理解方面大有可为。

建设和谐、繁荣和可持续的丝绸之路，将面临不少困难和挑战，克服困难，战胜挑战，增进政府和民众间的相互了解和理解，减少疑惑和误解，促进思路创新、磋商沟通、方案设计，都需要深化智库合作，这是有关国家智库大发展、智库间国际合作大发展的重要机遇。我们欣喜地看到，中俄蒙三方智库有识之士看到这个时代机遇，建立中俄蒙智库合作联盟，为三国智库深入合作搭建了重要平台。

四、深入开展智库合作，共建“中蒙俄经济走廊”

国务院发展研究中心是直属中国国务院的政策研究和咨询机构。主要职责是研究国民经济、社会发展和改革开放中的全局性、综合性、战略性、长期性、前瞻性以及热点、难点问题。国务院发展研究中心成立于1981年，中国改革开放之初，其发展也与中国的改革开放紧密相连，在促进中国的改革开放和发展方面做了许多开创性的工作。

国务院发展研究中心十分重视国际合作，一直以来，我们与联合国开发计划署等联合国机构、世界银行、亚洲开发银行、世界贸易组织、世界卫生组织、经合组织等国际组织，以及有关国家智库、大型跨国企业合作开展了许多有重要政策价值和国际影响的研究项目。目前国务院发展研究中心已与23家外国智库建立了机构间合作关系，其中，与英国、法国、印度、哈萨克斯坦等国智库间的合作已纳入国家间双边合作机制。

国务院发展研究中心30多年的政策研究经验表明，智库间的交流合作是我们学习借鉴其他国家发展经验的重要渠道。国务院发展研究中心的政策研究报告中，有相当一部分是对国际经验的研究和借鉴。现阶段，在中国发展取得一定成绩的时候，作为智库，国务院发展研究中心愿意将中国在发展中获得的经验与其他国家分享，为其他国家探索适合自己的发展道路提供参考。

目前国务院发展研究中心正重点开展两项国际合作工作，一是筹建“国际发展知识中心”（Center for International Knowledge on Development）。这个中心的主要任务是系统总结和分享中国以及其他国家的成功发展经验，同时，也要使之成为各国智库交流分享发展知识的平台。二是筹办丝路国际论坛（Silk Road Forum），发起成立丝路国际智库网络（Silk Road Think Tank Network，简称 SiLKS）。2014 年 12 月，我们联合有关国际智库在土耳其伊斯坦布尔举办了首届丝路国际论坛，丝路国际论坛 2015 年会将于 10 月 28 ~29 日在西班牙马德里召开，这次会议上，我们还将与 40 多家来自不同国家的智库联合发起成立丝路智库网络。丝路智库网络和丝路国际论坛都服务于一个目标，那就是为各国参与丝路建设搭建交流合作平台，为各国共同发展提供智力支持。

中俄蒙智库联盟的成立是中俄蒙智库合作的重要里程碑，中俄蒙智库联盟与丝路智库网络之间有天然的联系，是你中有我、我中有你的紧密合作伙伴。我相信，未来双方将合作开展许多共同的工作。

对于三方深化智库合作，我有以下几点不成熟的思考，谨供各位专家参考。

第一，智库合作应以促进智库之间平等、开放、坦诚对话为核心。“一带一路”的核心内涵是开放包容，互利共赢。我们需要研究如何通过“一带一路”建设来实现互利，这就要求我们清楚各自的“利”是什么，以怎样的路径才能做到“互利”。各参与方只有通过平等坦诚交流沟通，才能真正了解各自的意图和愿望，理解各自的利益诉求和面临的困难，才能准确把握各方利益的汇合点，共同寻找互利共赢的途径，进而制定相应的政策措施，去解决问题，实现互利共赢。智库具有专业知识和研究能力方面的优势，也具有独立、超脱的地位，可以发挥好也应该发挥好国家间政策沟通的桥梁作用。在合作方式上，可以多种多样、注重实效。既可采取信息资料交流、访问研究、人员培训等方式，也可通过联合研究、专题研讨、圆桌会议等形式，深入开展富有实效的交流合作。营运管理上，可由各方共同参与、共同建设、共同营运、共同受益。

第二，智库合作也需要政府制定部门和企业的参与。智库的使命是服务于政策制定。智库的交流与合作要做到有实效、可持续，就需要相关政策制定部门的参与，了解政策需求，贴近政策制定，推动国家间务实合作。企业是经济活动的主体，企业的参与可使智库的研讨落到实处，而不至于脱离实际。国务院发展研究中心在国内问题研究和国际合作中，都十分重视对企业的调查研究和与企业的合作。

第三，三方智库合作应重点研究三国发展规划对接。2014 年 9 月，在上合组织杜尚别峰会期间，中国国家主席习近平同俄罗斯总统普京、蒙古国总统额勒贝格道尔吉举行中俄蒙三国元首会晤，提出把“丝绸之路经济带”同俄罗斯的跨欧亚大铁路、蒙古国的草原之路倡议进行对接，打造“中蒙俄经济走廊”。过去的一年中，我们欣喜地看到，在三国领导人的推动下，“中蒙俄经济走廊”正在从构想走向现实，蒙古国已筹划启动草原之路计划，提出总投资需求约为500亿美元的5大项目。基础设施建设对经济发展有重要带动作用。根据专业机构测算的基础建设的乘数效应，每投入10亿美元的基础建设投资，将新增3万至8万个就业岗位，国内生产总值增加约25亿美元。我们期待“中蒙俄经济走廊”建设的逐步推进为三国乃至更大的地区带来经济繁荣和人民幸福。我也真诚地希望，中俄蒙智库联盟为深化三国合作，促进三国发展规划对接，造福三国人民发挥积极作用。

谢谢大家！

蒙古国、俄罗斯和中国在交通领域合作的战略可能性

V. I. 萨玛鲁哈（俄罗斯贝加尔国立经济与法律大学教授、经济学博士）
A. 达瓦苏连（蒙古国科学院国际关系研究所教授、部门主任、经济学博士）

一、蒙古国交通发展现状

蒙古国的道路交通领域，不仅对蒙古国的社会经济发展有重要的作用，而且还对其相邻两国的社会经济发展起到重要的作用。对蒙古国的道路交通结构研究可知，2014 年，公路运输占蒙古国总货运量的 64.1%，铁路运输占 35.9%，航空运输占 0.01%（见表 1）。

表 1　　蒙古国的货运量结构（%）

序号	年份	铁路运输	汽车运输	航空运输
1	2006	61.7	38.3	0.01
2	2007	60.4	39.5	0.01
3	2008	61.3	38.7	0.01
4	2009	57.3	42.7	0.01
5	2010	57.1	42.9	0.01
6	2011	41.8	58.1	0.01
7	2012	38.3	61.7	0.01
8	2013	42.3	57.7	0.01
9	2014	35.9	64.1	0.01

资料来源：《蒙古国交通部业务活动报告》，2014 年。

从表 1 中可以看出，在蒙古国道路交通领域，两种交通占主要地位：公路和铁路。尽管全国范围内有航空线，但是空运很昂贵，航空客运比货运更发达。公路运输发达的原因是：第一，与世界危机之前的时期相比，铁路货运量减少，公路货运量增多；第二，得益于国家预先采取在大城市和地区建设与维修国家级公路的措施，加大对道路领域的投资力度。

研究公路货运的地理结构得知，2014 年，公路的货运量达到 2230 万吨，其中，中国占对外贸易货运量的 89.6%，俄罗斯占 0.6%。对外贸易运输中，出口货物占 92.5%，进口货物占 7.5%。

研究公路运输出口货运量的结构得知，发往中国的货物总量占 90.7%，俄罗斯占 0.1%。研究公路运输进口货运量的结构得知，中国占 75.5%，俄罗斯占 6.7%。可以说，在对外贸易公路运输结构中，中国比俄罗斯具有更重要的地位（见图 1）。

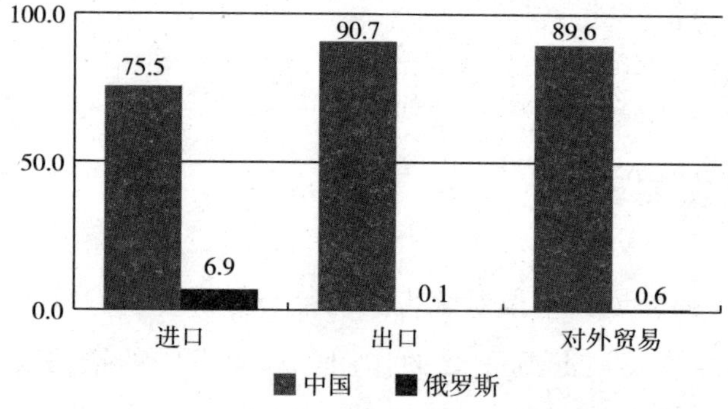

图 1　蒙古国对外贸易公路运输结构（%）

2014 年的铁路运输结构中，铁路的货物运输量达到 2100 万吨。其中，国内的铁路运输量占 50.1%，进口货物铁路运输量占 50.1%，出口货运量占 29.3%，过境货运量占 9.8%。同比 2004 年，各项指标均有增长（见图 2）。

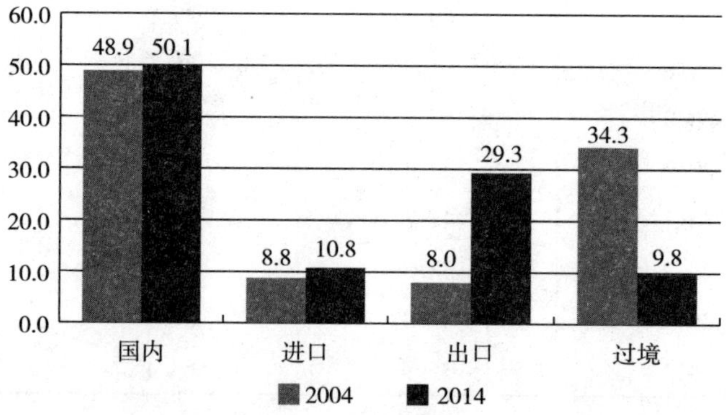

图 2　蒙古国铁路货物运输结构（%）

最近10年，经过蒙古国境内的过境铁路货运量有所减少。而目前的货运量不能满足中俄过境铁路货运日益增长的需求，达不到蒙古国社会经济发展的要求。与此同时，大部分货运量的方向是从北到南（俄罗斯—中国）。（见图3）

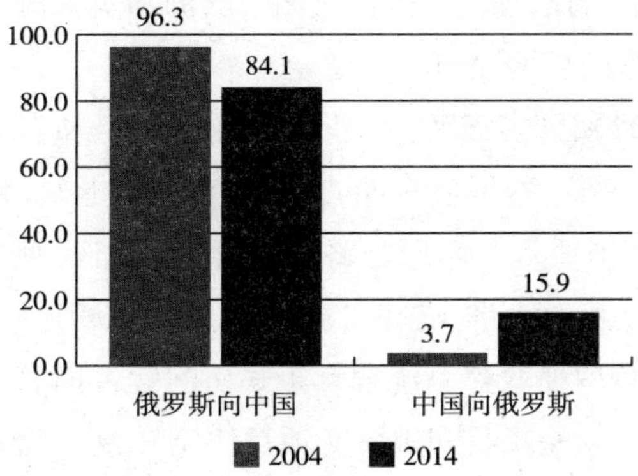

图3　经过蒙古国境内的过境铁路货运结构（%）

专家认为，经过蒙古国境内的铁路货运量减少，是由下列原因引起的：

一是缺少财政资金用来建设乌兰巴托铁路的第二条平行轨道；

二是由于乌兰巴托铁路股份公司的铁路磨损和老化，致使重载和高速列车无法通行；

三是“纳乌什基—苏赫巴托”“扎门乌德—二连”过境站的铁路货运通行能力弱；

四是尽管成为蒙古国和俄罗斯跨政府委员会会谈的主题，但乌兰巴托铁路股份公司所有铁路的改造和现代化问题还没有解决；

五是蒙古国、俄罗斯和中国之间就增加过境铁路货运量的已达成协议暂时还没有积极的进展。

因此，尽管需求大，但是目前的过境铁路货运量不符合我们的要求。为了增加货运量，必须更改1949年乌兰巴托铁路股份公司成立时签订的合同，通过革新技术设备，引进现代工艺，建设乌兰巴托铁路第二条平行轨道，提高铁路的通行能力，这是蒙古国和俄罗斯股东们面临的主要任务。

二、蒙古国、俄罗斯和中国之间的经济走廊创建问题

中华人民共和国主席习近平2013年9月7日正式访问了哈萨克斯坦，参观了纳扎尔巴耶夫大学后，首次提出了共建“丝绸之路经济带”项目。这一项目将有利于深化地区合作，拉近欧洲国家和亚洲国家的经济距离。接着，2013年10月3日，参观了印

度尼西亚国会之后，他表达了共建“21世纪海上丝绸之路”经济带的愿望。“21世纪海上丝绸之路”确定为“一带一路”构想。

实现“一带一路”构想，是中国发展的战略任务。这一构想是在“共同探讨”“共同建设”“共同受益”的基础上，依赖亚洲、欧洲和美洲国家的比较优势，旨在加深这些大陆之间互利合作的长期规划。

接着，2014年8月22日，习近平主席正式访问蒙古国期间，在蒙古国国会的重要会议上，他指出，在建设“丝绸之路经济带”和“21世纪海上丝绸之路”项目框架下，中国准备参与合作完成蒙古国项目“草原之路”。“草原之路”项目可以理解为建设5条穿过蒙古国境内、连接欧亚的线路（公路、铁路、天然气管道、石油管道和电力线）。

2014年9月3日，俄罗斯联邦总统普京正式访问蒙古国。他指出：我们很了解中国的“丝绸之路”项目，这个项目和俄罗斯项目协调一致。此外，还有蒙古国“草原之路”项目。可以设计从俄罗斯到中国、穿过蒙古国境内的电力输送线，这将吸引中方和蒙方的注意力。

在此之后，2014年9月11日，在塔吉克斯坦首都杜尚别，召开了三国（俄罗斯、蒙古国和中国）元首会谈。在会谈中，蒙古国总统查·额勒贝格道尔吉提出了三方会谈的3项原则：第一，每年应该举行三国外交部副部长会谈，为3年后的三国元首会谈做准备；第二，三国元首三方会谈应该对全社会公开，符合三方合作的主要原则；第三，基础建设、交通和地区安全问题，应该符合三国的利益。接着，他提出，建议2014年，必须在乌兰巴托召开新铁路线和天然气管道建设事宜的公务会谈，新铁路和天然气管道是俄罗斯—中国方向，穿过蒙古国西境。三方将从过境货物运输中获利。在这次三国元首会谈中，商定根据中国丝绸之路项目、俄罗斯电力运输线建设项目和蒙古国“草原之路”项目，建立蒙古国、俄罗斯和中国之间的经济走廊，建设连接三国的电力运输线。

蒙古国会同乌兰巴托铁路股份公司，开始建设阿勒坦布拉格—扎门乌德纵向高速公路。这一高速公路是亚洲AH3、AH32、AH4高速公路线的一部分。其中，AH32属于蒙古国，由蒙古国成吉思汗土地开发公司建设。根据已签订的、为期30年的租让合同，该公司必须在2~3年内建设好公路，该项目造价120亿美元，通过出售国际基金交易所的有价证券筹集而来。将有1000多家国内企业和约30家外国企业参与建设。

尽管2007年，乌兰巴托铁路股份公司和中国铁路委员会一起编制了建设的可行性研究报告，但由于没有财政资金，乌兰巴托铁路股份公司大股东共有资产未确定，第二条平行铁路线的建设项目尚未实现。

此外，根据蒙古国政府2008年3月第283号决议，以100%国有资产，成立蒙古铁路股份公司。此公司获得了建设东向达兰扎达嘎德—赛音山达—呼特—乔巴山—二连中央汽车站新铁路的许可证，全长1800千米。这家公司将从国际证券交易所筹措资金以建设铁路，这条铁路线计划连接国家的有用矿物矿床。目前，与私营公司签订了合同，蒙古铁路公司完成了省内（东方省、苏赫巴托）50千米长度上的土方作业，在赛音山达建设了长9千米的水坝，这项作业共花费2500万美元。此项目有35家国内公司参与，美国跨国公司McK nsey编制了这条铁路的可行性研究报告。此外，韩国三星公司完成了Tavan tolgoi－Gashuun Sukhait段铁路建设的土方作业，全长267千米，总费用为17300万美元。

尽管缺少经验，没有从国际证券交易筹集大量资金的可能，但是蒙古国政府特别关心这条铁路线的建设，这条铁路线穿过了工业重地赛音山达，为亚太国家市场供应有用矿物。这条线路的建设，不仅是蒙古国面临的重要地缘政治问题，也是俄罗斯和中国面临的重要地缘政治问题，因为通过这条线路，蒙古国、俄罗斯和中国这三个国家都会获得经济利益。在我们国家历史上，还没有完成过这种三国共同参与建设的大规模、大投资项目，因此，国际关系现状使得三国元首要开展合作，吸引外资以完成项目，这个项目将促进我们三方合作空前发展，达到新的历史高度。为了保障这些全球需求，三国开始预先确定己方的措施：例如，2007年10月23日，中华人民共和国国务院批准了“交通网络中期和长期发展计划”。计划中写明要将铁路网延长到100000～120000千米，其中包括建设5条通往蒙古国境的铁路。

2008年6月17日，俄罗斯联邦政府批准了《2030年前俄罗斯铁路发展战略》。在这个战略中指明，要完善贝加尔地区乌兰乌德—纳乌什基方向的铁路①。

为了研究建设蒙古国、俄罗斯和中国之间经济走廊的可能和潜力，就要比较三个国家的相对优势。这三个国家在经济潜力的规模和能力、市场容量及国情上各不相同。但是，三国都是有巨大有用矿物储量的富有国家。蒙古国具有下列优势：辽阔的国土面积、人口稀少，巨大的农业潜力、完全开放的经济、对生态有利的传统畜牧业。但国家结构不合理，没有出海口，强烈的大陆性气候，市场容量小，加工业和基础设施发展薄弱。

俄罗斯和蒙古国有着相似的缺陷：经济现代化改造资金不足，包括工业现代化改造依赖外部市场（见表2）。

---

① 《关于俄罗斯联邦2030年前铁路发展战略》，http：//doc. rzd. ru/doc/public/ru。

表 2　　蒙古国、俄罗斯和中国的相对优势与不足

序号	俄罗斯		蒙古国		中国	
	优势和能力	不足和风险	优势和能力	不足和风险	优势和能力	不足和风险
1	面积大，有利的地理位置	人口稀少	面积大，位于欧亚中心，有连接国际欧亚市场的最短距离	没有出海口	面积大，有利的地理位置	区域发展不平衡
2	自然资源储量大	城乡差距	自然资源储量大，人口稀少	强烈的大陆性气候，寒冷	自然资源储量大	城乡差距
3	总统统治，政府稳定	中小企业和大企业之间的一体化发展薄弱	—	国会统治，政府不稳定，多政党体系	政府稳定，一党体系	—
4	居民文化程度相对较高	民用工业发展薄弱	相对年轻的人口	人口少	人口多	土壤肥沃度降低
5	科学高速发展	资金不足	文盲人口多	资金不足	财政资金多	—
6	生态环保产品	农村失业率高	生态环保产品	农业和采矿业占据大份额	中小企业和大企业一体化发展完善	农村地区失业率高
7	军用工业快速发展	日用商品和设备依赖国外市场	农业潜力大	对外部市场依赖大	工业发达	原料依赖外部市场
8	饮用水储量大	出口结构中原材料比重大	对生态有利的传统畜牧业	加工业薄弱	—	—
9	—	—	相对开放的经济	基础设施发展薄弱	对外资和原料来说，实行开放经济	—

因为叙利亚和乌克兰的冲突，世界大国之间的政治氛围冷却，导致了这些大国对外政策优先方向的改变。在此情况下，俄罗斯、中国和蒙古国的地缘政治利益相互吻合。例如，俄罗斯对外政策的优先方向是扩展与亚太地区国家的政治经济关系，中国和亚洲国家有意实现“一带一路”构想框架下的“丝绸之路经济带”和“21 世纪海上丝绸之路”建设项目，提高自己的影响力，扩展销售市场。蒙古国想通过“草原之路”项目，建设乌兰巴托铁路的第二条平行铁路线，建设东部地区达兰扎达嘎德—赛音山达—呼特—乔巴山—二连中央汽车站纵向铁路，以及阿勒坦布拉格—乌兰巴托—扎门乌德高速公路，并将其与有用矿物矿床连接起来，将矿山工业产品运至亚太国家市场，

这与相邻两个国家的利益相吻合。

阿勒坦布拉格—扎门乌德高速公路和乌兰巴托铁路第二条平行铁路线通过蒙古国中心地区，中心地区的国内生产总值占78%，工业产品占75.3%，集中了89%的发达基础设施，76%的主要基金，100%的科技潜力，62.2%的人口，64.9%的农业，23.8%的畜牧业潜力，48.9%的自然资源①。

因此可以说，和其他地区相比较，蒙古国中心地区有相对优势：经济潜力，有利的地理位置，气候条件，发达的基础设施，这些优势有利于吸引外资。

可以确切地说，没有那么多的财政资金用来共同实施三个国家的上述项目。尽管如此，中国还是提出倡议建立亚洲基础设施投资银行，法定资本为1400亿美元。目前，57个亚欧国家有意成为这个银行的成员国，银行于2015年末开始运营。建立这个银行有如下意义：为发展亚洲基础设施提供资金来源，扩展财政领域的国家合作，减少资金从亚洲国家流失，有利于发展亚太国家的相互合作。

不过，蒙古国作为已签署备忘录、确认参股亚洲基础设施投资银行和成功推进己方项目的国家，应尽全力筹集资金。其中包括：从国际和地区金融机构（世界银行、亚洲银行）、跨国集团和外国吸引资金，在国际基金交易所发行长期国债，签订公私合作形式的长期租让合同。

我们认为，建立三国（俄罗斯、蒙古国和中国）经济走廊和实现上述项目，对三国的社会经济发展有如下积极影响：

第一，蒙古国成为俄罗斯和中国经贸关系的连接桥梁，商品和原料经过蒙古国，缩短了输运时间，降低了运输成本；

第二，通过开展大规模的建设，创造了新的就业岗位，有利于投资蒙古国经济的增长；

第三，加快了东亚国家经济一体化进程，三个国家都将因此受益；

第四，沿着乌兰巴托铁路的第二条平行铁路线和阿勒坦布拉格—乌兰巴托—扎门乌德高速公路，建立银行金融基础设施中心、交通物流中心、工业中心、旅游集散地和城市；

第五，得益于有用矿物矿床的经济流通，增加人均收入，提高国内生产总值；

第六，创造了更新俄罗斯和蒙古国之间商品流通额的条件，创造了俄罗斯和蒙古国工业一体化的条件；

---

① A. 达瓦苏连：《蒙古国家经济的空间组织：理论和实践》，评经济学博士学位的论文，在联邦国家高等职业教育预算机构东西伯利亚国立技术与管理大学完成，学术顾问：经济学博士，V. I. 萨玛鲁哈教授，俄罗斯联邦布里亚特共和国乌兰乌德市，2014年10月23日。

第七，给予国内公司参与国际大项目的可能，有利于国内公司掌握最新技术，学习先进的管理方法。

因此，我们认为，在“一带一路”构想框架内，建设三国经济走廊有着明显的经济意义。蒙古国未来的繁荣发展、经济专业化发展、提高国民福利水平和发展国家经济的任务，都取决于蒙古国参与这些大项目的程度。无疑，建设三国经济走廊将会为三国带来利益。但建立经济走廊时，有着两个优秀邻国的蒙古国，首先要保障自己的国家安全、领土完整、经济独立，维护两个邻国的利益平衡。

三、结论

蒙古国位于欧洲国家和亚洲国家的中心，现在，这一地理位置为其打开了新优势，有利于通过蒙古国境内，为俄罗斯和中国降低运输成本和缩短过境货物的运输时间提供可能。这样的运输方式，不仅对蒙古国来说有地缘政治意义，对俄罗斯和中国也有同样意义。根据三国元首近期两次会谈的成果，通过共同实施“一带一路”构想下的“丝绸之路经济带”和“草原之路”项目，已经创造了有利的政治条件，开辟了加深三国合作的可能。但是，看来，通过建立一个亚洲基础设施投资银行来解决这些大项目的投资问题是不够的，一方面，需要大量的资金，另一方面，暂时还没有创造出有利于投资气候的经济条件。因此，实施上述项目和建立三国经济走廊，必须考虑下列实际建议：创立旅游和城市建设综合体、银行金融中心、生产劳动对象的中小企业和加工畜牧业原料和采矿原料的生产单位，这些单位沿着经济走廊分布（蒙古国交通运输领域）。在此情况下，三国签署的具有重要作用的战略合作合同将变为现实，中国、俄罗斯和蒙古国在道路交通领域的互利经济合作中终将获得平衡利益。

参考文献

[1] 基于“千年”任务的国家发展综合政策〔电子文献〕. 蒙古国政府 2008 年 1 月 13 日第 21 号决议，http：//www. legalinfo. mn/law/

[2] 关于批准蒙古铁路发展领域国家政策〔电子文献〕. 蒙古国国会 2010 年 6 月 24 日第 2 号决议，http：//www. legalinfo. mn/law/

[3] 关于批准 2012 – 2016 年蒙古政府业务规划〔电子文献〕. 蒙古国国会 2012 年第 37 号决议，http：//www. legalinfo. mn/law/

[4] 关于批准 2014 年蒙古社会经济发展主要方向〔电子文献〕. 蒙古国国会 2013 年 5 月 24 日第 39 号决议，http：//www. legalinfo. mn/law/

[5] 关于俄罗斯联邦 2030 年前铁路发展战略，http：//doc. rzd. ru/doc/public/ru

［6］俄罗斯联邦 2009 年 12 月 28 日第 2094 – p 号政府令 “关于远东和贝加尔地区 2025 年之前社会经济发展战略”，http：//www. garant. ru/

［7］A. 达瓦苏连，蒙古国家经济的空间组织：理论和实践，评经济学博士学位的论文，在联邦国家高等职业教育预算机构东西伯利亚国立技术与管理大学完成，学术顾问：经济学博士，V. I. 萨玛鲁哈教授，俄罗斯联邦布里亚特共和国乌兰乌德市，2014 年 10 月 23 日

［8］蒙古国交通部和蒙古国铁路股份公司的呼吁，http：//mrt. gov. mn/

［9］蒙古国交通部 2014 年业务报告

［10］МУИС-ийн ШУС-ийн багш，докгор（Ph. D）. дэд профсссор. М. Чимэдцэсэ. Эдүгээ цагий. “Торгоны их зам”. ба Монгол Улс”. илтгэл. “Ази судлал”. олон улсын эрдэм шинжилгээнн хурлын эмхзтгэл. Улаанбаатар. 2015. Х. 115

［11］“Орос, Монгол，Хятадын гурвалжин”. Марк Коулманы бичсэн. “New Eastern Outlook”. сэтгүүлд хэвлүүлсэн нийтлэл，www. polit. mn

［12］“Талын зам”. теселд Дэлхийн банк дэмжлэг үзүүлнэ гзв. 2014 оны 9 сарын 18. http：//www. mminfo，mn/

［13］通往中国的天然气管道项目和示意图，http：//fb. ru/artical/145635/ gazaproved

［14］Азнйг Европтой холбох. “Талын зам”. тесел хэрэжиж эхэлнэ. 2014 оны 8 сарын 26，http：//www. eagle. mn/content/

［15］Улаанбаатар ертее. “Үндэсний шуудан”. сонин Н. Энх，http：//ub – station. ubtz. mn/

［16］“Монголын темер зам”. Терийн Өмчит Хувцаат комланийн гүйцэтгэх захирал Б. Батзаяатай наг үеийн сэдвээр ярилцлаа. 2012. 03. 11. http：//www. mtz. mn/

［17］Өдрийн сонин 2014. 09. 14 №21

建设经济走廊的空间规划问题

博·巴特成格勒（蒙古国立大学教授）
德·巴特套格套胡（蒙古国工业部战略政策规划司司长、博士）
博·青巴特（蒙古国立大学地理系教授）
普·米嘎玛尔策仁（蒙古国立大学地理系副教授）
瑟·喜日布阿迪亚（蒙古国立大学地理系副教授）
格·钢图拉格（蒙古国立大学地理系副教授）
策·巴扎尔汉德（蒙古国立大学地理系博士）

在蒙古国区域发展构想的第4.2条中规定，为落实政策的主方针，把蒙古国划分成西部、杭盖、中央、东部地带，并把乌兰巴托市列为独立地域单元进行开发发展。我们认为，可以规划发展符合蒙古国国土地理特点的经济走廊，并在全国范围内建设运输、物流区。经济走廊的建设、运输物流区的规划发展，须与两邻——中国和俄罗斯的边境地区以及东北亚地区国家相互对接。

目前有连接东北亚国家的6个主要走廊。它们包括：

走廊1：神户—塘沽—天津—北京—二连浩特—扎门乌德—乌兰巴托—乌兰乌德；

走廊2：北京—沈阳—丹东—平壤—首尔—釜山—博多；

走廊3：横滨—釜山—浦项—象岛—元山—金策—先锋—拉基道列涅—乌苏里斯克—哈巴罗夫斯克—别洛戈尔斯克—赤塔—乌兰乌德；

走廊4：新潟—罗津（元山）—吉林—长春—乌兰浩特—森布尔—乌兰巴托；

走廊5：富山—纳霍德卡（符拉迪沃斯托克—乌苏里斯克—滨海边疆区）—哈尔滨—满洲里—赤塔—乌兰乌德；

走廊6：名古屋—大连—沈阳—长春—哈尔滨—黑河—符拉迪沃斯托克—别洛戈尔

斯克。

在蒙古国建设经济走廊的可行版本为走廊1，即在神户—塘沽—天津—北京—二连浩特—扎门乌德—乌兰巴托—乌兰乌德方向上可以与南北邻国共同建设。在上述方向上连接亚欧的主要通道经由我国领土而将有利于建设经济走廊。上述经济走廊除发挥运输物流区功能以外，对采掘业、加工业和其他产业的规划发展提供了可能，且蒙古国很有潜质发展成地区的发达国家。就南北干线而言，需要建设西部、中央、东部等3个主干线。其中，在第一期内应该建设具有连接国内和东北亚双重意义的走廊——扎门乌德—乌兰巴托—阿拉坦布拉格方向的经济走廊。该走廊因经由蒙古国首都和比较发达的中央地带而意义非凡。

在规划发展经济走廊时，应该兼顾交通条件，并与工业规划相结合。中央地带在行政区划上包括7个省、75个县、359个巴嘎。该地带就地理位置而言，向上延伸、连接亚欧的主干线经此地带，地带中心城市沿主干线分布，从而比其他城市具有地理位置优势。换句话说，处于蒙古国最有利的交通运输、基础设施位置，且与国内外可以直接通过公路和铁路交往。中央地带国土的80.3%为农牧业用地，11.1%为森林，0.2%为水域，0.2%为城市、居民点、工矿用地，0.2%为道路、管网用地，8%为储备地和不可利用地。

表1　　中央地带沿线城市

省会城市	赛因商达、达尔罕、苏赫巴托、乔伊尔	苏赫巴托、达尔罕、宗毛都、曼达拉戈壁、达兰札达嘎特、乔伊尔、赛因商达
县所在地和其他居民点	阿拉坦布拉格、沙马尔、鄂尔浑、沙林郭勒、额尔浑图拉、巴彦郭勒、曼德勒、巴特森布尔、巴彦、巴彦塔拉、森布尔、西博戈壁、达兰吉尔嘎朗、艾日格、乌尔根、额尔德尼、扎门乌德	额尔德尼桑特、龙、额尔德尼、巴彦德勒格尔、巴彦钦达姆尼、巴彦郭勒、红格尔、达尔罕、鄂尔浑、沙马尔、鄂尔浑（色楞格）、巴伦布仁、阿拉坦布拉格、赛因查干、宗毛都、森布尔、巴彦塔拉、苏赫巴托、朝格图敖包、呼勒杜、鲁兹、德勒格尔朝格图

表2　　中央地带国土体系

<table>
<tr><td rowspan="5">中央地带</td><td>子地带</td><td>微地带</td><td>部分居民点群的中心和所属县</td></tr>
<tr><td rowspan="4">达尔罕—色楞格工业种植业地带</td><td>达尔罕—沙林郭勒微地带</td><td>达尔罕市、全部达尔罕乌拉省；色楞格省的额尔浑、桑特、鄂尔浑图拉、赛罕、呼沙特、扎布哈朗特、优热、胡德尔县</td></tr>
<tr><td>c 苏赫巴托—阿拉坦布拉格微地带</td><td>苏赫巴托市、图西格、宗布仁、沙马尔、阿拉坦布拉格、</td></tr>
<tr><td>阿拉坦布拉格国际自贸区</td><td>阿拉坦布拉格国际自贸区</td></tr>
<tr><td>宗哈拉种植业食品生产微地带</td><td>曼德勒、巴彦郭勒县</td></tr>
</table>

续表

	子地带	微地带	部分居民点群的中心和所属县
中央地带	首都强力辐射地带	以乌兰巴托为中心居民点	乌兰巴托市及被其直接辐射的中央省的阿拉坦布拉格、宗毛都、巴特森布尔、瑟尔古愣、额尔德尼、巴彦文珠勒县
		以阿尔嘎郎特、巴彦钦达姆尼为中心居民点	阿尔嘎郎特、策勒、巴彦朝格图、乌戈塔尔柴达木、扎玛尔、巴彦杭盖、巴彦钦达姆尼、包日淖尔、吉尔尕郎特、森布尔县
		以额尔登特为中心居民点	中央省的额尔德尼、孟根莫里图县，微地带中心为额尔德尼县所在地
		以龙为中心居民点	龙、额尔德尼桑特、文都尔希勒特、布仁、德勒格尔汗县
		以巴嘎淖尔、巴嘎杭盖为中心居民点	巴嘎淖尔市、巴彦德勒格尔、巴彦吉尔嘎朗、孟根莫里图县；巴嘎杭盖区、巴彦、阿日胡斯图、巴彦查干县。
	戈壁矿山、工业、自然保护区地带	曼德勒戈壁行政中心微地带	居民中心为曼德勒戈壁，所涵盖县为赛罕敖包、得勒格尔杭盖、呼勒德、罗兹、额尔德尼达赖、阿达察格、德仁、得勒格尔朝格图、古尔班塞罕、乌力吉特
		赛因商达行政、工业微地带	赛因商达、伊贺赫特、阿拉坛席勒、德勒格尔呼、赛罕杜兰、乌尔根、额尔德尼、乌兰巴大拉胡、扎门乌德、宗巴彦县
		奥由套鲁盖交通枢纽、矿山城市附近微地带	新兴的奥由套鲁盖镇、汗布格达、巴彦敖包县与嘎顺苏海特口岸
		达兰扎德盖特行政、交通运输微地带	达兰扎德盖特、脑木根、呼日门、巴彦达赖、布拉根、汗红格尔、曼德勒敖包、朝格图敖包
		乔伊尔交通枢纽、行政微地带	乔伊尔、戈壁森布尔省得希勃敖包、巴彦塔拉县，中戈壁省的差干得了格尔、戈壁乌戈塔尔、巴彦吉尔嘎朗、文都尔席勒，东戈壁省的达兰吉尔嘎朗县
		查干苏布日嘎交通枢纽、矿山城市附近微地带	新兴的查干苏布日嘎矿山居民点，东戈壁省满达呼、库苏古尔、哈坦布拉格县，杭给口岸
		朝格图策策交通枢纽、塔本套鲁盖矿山附近微地带	朝格图策策、新兴矿山镇、曼德勒县
		古尔班特斯交通枢纽、煤矿微地带	古尔班特斯县、诺颜、塞伯莱县、西博呼仁口岸
		扎门乌德国际自贸区	扎门乌德国际自贸区

将要建设的工业走廊，除兼顾中央地带的内部区划之外，还要与蒙古国工业政策、

规划、设计等相结合。

在我们提交的工业区划的编制过程中，采用了区域经济的地理方法、设计方法、产业区位分类法、发展能力法、优先方向确定法等方法。根据人口分布、居民点分布、自然气候特点、自然分异规律、基础设施发展、影响范围、原材料分布、加工企业位置、国内外市场需求以及前人编著的区域划分等，我们认为在一次原料、二次原料、市场的最佳位置选址进行工业开发为可行，并在蒙古国范围内划分了5个工业开发区和27个子开发区。

在上述5个工业开发区、27个子区中，参照《政府工业方面所持政策》，阐明了在中期内需要优先发展的包括农牧业、矿业、旅游业在内的18个产业。符合子区特点的产业发展，将得到优惠贷款、非金融支持以及按《支持生产法》第8条规定的政府支持。把政府对投资的支持政策划分成4个阶段并编制的工业产业空间模型，很显然与建设工业走廊方针相吻合。就工业发展统一区划问题，召集学者、专业协会、商界人士进行四次研讨，并根据研讨中出现的建议进行了某些修改。把蒙古国工业产业按27个子区进行发展，除保持国土开发的均衡性、在符合区域特点的产业开发中保障政府的参与、为保持生态平衡之目的保护某些区域而政府对该省分、地方予以支持并形成调控机制之外，这也是建设经济走廊的一部分工作。

蒙古国位于连接亚欧的主干线而可以规划建设经济、运输、物流等多目标的走廊。连接亚欧的主要通道经由我国领土的中央地带，因此在中央地带建设经济走廊更为贴切。上述经济走廊除发挥运输、物流区功能以外，还是规划发展采掘业、加工业以及其他产业的国家发展的主要南北向干线。虽然南北向干线有中央、西部、东部等3个主干线，但应该优先发展中央干线。第一期开发的走廊为连接国内和东北亚双重意义的扎门乌德—乌兰巴托—阿拉坦布拉格方向。经济走廊的建设、运输和物流区的规划发展，除须与两邻——中国和俄罗斯边境地区、东北亚其他国家相互对接以外，与蒙古国工业政策规划相结合也尤为重要。在工业规划设计范围内，确定5个基本区、27个子区，并在工业区划的编制过程中，把运输主干道当作一项标准的安排，说明该走廊可以发展成工业、运输、物流等多目标经济走廊。目前，在上述工作范围内完成的基础性研究还不充分，因此今后在此方向上需要进一步开展地理条件、资源、规划、区位组织等方面的研究工作。

邻国经济走廊：挑战、机遇和前景

谢尔盖·卢科宁·亚历山大罗维奇
（俄罗斯科学院普里马科夫国际经济与关系学院中国经济与政治研究室主任）

一、合作的必要性

鉴于俄罗斯在目前国际政治经济环境中所面临的局面，同蒙古国和中国的合作有着十分重要的现实意义，出于以下几点考虑：

- 必须依靠加强同亚太国家的合作伙伴关系来对冲同西方国家关系恶化及“制裁战”造成的损失；
- 实现俄罗斯政策“向东看”；
- 贯彻俄罗斯远东和贝加尔地区的发展规划。

对于中国来说，同俄罗斯和蒙古合作也有其以下必要性：

- 推动中国内陆地区发展；
- 实现“丝绸之路经济带”的宏伟战略；
- 保障多元化的自然资源供给。

蒙古国同俄罗斯、中国的合作应遵循以下前提逻辑：

- 实现长久持续的经济发展；
- 建立和发展交通基础设施来促进经济持续发展；
- 需要扩展同大国邻居的经济联系。

二、力量均衡的改变

中俄蒙三国的关系均衡在近些年出现了变化。在苏联时代，蒙古国被称作“苏联第16个加盟共和国”，而目前中国在蒙古国扮演着更为重要的角色，这种均衡关系的变化给三国合作的可能性前景带来了挑战。

一方面，蒙古国同中国及俄罗斯的经贸双边关系上，因现有条件和客观原因，中蒙合作的发展速度快于俄蒙双边合作。

另一方面，三国的区域性合作计划从很大程度上将受到中俄战略合作伙伴关系的发展走向。

三、建立中—蒙—俄交通经济走廊的现实性

从总体上看，“丝绸之路经济带”整体规划将影响蒙古国和俄罗斯的交通基础设施布局。在此背景下，俄罗斯将面临一系列风险，但需要强调的是，这种风险并不是危机性的，考虑到俄罗斯内部经济的特性，这种风险在正常的经济运行下并不可能带来规模性影响。

俄罗斯面临的主要风险之一就是西伯利亚铁路和贝—阿铁路交通战略地位的下滑。既有“丝绸之路”铁路干线在俄罗斯境内的重要站点是奥伦堡和车里亚宾斯克，这样，西伯利亚铁路和贝—阿铁路的基础过境运营部分将变得边缘化，导致过境运输费用从俄罗斯大规模转移给哈萨克斯坦。

所以，建立中—蒙—俄交通经济走廊或“草原之路”应该以现实为依据，即在现有条件下将过境线路从西伯利亚铁路和贝—阿铁路延伸到符拉迪沃斯托克。

四、实现交通经济走廊的局限

一是交通经济走廊的有效性不明确。

• 同现有的跨境铁路线（丝绸之路），即中国—哈萨克斯坦—俄罗斯—白俄罗斯再进而进入东、中欧和西欧国家相比，货物运输如果以交通经济走廊为基本路线，则其费用成本和路途行程均没有任何优势。

• 中国货物经蒙古国进入俄罗斯同样没有任何效率优势。同蒙古国接壤的俄罗斯边境货物销售市场少得可怜，蒙古国消费者更倾向于直接前往中国购物。现实方案是，

将符拉迪沃斯托克、哈巴罗夫斯克和布拉戈维申斯克建为跨境铁路运输站点，这样费用成本将低于现有的中—俄货物运输线路。

• “在蒙古国境内开采矿产资源经中国和俄罗斯销往世界其他市场”的设想需要大规模的基础设施建设投资，而且还要考虑其未来长期的成本回收期。以俄罗斯为例，企业并不乐意以连续多年的投资回收期为代价来对基础设施进行投资。

二是融资来源方面不明确。

“丝路基金”是为实现“丝绸之路经济带”而成立的融资机构，部分项目可以通过从亚洲基础设施投资银行和中国部分省区独立创办的基金来解决融资问题。

• 俄罗斯政府在近 3 ~5 年内没有对大型基础设施建设进行融资的计划，何况不是自己境内的投资计划。

• 中国是整体规划的主要融资国，但其同样在计划实现过程中不断修正融资战略，即投资效率是首要关切的问题。金融资源将大量集中在有利于中国经济的项目上。

五、交通经济走廊的可能性

在目前一系列正面因素的影响下，建立中—蒙—俄交通经济走廊成为可能，这些因素包括：

• 在蒙古国建立高效的多功能经济区，可以更好地衔接和协调经俄罗斯和中国的过境货物运输。

• 俄罗斯境内的社会经济发展将依托中—蒙—俄未来潜在产业链的形成。

• 俄罗斯符拉迪沃斯托克自由港的有效性在手续简化以及对蒙古国出口业务成本压缩的前提下变得可能。

• 蒙古国在对日本、韩国跨国集团公司引资政策上的成功将极大丰富交通经济走廊的实际内容。

• 在北极地区建立北冰洋—俄罗斯—蒙古国—中国交通走廊主要取决于俄罗斯北极开发计划和北海航线的开辟。

• 三国旅游路线的开发在当前也具有很大的现实意义。

“一带一路”：共同的事业

杨正位（中国国家行政学院发展战略中心主任）

“一带一路”由习近平总书记提出，是我国新一轮扩大开放的战略举措，具有深远的历史意义和战略价值。如何把这一战略构想变为现实，需要鉴古知今，从历史中汲取智慧。

丝绸之路是中华民族走向世界的标志，它的繁荣与阻绝与中原王朝的盛衰息息相关，可以说“中国兴，则丝路兴”。古代丝路的经验教训，可以为当代丝路找准功能定位提供有益启示，理性认识丝路的古与今。

一、丝绸之路是商贸之路

古丝路作为经济全球化的早期版本，被誉为全球最重要的商贸大动脉，是当时的世界性贸易走廊。双方交易的主要是当时的高档或奢侈品。有商业利润，才有长距离贸易的动力，也才可持续。没有经贸基础，单纯的政治文化交往不可能持久。郑和下西洋是朝贡贸易，因缺乏民间商贸，朝贡贸易耗损国力，难以为继。

今天，经贸往来依然是沿途各国的共同愿望，是阻力最小、推进更快的领域。要发挥经贸合作的基础和先导作用，实现优势互补，让务实合作成为“压舱石”和“推进器”。要加快自贸区建设，打造世界第三大贸易中心——亚欧贸易中心，发展经贸园区、边境合作区，扩大投资与产业合作，推动互联互通，“五通”良性互动，拉紧沿线利益纽带，坚持正确义利观，同时尊重市场与经济规律，使丝路带建设自然而然，水到渠成，持久繁荣。

二、丝绸之路是开放之路

丝路繁荣是在中国最开放的汉唐与宋元，那时的中国拥有开放的气度、胸怀与自信，历史昭示了“开放出盛世，封闭致衰落”。如唐朝是一个开放社会，胸襟博大，与300多个国家、地区或部族有交往，长安是百万人的国际最大都市，李白的诗词中充满了胡人之风，大量“蕃商”在华经商定居，外国人可科举为官，24位宰相、大量名将都是少数民族。

今天，我国要实现均衡开放，弥补开放短板，让中西部由“内陆”转为开放“前沿”，构建开放型经济新体制，形成全方位开放新格局。当前，新一轮高水平开放图景正在展开，高水平自贸区建设、中美中欧双边投资协定、世贸组织下的诸边谈判，与“一带一路”一道，将进一步验证：中国越开放就越发展，越发展将越开放。开放的前沿意味着改革发展的前沿，这为西部提供了难得的历史机遇。

三、丝绸之路是和平之路

和平是丝路的保障，丝路是传递和平的使者。中国丝路形成和拓展于强盛之时，但中国没有借此对外侵略扩张，体现了天下主义观念和王道政治理想，证明了和平发展的历史传统。可以说我国推动的早期全球化是商品自由贸易，西方推动的近代全球化是枪炮为商品开路。

今天，“丝绸之路经济带”建设是浩大的国际工程，非一国之事，非一国之力，更非一日之功。这需要继承古丝路的各国自主参与、形成世界合力的精神，让它成为大家的共同战略，不搞封闭机制，突出一个“共”字：即共商、共建、共享，扩大利益交集，打造利益、命运与责任共同体，推动共同发展与和平发展，让“一带一路”成为大家的共同事业。

四、丝绸之路是文明之路

丝路是世界文明史上的“大运河”，将古代几大灿烂的文明联结起来，中华文明、印度文明、埃及文明、两河文明、波斯文明、阿拉伯文明及希腊罗马文明等交相辉映，佛教、祆教、摩尼教、景教、伊斯兰教等传入中国，我国儒学、道教以及四大发明等传向西方。丝路成为文化、科技、人员交流的桥梁与纽带，共同推动了人类文明进步。

绵延五千年的中华文明，曾长期居于世界文明的中心，经过近二百年的沧桑，到了复兴再生之时，有信心再回世界文明高点。对于如何做好世界性大国，我们还没有准备好。有言道，“弱讲民族主义，强讲世界主义”“硬实力可征服国土，软实力才征服国民”。我们要逐步恢复天下情怀，增强世界公民意识，推动传统文化的返本开新、现代转化，塑造负责任的大国风范，争取德化外邦，增强中华文明的道义感召力。

今天，丝路沿线的文明古国多，他们都有辉煌的昨天，有近代被列强欺侮的悲情，有被边缘化的伤痛，有现代化的共鸣，实现“文明复兴”是最大公约数之一。最近，我去伊朗、土耳其调研，能深刻感受到这一点。我国可借“一带一路”机遇，经济人文双轮驱动，倡导几大文明的交流互鉴与现代复兴，打造“文明复兴共同体”，主张“各美其美、美美与共”，用行动创造出“文明和谐论”，增强我国的话语权与软实力，扩大中国梦的圆梦空间。

努力推动实现“一带一路”框架下的中蒙俄互利共赢

许永权（中国当代世界研究中心副主任、研究员）

尊敬的各位来宾，女士们，先生们，朋友们：

大家好！非常感谢主办方邀请我参加首届中俄蒙三方智库国际合作论坛。

2013 年，习近平主席提出了建设“丝绸之路经济带”和“21 世纪海上丝绸之路”的倡议，我们合称为“一带一路”。2014 年 9 月，习近平主席在杜尚别举行的第一次中俄蒙元首会晤时，提议打造“中蒙俄经济走廊”。今年 7 月，习近平主席在乌法通额勒贝格道尔吉总统、普京总统举行第二次会晤时，三方签署了《关于编制建设“中蒙俄经济走廊”规划纲要的谅解备忘录》，明确了三方联合编制规划纲要的总体框架和主要内容，为走廊建设指明了方向和路径。我认为，今天与蒙古、俄罗斯以及相关国家的朋友们，一起讨论蒙古国、俄罗斯与中国三方如何推动落实三国首脑会晤成果，在“一带一路”框架下开展合作，共商共建“中蒙俄经济走廊”，有很重要的现实意义。

中蒙俄互为邻国和战略伙伴，合作的地缘优势基础良好，经济结构互补强。蒙古国地处亚欧大陆腹地，联通中俄两个大市场，地缘优势突出。中方的市场、资金、技术、通道与蒙方的资源富集优势互补性明显。2014 年习近平主席访蒙期间，蒙方长期关心的过境运输和出海口问题得到了妥善解决，双方在矿产品深加工、新能源、电力、农牧业、环保等领域开展的全方位合作，将给两国人民带来实实在在的利益。俄罗斯是“丝绸之路经济带”沿线的重要国家，习近平主席在今年 5 月访俄期间，与普京总统共同签署了“丝绸之路经济带”与欧亚经济联盟对接的联合声明。双方以基础设施建设为平台，以产业合作为内容，将不断拓展双边贸易合作的领域，并为上合组织、金砖国家合作机制及欧亚经济联盟等区域合作机制注入新的内涵与活力。

三国发展战略高度契合，在“一带一路”框架下加强经济走廊建设领域合作的空间广阔、潜力巨大。我们可以把“丝绸之路经济带”同俄罗斯跨欧亚大铁路、蒙古国“草原之路”倡议进行对接，打造“中蒙俄经济走廊”，加强铁路、公路等互联互通建设，推进通关和运输便利化，促进过境运输合作，研究三方跨境输电网建设，开展旅游、智库、媒体、环保和减灾救灾等领域务实合作。三方可以深化在上海合作组织框架内合作，共同维护地区安全，实现共同发展。我们相信，只要对接得好、融合得好，完全可以发挥叠加效应和倍增效应，形成互利共赢。

共建“丝绸之路经济带”、打造“中蒙俄经济走廊”是中国提出的倡议，也是中国与包括蒙古国、俄罗斯在内的沿线国家的共同愿望，得到蒙方和俄方的积极响应。中国愿与蒙古、俄罗斯等沿线国家一道，携手推动更大范围、更高水平、更深层次的大开放、大交流、大融合。目前，渝蒙俄铁路、中俄同江铁路桥等一批基础设施互通互联项目已经在稳步推进。中蒙二连浩特—扎门乌德跨境经济合作正在研究规划。亚洲基础设施投资银行筹建工作迈出实质性步伐，为“中蒙俄经济走廊”建设提供了重要的合作平台。中蒙二连浩特边民互市贸易区正式对外招商，中蒙俄之间的人文交流和生态环保领域合作也不断深入，夯实了推进经济走廊建设的情感基础。

长远看，中国希望通过“中蒙俄经济走廊”建设，与蒙古国和俄罗斯建立利益共同体、命运共同体和责任共同体。这个共同体与欧亚经济联盟或欧盟不一样，它不是实体，相对松散，不搞约束性文件。它将遵循国际通行规则，发挥市场在资源配置的决定性作用，鼓励各类企业尤其是中小企业积极参与。它不搞“封闭制”，始终是开放的、包容的。它不是排他的，而是强调把三方发展战略对接落实到具体合作领域和项目上，推进经济走廊建设走向深入。

近来，怀疑“中国‘丝绸之路经济带’建设主导欧亚大陆”“‘中蒙俄经济走廊’建设会使其他参与方沦为中国的经济附庸”的说法不时显现。我想，这种担心大可不必。中国以前“被主导”“被势力范围”过，吃够了它的苦，打心底里反对它，深知那条路走不长、走不通。习近平总书记在纪念中国人民抗日战争暨世界反法西斯战争胜利 70 大会上讲话中明确指出：“无论发展到哪一步，中国都永远不称霸、永远不搞扩张、永远不会把自身曾经历过的悲惨遭遇强加给其他民族。”各方要在“中蒙俄经济走廊”建设中实现合作共赢，必须超越旧思维，坚决共商、共建、共享。参与各国无论大小、强弱、贫富，都是平等参与者，都可以建言献策，都不能对别国指手画脚。“中蒙俄经济走廊”不是中国一家的“独奏曲”，而是各国共同参与的“交响曲”。中方的倡议为各方参与提供了基础，下一步各方可以通过双多边沟通磋商，来探讨具体的合作模式或对接方式，确保走廊建设是共同决策、共同行动的成果。

共建“中蒙俄经济走廊”，三方应当增加协作，研究提出可行性的推进方案，积极化解不利因素，助力经济走廊建设顺利开展，建设重点做好以下几方面工作。一是在中蒙俄三方元首达成的共识基础上，进一步加强政府间的政策沟通。二是加速推进联合编制《建设“中蒙俄经济走廊”规划纲要》的进程，提出一个操作性较强的走廊建设路线图。三是中俄蒙智库合作联盟成立是走廊建设的一个新的重要推动力量，应积极发挥作用，整合好三方相关研究资源，根据三方合作需要和走廊建设进展情况设置研究议题和方向，鼓励三方智库和研究机构间开展合作研究与交流研讨，可考虑利用智库渠道多做走廊建设的解读和宣传工作。四是努力推动政府、智库及走廊建设主体之间实现良性互动，决策、研究和落实各环节之间要能够相互配合和相互支撑。

当地世界研究中心正与沿线国家智库建立联系，牵头建设“一带一路”国际智库合作联盟。我们愿同包括中俄蒙智库合作联盟成员在内的各国相关机构开展沟通与合作，进一步深化国际社会对“一带一路”倡议的认识。希望与会的各位朋友为落实“一带一路”倡议、推进“中蒙俄经济走廊”建设积极建言献策，为推动沿线国家的互利合作贡献智慧。

此外，我们还可以预见，在“一带一路”框架下建设“中蒙俄经济走廊”还将遇到政治、经济、文化、宗教等多个领域、多个方面的挑战。但我坚信，只要各方能和衷共济、相向而行，及时处理好和解决好推荐走廊建设过程中出现的新问题、新困难，“中蒙俄经济走廊”一定能为三国经济发展、为“一带一路”建设注入蓬勃的生机与活力。

最后，预祝本届智库论坛圆满成功！

谢谢大家！

蒙古国—俄罗斯—中国经济合作：过去、现在和未来

纳·巴特纳森（蒙古国国立大学商学院）

一、三国经济对外关系现状

俄罗斯和中国就领土而言，几百年来始终与我国相邻，在漫长的历史文化进程中，两邻发展了密切的经贸合作。

自20世纪90年代初期发生的社会主义阵营的解体、90年代中期加快的全球化进程、东南亚国家尤其中国经济的迅猛发展等，给蒙古国与这些国家的交往带来了巨大的变化。

苏联的解体、经互会业务的终止，对一直以来与社会主义一体化范围内国家密切交往并得以发展的蒙古国造成了很大的打击。这不仅使蒙古国出口的主要市场被压缩、投资与贷款援助停止，而且在国内需求中占有很大比重的进口急剧下降、技术设备更新也进入停顿状态。从此刻开始蒙古国重视发展了与世界其他国家的政治、经济关系。

从那时开始，与蒙古国发展最高层次关系的国家之一就是中国，而且填补了与世界社会主义阵营解体后产生的经济对外关系的空白。目前中国已经成为我国经贸主要伙伴国。从2014年情况看，蒙中贸易额达到68亿美元，占贸易额的61.75%。[①] 2014年中国占蒙古国出口总额的87.8%，进口总额的33%。2014年中国对蒙直接投资为6760万美元。

---

① 蒙古国海关总署：《2014年外贸货物海关统计》。

自20世纪90年代初期开始进入放缓状态的蒙俄关系，从2000年11月俄罗斯总统普京访蒙以及源自苏联时期的巨额债务问题得以解决之后出现了恢复迹象。可是，虽然蒙古国对外贸易迅速增长，而近年来俄罗斯占蒙古国外贸额的比重始终在下降。从2014年情况看，两国贸易额达到16.1亿美元，俄罗斯占蒙古出口总额的1.07%，占进口总额的29.59%。[①]

就这样近20年来，俄罗斯在蒙古国经济的影响趋于下降，中国的影响和参与度在不断增强。中国巨大的市场，一方面给我们的生产商带来广阔的机遇并对国民经济增长发挥了正面影响，但同时，过度依赖于一个国家使已经产生了给国家安全带来负面影响的条件。从几年来的情况看，双方均对通过解决这些问题来巩固互信以及深化合作关系给予了高度重视。

另一方面，最近20余年来形成的经济新型结构已经打破以前体制时期蒙古国与俄罗斯之间的供货与采购关系，使其变成了矿产品市场上的竞争对手。

中国和俄罗斯作为国际层面上发挥重要作用的大国，对世界性政策的协调均有重要职责。两国关系基于2001年7月16日签署的《中俄友好合作条约》以及2005年签署的《战略协作伙伴关系》协定。虽然俄中睦邻友好关系得以扩展，贸易额达到952亿美元[②]，但两国关系的前景仍存在一定的“不确定性”。

蒙古国均等对待俄罗斯和中国，实施“第三邻国、多支点外交政策”。

二、蒙古国经济社会条件与经济对外关系的目标

国际经验证明，如果在其外经济关系中能够实施正确的政策，则它能支撑经济增长。尤其在实施经济对外关系政策进程中，始终存在得与失的双面可能性。为成功实施对外经济政策，有必要预测以下一些因素。一是实施的政策与国家发展战略的吻合度；二是主要伙伴国的选择；三是与具体国家签署协定而长、中、短期内产生的优劣势；四是这种关系对国家经济增长产生的影响；五是对经济各个行业、各个地区、人群收入各阶层产生的影响等。

笔者认为，有可能在未来几年的针对邻国的经济对外关系政策中，蒙古国经济增长、邻国经济增长、主要出口原材料的价格等因素，均将产生重要的影响。

近年来，蒙古国经济得到迅速发展，在增长速度上达到世界前卫国家行列，与保

① 蒙古国海关总署：《2014年外贸货物海关统计》。

② 世界银行，2014年。

持蒙古国生产的相对优势——矿业增长大有关联。随着矿业增长，不仅经济增长在加快，外贸总额也在大幅增长。2011 年蒙古国 GDP 同比增长 17.3%，① 2012 年同比增长 12.5%，② 2013 年同比增长 11.6%，③ 2014 年同比增长 7.9%。④ 2014 年蒙古国的出口额比社会主义时期大约增加 9 倍，达到 57.7 亿美元，⑤ 而且在出口结构中煤炭、铁矿石、石油、锌矿、精锌粉、黄金等新型产品占据了绝大部分比重。对外贸易中形成了不像社会主义时期那样基于人为优惠，而是基于国民生产竞争力的有效、稳定结构。

主要依赖于外国贷款援助的蒙古国经济，已具备今后发展所需资本积累与资源，这是过去年份所取得的最大成就。蒙古国经济不仅形成基于国民生产竞争力、相对优势更加稳定和坚实的基础，而且积累和投资来源方面相比外部更加依赖于国内潜质。如果说，在转型初期或者 1994 年国家积累降至 GDP 的 21%⑥，则 2014 年增至 GDP 的 34.6%。⑦

在采矿业影响下，经济中出现的上述增长在未来几年中仍将持续。这与世界性大矿的开发项目顺利实施有关。然而，受世界经济危机、出口主要原材料价格下跌等影响，增长可以达不到前些年水平。亚洲开发银行做了蒙古经济增长预测：2015 年为 3%，2016 年为 5%。⑧

为使大型矿得以开发，不仅政府于 2009、2015 年与投资商签署了奥由套鲁盖铜矿合作开发合同，而且就塔本套鲁盖煤矿的开发问题积极开展工作。如果把世界性大矿——拥有 3580 万吨铜、1400 吨黄金储量的奥由套鲁盖⑨和 65 亿吨煤储量的塔本套鲁盖⑩矿实施开发，则在它们的直接影响下，将产生经济增长加快以及出口收入提升等大的变化。

---

① 蒙古国国家统计局：《蒙古国统计汇编 2011》。
② 蒙古国国家统计局：《蒙古国统计汇编 2012》。
③ 蒙古国国家统计局：《蒙古国统计汇编 2013》。
④ 蒙古国国家统计局：《蒙古国统计汇编 2014》。
⑤ 蒙古国海关总署：《2014 年外贸货物海关统计》。
⑥ 蒙古国国家统计局：《蒙古国统计汇编 1990》。
⑦ 蒙古国国家统计局：《蒙古国统计汇编 2014》。
⑧ ADB：2104.
⑨ AMEC Minproc Ltd "Oyu Tolgoi Technical Report" November 2009.
⑩ Ministry of Mineral Resources and Energy, Mongolia 2010.

表 1　　至 2020 年大型矿对蒙古国 GDP 年均增长产生的影响度（%）

	奥由套鲁盖	塔本套鲁盖（年开采量 2000 万吨）	塔本套鲁盖（年开采量 4000 万吨）
在设定价格层次上 *	+6.19	+2.41	+4.56
当价格下降 20% 时	+4.94	+1.90	+3.61
当价格上升 20% 时	+7.37	+2.87	+5.39

从基于一般均衡模型所做至 2020 年远景预测看，如果把奥由套鲁盖矿开发，则将在上述期限内蒙古国 GDP 的实际增长中呈现，预计年均提高 6.2 个百分点。另外，如果把塔本套鲁盖煤矿全部开发，则可把上述增长再提升 2.4 ~4.6 个百分点，具体由开采量决定。矿床对 GDP 增长的影响见以上表格。[①]

从未来预测数据看，从矿床开采中获得的收入将大幅提高出口总收入，2012 ~2020 年间蒙古国出口总额将提高 3.26 ~4.24 倍。[②]

近些年，随着采掘业增长虽然出现了经济快速增长、出口收入增加以及某些利好进步，但因该行业具有劳动吸纳能力差、资本密集等基本性质，决定了其在经济发展战略政策范围内，需要特别关注两大问题。

一是采矿业是资本密集型、劳动稀少型且对创造工作岗位、减贫影响不大的产业。比如，自 1995 年至 2011 年期间，蒙古国人均 GDP 从 629.7 美元增至 4512 美元，增加了 7 倍[③]，而贫困率只从 36.3% 降至 29.8%。[④]

另一个大问题是随着近几年采矿业收入的井喷式增长而显露雏形的，今后随着大型投资项目增加而有可能加剧的“荷兰病”。澳大利亚经济学家马克斯·戈登认为，[⑤] 随着矿山的开发利用，将出现采矿业产量和出口增加、外汇供给增多以及本币增值等现象。随之，在某些行业尤其在非采矿业出口行业和与进口竞争激烈的行业中，有可能导致报酬和生产成本的增加、产品竞争力的下降、生产和出口的萎缩。而对进出口不怎么关联的行业来说，采矿业的增长将起“中和”影响。

① Batnasan Namsrai. Mongolia’ s mining based development and trade policy. Economic Research Institute for North East Asia. ERINA Report，№ 109 pP. 43 –49.，Niigata city，Japan 2013.

② Batnasan Namsrai. Mongolia’ s mining based development and trade policy. Economic Research Institute for North East Asia. ERINA Report. № 109 pP. 43 –49.，Niigata city，Japan 2013.

③ 世界银行 2014。

④ 世界银行 2014。

⑤ W. MaxCorden. The Dutch disease in Australia：Policy Options for a Three – Speed Economy. Melbourne Institute Working Paper Series.，Working paper No 5/12.，2012.

一方面，随着采矿业收入的增加而导致经济总需求增长；另一方面，总需求增长导致的价格上涨将增大人力成本和生产成本。因此，“荷兰病”正如以上所述，极有可能使国内生产下跌、工作岗位减少、失业队伍扩大，并增加低收入阶层的生活成本，加剧不平等和贫困问题。

“荷兰病”有可能导致商业环境恶化、国内生产成本增加、竞争能力弱化、失业、不平等、贫困加剧等社会问题。为此，国家的今后发展直接取决于如何解决发展所面临的巨大挑战和减贫、预防“荷兰病”威胁等两大问题。因此，贸易和投资政策，理应成为使蒙古经济引入全球化进程的主要手段的同时，也作为经济增长和保障平等的桥梁，且能够缓和有可能因“荷兰病”而出现的种种困难。

受世界多个国家的经济危机的影响，快速发展的中国、俄罗斯的经济增长近几年也放缓了。俄罗斯、中国经济增长将导致其国内需求旺盛，进而将增加对蒙古国出口原材料的需求并拉动价格上涨。出口原材料价格的上涨，将直接影响矿业投资的趋增。

三、蒙俄、蒙中经济对外关系的前景

随着全球化进程的加快，为深化国家间的合作，应广泛使用着贸易自由化手段。现代贸易自由化大致通过国家间减少贸易壁垒、地区及国家间废除彼此间业已确立的壁垒、加入贸易多边协定并遵守等基本方式推进。

蒙古国、俄罗斯、中国均为世贸组织成员国，且彼此间的经贸合作符合该组织的章程。在外交部层面上，具有官方地位的磋商会晤以及就经贸合作进行三方磋商的传统。另外，中国已经总共与11个国家建立自由贸易协定，与5个国家正在谈判。俄罗斯与苏联成员的独联体国家成立了关税同盟。中国与俄罗斯虽未建立自由贸易协定，但已经在上合组织、金砖国家等国际组织范围内开展合作。就我国而言，2015年与日本签署了“经济伙伴协定”。

现在虽说蒙中俄政治关系已经达到战略伙伴程度，但经济关系尚未达到自由贸易协定水平。

对俄罗斯和中国来说，蒙古国的市场容量太小，经济意义不大。从现今的外贸结构看，可以说中国是蒙古国出口原材料的采购方，俄罗斯是出口市场的竞争对手。

蒙古国出口具有以矿产品为主的种类极少的原材料组成的结构，进口中高附加值的最终产品占大部分比重。与之相反，中国进口工业所需的原材料和机器设备，出口高附加值、名目繁多的最终产品。就政策而言，主要关注最终产品的出口。俄罗斯出口的60% ~70%为石油、煤炭、钢铁、铝、黄金、金刚石、镍、木材等自然资源性产品，且在此方面与我国很相近。区别在于俄罗斯对大部分矿产品进行加工，并以成品形式出口。俄罗斯进口产品中机器设备占据大部分比重，且其大部分从中国采购。

据我们的研究，从我国向中国和俄罗斯能够供应的产品名录中包括金砖国家第26、05、51、71、41、74、02、25组或者自然资源型、畜牧资源型原材料。其中，第26、05组货物的相对优势最强且竞争力较好。就高附加值行业的第61、57组货物而言，近年来出现了竞争力下降的趋势。

中国在金砖国家40余组货物中占有出口相对优势，而且大部分为高附加值的最终产品。其中，第20、63、68、69、70、73、86组货物与我国进口相对优势相吻合，我国进口的可能性很高。俄罗斯在矿石燃料、镍产品、木材、木器出口上占有相对优势，其中矿石燃料、粮食与我国进口相对优势相吻合。我国只有第02、25两组产品或者肉类、萤石有向俄罗斯出口的可能性。在自由贸易协定范围内，如果能够解决兽医、卫生、检验检疫以及运输方面的困难，则可以扩大肉类以及副食品出口。① 如果从蒙古国出口到俄罗斯、中国的货物中去掉黄金、铜、煤炭、钼、锌、黑色金属、石油等，则非采掘业的年出口额徘徊在2亿~3亿美元之间。②

中国和俄罗斯在蒙投资的大部分流向了地质、矿山勘探、采掘业和商业、公共饮食行业。据投资环境的调查研究，中国、俄罗斯在蒙投资与我国发展非采掘业的关注兴趣不甚相符。

有的学者认为，可以通过与俄罗斯、中国建立自由贸易协定途径，大量吸引外国投资，把生产的产品销往俄罗斯、中国来加快经济增长。可是，在生产成本上追加运输成本，则这种产品不可能具有较好的竞争力。故我国应与电子、机器生产、重工业高度发展的日本、韩国、美国等西方发达国家建立自由贸易协定，培育竞争力。

对蒙古国来说，基于畜牧业生产的优势，加工肉类、奶、皮革、绒毛并生产成最终产品，通过发展农牧业产业链的途径，使经济多元化以及向居民提供工作岗位的战略政策尤为重要。在此政策范围内，有必要推广先进国家技术设备、营造能够吸引他们投资的宽松环境，同时，寻求向俄罗斯、中国市场出口的可能性。

在目前的情况况下，可以与俄罗斯和中国签署过境运输、能源领域的合作协定。因为把蒙古国现有出口结构中占据绝大部分比重的矿产品进行跨境销售需要很高的运

---

① 从俄罗斯中央统计局数据看，近几年来我国肉类出口在急剧下滑，比如2011年出口3486吨而2012年1320吨，2013年400吨。

② 作者统计。

费，所以有必要在铁路行业签署协定，以开辟向第三方市场销售煤炭、铜的机遇。同时，具有兴建坑口电站并向中国市场供应的广阔前景，也有把加工的有色和黑色金属向中国销售的可能性。

从蒙古国生产的相对优势以及俄罗斯进口需求等看，如果能够解决卫生、兽医、检验检疫问题，则向俄罗斯出口肉类、副食品、绒毛等可能性极高。自俄罗斯向中国的天然气管道经由蒙古领土铺设的工程问题，在谈判和协定范围内得以解决，对提升与俄罗斯进行长期、平等合作的可能性非常重要。

毫无疑问，在全球化的世界当中，蒙古国只有依靠自己的相对优势进行生产，才能开展有效的竞争。蒙古国拥有基于资源的两大相对优势行业。它们一为纺织、皮革加工、肉奶生产等依靠畜牧资源的生产行业；二为煤炭、黄金、铜、石油等采掘业。蒙古国在与邻国打交道的政策范围内，必须对发展多元化经济结构，打造使经济能够长期、稳定增长的坚实基础予以关注。另一方面，这对克服“荷兰病”、通过发展劳动密集型非采掘业以及创造工作岗位、达到减贫目的，具有重要意义。

四、结论

蒙古国与邻国方面坚持的经济对外关系政策，应该通过伙伴国之间消除关税和非关税壁垒、降低国内外高运输成本的途径，营造以积极姿态参与国际经济交往的条件环境。该政策对非采掘业竞争力的提升，将会发挥重要的作用。

蒙古国必须实施解决人的发展的窘境问题以及导致经济上非量性而是质性变化的改革政策。把目前原材料型、低附加值、过于依附外部环境的单一性经济，发展成高新技术型、知识型、以最终产品生产为主的多元现代经济是摆在该范围内的主要目标。毫无疑问，在该政策范围内，有必须打好未来能够引领国家经济发展的新兴产业基础，有必要投资于生物技术、化工、核能、再生能源、信息技术以及其他符合我国国情的高新技术朝阳产业。因此，在制定与邻国的经贸交往政策中，首先考虑针对采掘业的原材料加工方向上的投资与技术革新、改善国内运输物流条件，尤为重要。

对于运输成本高的蒙古而言，对培育不取决于距离的生产与技术、使其本土化问题予以认真周密的关注很重要。为此，通过在邻国的领先学校培养自己的学生、吸引科学技术性投资的途径，奠定好国家未来发展的基础无不重要。

在投资政策中，有必要进行不是单纯吸引外资而是使其能够稳定得住、共享成果的改革。为此，首先要针对跨国公司带走税收和关税收入的“转移价格”过程，建立能够对其进行协调的管控机制。统筹看待跨国公司总公司与子公司之间货物、原材料、红利转移的管控机制的完善化问题显得非常重要。这一工作的一部分，与邻国必须在协议范围内寻求解决。

参考文献

[1] Albertino Alesina. Enrico Spolaore and Romain Wacziarg. Trade, Growth and the size of countries. Handbook of Economic Growth, Volume 1B, 2005

[2] Armington, P. A. A Theory of Demand for Products Distinguished by Place of Production. IMF Staff Papers, Vol. 16, No. 1: 159 – 178, 1969

[3] Armington, P. A. Adjustment of Trade Balances: Some Experiments with a Model of Trade Among Many Countries. IMF Staff Papers 17: 488 – 523, 1970

[4] Armington, P. S. A Theory of Demand For Products Distinguished By Place of Production. International Monetary Fund Staff Papers 16: 159 – 178, 1969

[5] Arrow, K. J. and G. Debreu. Existence of an Equilibrium for a Competitive Economy. Econometrica 22, 265 – 90, 1954

[6] Athanasios Vamvakidis. Regional Integration and Economic Growth. The World Bank Economic Review. vol. 12, NO. 2: 251 – 70

[7] Banerjee. A. V. , Newman. A. F. Credit, Growth, and Trade Policy, 2004

[8] Bhattarai, K. Small Open Economy Model of UK. mimeo, University of Warwick, July. , 1999

[9] Cheng, Kevin C. Growth and Recovery in Mongolia During Transition. IMF Working Paper WP/03/217. Washington D. C. , November 2003

[10] Cornia. G. A and others. Pro – poor macroeconomics. UNRISD, 2006

[11] Dollar. D and Kraay. A. Trade, growth and poverty. The Economic Journal, 114 (February), F22 – F49, 2004

[12] Davis. G. A. Extractive Economies, Growth, and the Poor. Springer – Verlag Berlin Heidelberg, 2009

[13] Dervis, K. , J. De Melo, and S. Robinson. General Equilibrium Models for Development Policy. CUP, New York, 1985

[14] Devarajan, S. , J. D. Lewis, S. Robinson. A Bibliography of Computable General Equilibrium Models Applied to Developing Countries. Harvard Institute of International Development, DDP No. 224, 1996

[15] Devarajan. S, Robinson. S. TMD discussion paper No 98. The influence of CGE models on policy. August, 2002

[16] Dixit, A. , and J. Stiglitz. Monopolistic Competition and Optimum Product Diversity. American Economic Review, June 1977.

[17] Frankel. J. A. , The Natural Resource Curse: A Survey. 2010. HKS Faculty Research Working Paper Series. RWP10 – 005. John F. Kennedy School of Government, Harvard University

[18] Gylfason. T. Nature, power, and growth. CESifo working paper No 413, 2001

[19] Gylfason. T, Zoega. G. Natural resources and economic growth. Central Bank of Chile. Working paper No 142. , 2002

[20] Ketels. C. M. From clusters to cluster – based economic Development. International Journal of Technological Learning, Innovation and Development, Vol. 1, No. 3, 2008

[21] Mossa. Anisa Khatun and Hajime Inamura. A Dynamic International Trade Model Using Overlapping Generation and General Equilibrium Concept, 2002

[22] Max W. Corden. The Dutch disease in Australia: Policy Options for a Three – Speed Economy. Melbourne Institute Working Paper Series. , Working paper, No 5/12. , 2012

[23] Nabil Annabi, John Cockburn and Bernard Decaluw. Functional Forms and Parametrization of CGE Models. MPIA Working Paper, 2006

[24] Osmani. S. R. Towards an employment oriented pro – poor development strategy for Mongolia: A Background paper. UNDP Mongolia, 2006

[25] Pasha. H. A. , Pro – poor policies. UNESCAP 2002

[26] Pedro. A. M. Mainstreaming mineral wealth in growth and poverty reduction strategies. ECA policy paper, No 1, 2004

[27] Reinert, K. A. , and D. W. Roland – Holst. Armington Elasticities for United States Manufacturing Sectors. Journal of Policy Modeling 14, no. 5 (1992): 631 – 639. 1992

[28] Robison. S, Cattaneo. A. Updating and Estimating a Social Accounting Matrix Using Cross Entropy Methods. Economic Systems Research, Vol. 13, No. 1, 2001

[29] Robinson, S. , Macroeconomics, Financial Variables, and Computable General Equilibrium Models. World Development, vol. 19, no. 11, pp. 1509 – 1523, Pergamon Press plc. 1991

[30] Rodrik. D, Grossman. G. , Victor Norman. Getting Interventions Right: How South Korea and Taiwan Grew Rich. Economic Policy, Vol. 10, No. 20. pp. 53 – 107. Apr. , 1995

[31] Roemer. M and Gugerty. M. Does economic growth reduce poverty? . Technical paper. Harvard Institute for International Development, March 1997

[32] Ross. M. How does mineral wealth affect the poor, 2003

[33] Rosser. A . The Political Economy of the Resource Curse: A Literature Survey. IDS working paper 268, 2006

[34] Schneider, M. H. & Zenios, S. A. A comparative study of algorithms for matrix balancing. Operations Research, 38, pp. 439 – 455. , 1990

[35] Toh, M. H. (1998) . The RAS approach in updating input – output matrices: an instrumental variable interpretation and analysis of structural change. Economic Systems Research, 10, pp. 63 – 78.

[36] UNDP Bureau for Resources and Strategic Partnership. Meeting the Challenge of the "Resource Curse": International Experiences in Managing the Risks and Realising the Opportunities of Non – Renewable

Natural Resource Revenues. OCI, 2006

[27] NSO of Mongolia. Statistical yearbooks of Mongolia 1990 - 2014

[38] Customs General Administration of Mongolia. "Foreign trade statistics of Mongolia 1995 - 2014"

[39] Bank of Mongolia 1995 - 2014. Annual Report . Mongol Bank . Ulaanbaatar. Mongolia

[40] UNDP (2002) . Mongolia: Industrial and Trade Development Policy Review. Project Report MON/02/003/A/08/37, November

中国—蒙古国—俄罗斯建设三角经济带（基础设施）的可能性及俄罗斯面临的挑战

马特维耶夫 B. A. 弗拉基米尔・亚历山大罗维奇
（俄罗斯科学院远东研究所教授上海合作组织、中亚及丝绸之路经济带问题专家）

在实现欧亚大陆新时期的过境交通潜能中，中国将是最不可忽视的力量。中国实现其交通战略的标杆性计划之一就是创建新的全球性交通网，从而将中国同世界另一贸易中心——欧洲市场有效地连接起来。在最近十年，欧盟是中国最大的贸易伙伴，而中国是欧盟的第二大贸易伙伴。但在近几年，一系列外部的挑战成为中国实现长远发展的障碍。所以，上述挑战迫使中国在发展跨区域陆路跨境运输上寻找连接东—西的新突破口。现有连接中国同欧亚大陆的陆路交通网已经不能完全满足中国日益增长的需求，而且其对未来过境交通运输的贡献也在不断下降，所以中国的首要问题就是拓展以及更新交通运输线。实现该计划最重要的一点要求，就是安全地将商品源源不断地从中国运抵欧洲、俄罗斯、中亚和中东国家。

结合中国的宏伟计划，积极发展跨境运输和物流设施来加速商品流转，对海关及货币支付系统进行配套改革，这将是扩大邻国贸易的前提保障。以此为指导思路的中国区域经济合作政策，其普遍性不仅适用于邻国，同时也可适用于所有亚洲国家。该思路的主要概念是习近平于 2013 年提出的“丝绸之路经济带”，它标志着中国同毗邻国家合作的新模式，包括对经济一体化及战略经济发展问题等内容进行常态化信息交流。在此思路下，建设从太平洋到波罗的海的统一交通设施网成为必然，贸易的扩展要扫除一切行政和法律壁垒，加速货物运输速度并创建相应的物流系统。

中国领导人强调，“丝绸之路经济带”概念的提出是基于“共赢”的原则，它很大程度上反映了在现代世界经济发展过程中中国同其他国家的利益共识，在此合作框架下同中国合作不仅可以实现经济繁荣，同时也可将本国商品推向国际市场，所以，中国的大部分邻国完全认可该模式下的合作。

但是，对于俄罗斯来说该合作有其复杂之处：经济带带来的不仅是机遇，同样也面临着新的挑战。同中亚国家相比，对于中国提出的概念俄罗斯并没有显得那么欢呼雀跃，尽管在上合组织会议文件上俄罗斯以高度肯定的姿态签了字。对于同中亚的关系，俄罗斯学者认为俄国同中国存在着竞争关系的基本事实，该竞争关系将反映在未来“欧亚经济联盟”同“丝绸之路经济带”的互动中。俄罗斯学者（Д. 缅因采夫）认为这是“健康竞赛下的竞争关系”，而中国学者将这种关系称作“竞争与合作”。与此同时，2014 年 5 月 20 日的《中俄共同声明》说明两国在“寻求战略对接点”方面的努力已经开始了，两国领导人对连接“欧亚经济联盟”和“丝绸之路经济带”给予了书面共识。声明中的经济合作协议使得那些看起来模糊的词汇，如“对接”等字眼在文件条款中被阐述得具体和丰满：筹划中国资本参与的共同项目，首先是基础设施层面——交通和管道设施，简化贸易程序，加强金融机制合作。主体对接是这样表述的：一方主体是中国，另一主体是“欧亚经济联盟”各成员国，后一主体中的分散个体同中国的合作加强将推动“欧亚经济联盟”同中国的整体性结构合作，正因如此，哈萨克斯坦认为两大战略的对接是“非常有利和战略重要的”。

在当前国际环境下，声明各方团结建设“统一经济平台”对于俄罗斯在面对与西方的严酷关系中显得尤为重要。需要指出的是，俄罗斯不同于中亚诸国，他不仅是伟大邻邦投资计划的受益者，同时也是欧亚一体化的缔造者。在上述合作协议中，在投资领域带给俄罗斯诸多惊喜，如有关共同修建“莫斯科—喀山”高速铁路的计划，该项目计划投资 3000 亿卢布。另外，2014 年 10 月各方达成协议致力于研究建设一系列“欧洲—亚洲”高速交通通道，而俄罗斯被中国称作建设“丝绸之路经济带”的“最主要参与者之一”。这表明，对于创建新丝绸之路，俄罗斯做出了积极的努力。

以俄罗斯现有的态度，他更倾向于同中国开发其大陆跨境走廊、原料和物流基地，还包括海关服务和跨境结算等问题。新跨境通道除了带给俄罗斯最直接的过境收入外，还激活了内部线路来发展跨境区域。对于中国来说，哈萨克斯坦和俄罗斯是其实现通抵欧洲最重要的陆路走廊，而另外一个选择，即经伊朗和中东抵达欧洲的路线，目前并不现实。

当前中国经俄罗斯通往欧洲的铁路线有三个，即阿拉山口口岸（西线）、二连浩特口岸（中线）和满洲里口岸（东线），在这三个口岸基础上中国辐射出 21 条运输线路。中国—欧洲陆路走廊比海上运输节省 2/3 的时间，运费相当于空运的 4/5。

在前不久的上海合作组织论坛上，蒙古国对中国提出的倡议思路表现出浓厚的兴趣。2014 年在杜尚别举办的上合组织领袖峰会，标志着中蒙俄三国的首脑会面形成机制，迈出了搭建三国共同利益架构的第一步。在此框架下，参与各方对未来实现经济互动均有了更清晰的认识。紧接着在今年的乌法上合组织峰会上，将既有成果向前更推进了一步，签署了一系列战略框架性协议，包括三国区域合作路线图、建立经济走廊和优化贸易发展的备忘录。在三国实际会谈中，详细讨论了三国铁路网一体化以及在乌兰巴托铁路线的基础上开发三国交通走廊。另外，包括整合三国交通—物流企业、推动跨境贸易、建设跨境公路和过境管道建设等议题均在会议议事日程上。由此扩展到未来的“西欧—中国西部”公路交通战略须以现有的、在上合组织平台上指定的规划为基础，同时要考虑到正面及负面因素，统筹总体方案。

本质上，三国合作是围绕中国“丝绸之路经济带”、蒙古国“草原之路”和俄罗斯“跨欧亚铁路大通道”的战略将三国关系不断凝聚。更为重要的是，正如习近平提出的“上海合作组织是实现这一宏伟目标的主要平台”。当然，这正好契合俄罗斯、蒙古国日益增长的同亚太经合国家合作的愿望，也道出了其向东至太平洋扩展更新交通路线的诉求。借助创建上合国家共同的交通运输网，俄罗斯探求最大化发挥西伯利亚横贯干线与贝阿铁路的潜力。当前，西伯利亚铁路日渐呈现弱势，众所周知，它亟待更新的铁路基础设施是其发展“瓶颈”，特别是东线部分，相比日益扩大的欧洲—亚洲货物运输规模，西伯利亚铁路在东线的交通—物流发展并没有展现出相应的配套措施，该薄弱环节与融资乏力都是阻碍俄罗斯扩大过境货物运输量的主要障碍。

中国版的欧亚经济走廊对于俄罗斯既是挑战，又存在合作的机遇。衡量经济走廊最终是否成功，不仅在于它带来的货物运输量，创建现代化意义的过境站（如下诺夫哥罗德），同时要看其在统一的欧亚经济市场基础上的相关国家一体化程度。

在优化对外贸易联系上，蒙古国正在做着前所未有的尝试。2014 年蒙古政府批准了蒙中签订的有关开通至中国出海口的运输路线合约。该计划可以使蒙古国货物过境中国，通过铁路直抵出海口，并且在税收和运费上都给予优惠。在增加中国海上枢纽的基础上，蒙古国可以实现通向海上的货物运输计划。

总之，建设新丝绸之路并辅之以过境交通走廊正日趋成为国际交往的重要潮流之一，它为俄罗斯和蒙古国提供了新的机遇。在战略伙伴关系和共同的潜在跨境平台的基础上，三国一定会在欧亚陆路过境运输方面，谱写出新的乐章。

依靠文化和文化因素发展“三国经济走廊”

莎拉布氏瑙日布·乌日图纳森（博士、教授）
瑙·乌日图纳森（国际古迹遗址理事会理事，蒙古国国家委员会主任）

自20世纪末开始，随着信息技术的发展，全球化进程使世界生活以前所未有的速度统一到了“一个屋檐”之下。冷战的结束、共产主义体系的崩塌，使自由市场迅猛推进，开辟了资金、资本、贸易流不受国界制约以及更加自由流通的可能性。世界交通网络的蓬勃发展，使世界变成了人民生活的共同空间。我们也可以与世界另一角落的人随时交往，随时共事。

山水相连的蒙俄中早已被引入该进程。蒙古国和俄罗斯自1990年开始，从社会主义转型进入资本主义的市场经济；而中国更早地发展中国特色的社会主义，推行了市场经济。

自远古开始的邻邦，受自然地理、历史、经济、政治各种因素的影响，在彼此相互占领、被占领、征战、友好相处、给予和索取、依存和排斥的历史大空间中，这三个民族和国家创造了伟大的文明交流和合作的珍贵遗产，也留下了历史教训。在已经形成的世界和国内发展条件下，需要依靠相邻三国经济、贸易、文化合作关系中的正面传统，使其按现代要求加以改造、寻找崭新途径、创建合作新模式。

在这种思想框架下出现的三国共建“经济走廊”的倡议以及开展的积极对话，实际上是恰逢时机的事情。该纲要不单单是经济、贸易问题，而是全面涵盖了社会、文化、人文关系等各个方面的综合纲要。

在落实建设“经济走廊”过程中，我们三国就此问题在政治愿望、决策、文化关系、多年历史教训、过去社会主义发展的共同历史、市场经济的普遍环境、在发展至关重要领域推行一体化政策方面，已经形成统一认识和目标，创造了比较有利的环境条件。

有关实施该纲要倡议所需的政治、经济、法律以及国际关系问题，有其他发言者分别予以探讨。故此文只就落实中的文化、文化遗产以及文化关系因素之功能和意义予以论述。

文化方面的界定虽有多种，但普遍认可的是教科文组织在2001年发布的《保护文化多样性》宣言中写进的界定。在该宣言中，把“文化”界定为在一个社会、人群思想、行为中被认可的、成型的方式方法体系，并认为它除包括艺术、文学以外，还包括该人群的生活方式、习俗、价值观体系、宗教等。

由此看，“文化”“文化遗产”在把社会生活和发展加以规范、给予支撑的同时，也是使其发展的基础和主要原动力。

对于人类发展、国家间关系的发展，文化的价值、文化因素的意义同样在不断增强。在2005年教科文组织的保护语言与文化多样性公约中记述说，文化多样性是人类的共同遗产，而且具有其生存的不可分割属性。该公约接着强调，在当今世界中多种文化并存且相互作用，我们必须鼓励文化间的相互理解和对话。

如今，在广阔的空间内，不同的语言、不同的文化在相互作用。文化的这些多样性，在全球化的条件下不同程度地趋于融合的同时，使某一文化的独特性得到彰显，给其生存提供了条件。在这种条件下，我们不提倡文明之间冲突、不容忍、不尊敬、侵略、强迫接受的关系，而是已经到了营造民族之间、文化之间的相互理解、相互尊重、听取和容忍他人意见、进行对话、尊重人权和自由、相互有利的文化间新形式的时代。

这种新形式可以概括为“文化（文明）之间的对话、相互理解”关系。

三国在实施建设“经济走廊”纲要过程中，在经济、贸易、旅游、教育合作中，营造上述文化人文关系的新形式，挖掘开发文化和文化遗产的创造性力量尤为重要。

在“经济走廊”纲要中挖掘开发文化和文化遗产的创造性力量范围内，虽然可以拥有多种业务方向，但我们首先关注一下以下方向。它们是：

（1）按符合文化间关系的新形式，发展文化、经济合作关系，促使形成经济关系的新文化。

（2）恢复三国文化关系的优良传统和遗产，使其在新的条件下加以充实。

（3）在经济走廊建设中，基于信息新技术，发展文化创新型生产，并共享其成果。

（4）发展生态和文化旅游，充分利用文化遗产和三国跨境文化遗产名胜区潜力。

上面已经说过，三国的三方和双方关系，在历史长河中留下了文明间作用与交流的丰富传统和历史教训。这种关系是游牧和定居文化的和谐、不理解、敌对关系的历史，同时也是基于彼此拥有不同宗教信仰、思想价值观之文明能够毗邻共存、相互理解、相互信任的历史。大家都知道，蒙古国人民从远古开始，从事游牧经济，创造并发展与之对应的游牧生活方法和文明。中国人和俄罗斯人从事种植业，定居于城市和乡村，创造并发展了在城乡生活的方式和与之对应的文明。

与此同时，蒙古国人民发展了崇尚自然的萨满教和信仰佛教的思想文化。中国人发展了以孔子为中心的儒教，俄罗斯人发展了基于东正教的文化。

虽是如此，具有依靠不同自然文化空间、宗教信仰、思想文化之文明的三个民族、国家，在历史记忆中没有留下起源于宗教信仰的激烈斗争、冲突。历史的很多文献证明，在蒙古国人民游牧移动性文化两侧繁荣起来的两大定居文明，以游牧文化为桥梁，彼此了解东西方文明，发展了文明间的关系。

在进一步发展三国文化、政治、经济关系方面，依靠这些历史经验和教训，并在其中融入现代要求和标准尤为重要。

在全球化和保持文化多样性的条件下，首先在关系的所有形式、方向、层次中必须坚持文化间的对话、相互理解以及相互尊重原则。为此：

——在国家政策中坚决贯彻尊重他国独立、自主、不干涉内政、不动武原则，并崇尚和平的思想。这是文化之间和拥有不同文化、宗教、思想的民族、宗族之间，相互理解、相互尊重的肥沃土壤。三国政府和国家领导人在国际和双边关系中，高度重视国家的独立性、自由性、自主性，发表重申不干涉内政、不武力威胁的公报，并坚定不渝地执行该原则，为三国各个领域关系中出现新形式产生了积极影响。这是顺利发展三国文化、经济关系以及经济走廊的基本条件。

——文化间的一切关系中，坚持平等、正义、开放以及民主原则，是又一个客观要求。

——在三国一切关系中，广泛传播文化间对话、相互理解的思想。为此，有必要在文化间一切关系、行为中推广开放性、听进他人意见、尊重和容忍他人思想、相互理解和尊重、分歧问题以对话、和谐、和平方式解决的思想和规则。不尊重、不理解、不容忍他人文化以及对其他民族种族形成的偏见、迷信等，对相互理解、和谐和友谊有百害而无一利。

——在积极发展文化间关系中，各种文化载体、参与者之间的交往和合作，尤其是积极参与者之间组织的各种措施，将发挥重要作用。组织这类合作和措施时，必须坚定不渝地贯彻尊重人的基本权利、自由的同时，尊重掌握和使用自己母语、传统文化、宗教信仰、行为准则等文化特权、自由的思想。只有通过这种途径，才使国家、民族、文化间的一切关系中，挖掘和发挥文化、文化遗产的创造性功能，发挥其净化的神奇力量和人道性美好影响，共享其实惠。为此，有必要定期组织学者、普通百姓、青少年之间的交流、会晤、对话、互访，三国和双边关系的历史周年庆典，针对共同胜利、友好庆典的学术会议和节庆活动，跨文明友好大型活动等文化、经济、贸易、旅游的全面合作措施。

——文化间的分歧、矛盾、冲突大部分源自该文化遗产承载者的缺乏知识、粗鲁、迷信以及文化间历史的错误理解、不良记忆。因此，给人们尤其是给青少年传授良好的教育，让他们理解历史真相，在他们中间传播“和平教育”具有重要意义。随着时间的推移，由过去的侵略、征服、殖民、剥削、侮辱、战争等历史不愉快记忆产生的人们的担忧、担心将趋于淡化，而通过更加清楚地解释历史真相、更加正确具体地反映对方思想等途径，有关国家合作编写、纠正和填补历史错误和空白的共同历史的可能性会越来越大。这对相邻而居的俄蒙中三国中出现的有意或者不知道而写出的错误解释、总结、界定的纠正，恢复历史真相，填补历史空白，促成文化间关系新形式的产生将会起积极影响。为此目的编写和宣传，历史共同教科书方面的双边和多边合作的尝试、经验已经出现。例如，以共同的观点编写和使用学校历史教科书的实践在中国、韩国、日本之间，在法国和德国之间，在巴勒斯坦和以色列之间已经出现。相较于批判、诅咒历史，吸取历史教训并使之用于当代文化、民族间关系的人道、公正、安定而工作，更为高尚。历史的残暴黑暗之页，可以成为美好明天的一面镜子。

恢复以及以新形式和内容充实三国经济、文化关系中的遗产与传统，包括跨国和连接地区、洲际贸易和文化交流的传统驿站、走廊的历史线路和网络，毫无疑问对现如今三国经济走廊的建设，将发挥应有的作用。此类驿站、走廊中，可以列举从中国开始连接亚欧的著名的“丝绸之路”、蒙古帝国时期连接亚欧和中蒙俄的“大草原驿站”、17～20世纪从中国开始经由蒙古国和俄罗斯连接欧洲国家的“茶叶之路”、于20世纪下半叶投入使用的莫斯科—乌兰巴托—北京的“钢铁之路”。这些交通贸易道路和走廊，均对当时国家、民族、文化之间关系发挥了特别作用，为新货物商品、科学知识、技术设备、文化、艺术、文化产品的交流和传播做出了杰出的贡献。

这些贸易、旅行、运输道路走廊，成功的关键因素在于承认在此工作生活的和由此经过人们、参与者的自由和平等，保障其安全，平等对待，尊重和保护他们的母语、宗教、传统习俗、行为准则。在该短文中不可能讨论上述所有的道路和走廊，况且人们都知道著名的丝绸之路、蒙古帝国的大草原驿站、经由蒙古国的莫斯科—北京之钢铁之路。

故而在此，就经由中蒙俄连接亚欧的“茶叶之路”做一简单介绍。茶叶的故乡是中国的西南地区，有五千年以上历史。茶叶是具有健身延年、提神明目、净化肠胃、防病养身功效的健康饮料。荷兰人自1605年开始，首次把茶叶通过海路运往了欧洲，这除经过漫长的长途跋涉以外，还有遭遇海盗、破损、受潮变质等诸多风险。在这种条件下，1692年彼得大帝向清朝皇帝派出使者并提出两国间茶叶贸易陆路进行的建议而打开了“茶叶之路”的开端。中国和俄罗斯的代表同蒙古可汗和官员商榷并组建的驼队以及沿线形成的买卖城、恰克图等，后来成为连接亚欧的“茶叶之路”重要通道。该道路从中国东南部的武汉市开始，经由现在的北京、二连浩特进入如今的蒙古国，经过卖买成（乌兰巴托）、恰克图市进入俄罗斯，经由伊尔库茨克、克拉斯诺亚尔斯克、新西伯利亚、鄂木斯克、叶卡捷琳堡、喀山、诺夫哥罗德等城市到达莫斯科，再到达圣彼得堡。该道路13000公里长。该“茶叶之路”存在于17世纪至20世纪中叶，它不仅是连接亚欧的贸易通道，而且是东西方文明关系的主要陆路通道。沿“茶叶之路”，在东西方之间传播了工业、科学新知识、新技术、城市建设、道路桥梁建设、雕塑的新设计和模型、文化成果。仅从一个方面说，据学者的研究，在茶叶贸易的惠及下，在13000公里沿线形成了大小200余座城市的雏形。随着“茶叶之路”的发展，在20世纪下半叶，形成了莫斯科—乌兰巴托—北京的友谊“钢铁之路”，成为文化使者的康庄大道。

从以上例子看，跨国的一切贸易、运输大通道、走廊、网络，不仅是商品货物的运输，而且是移民、知识、技术、文化交流的途径。概而言之，是完全意义上的文明交流、相互理解、相互尊重、相互学习的道路和网络。相信它们将在三国经济走廊建设中起到应有的示范效应。

很显然，在发展三国经济走廊过程中，就该区域内推广科学技术最近成果、创新技术方面需要做广泛的工作。上述著名的贸易和运输道路、走廊就是当时科学成果、技术进步的传道者和传播者，这些让人惊奇，也是必然的。因此，探讨文化因素时，首先要考虑的是，在三国经济走廊空间中共同发展现代信息技术和基于此的文化创造性产业，推广新成果和创新性技术，并惠及人民。这样做对增加走廊经济、贸易的成效，发展文化间关系，会起很大的推动作用。

三国共同发展旅游业，在“经济走廊”框架下加以组织是助推走廊发展、促进文化间关系、提高经济收入和成效的有效途径。

今天，旅游业的发展速度仅次于石油、汽车产业，成为世界经济、资金流通的助推器，被称之为“无烟工厂”“看不见的出口”，发展迅猛。同时，旅游业又是文化关系的载体、中介。三国人民及其文化的多样性以及彼此相互理解、相互尊重、彼此帮助发展的可能性，通过旅游业将会得到更好的实现。彼此间的走动旅游，对自己文化遗产的传播与名扬，对人们理解、评价与尊重他人文化以及听取、容忍其他文化和其他思想之思维方式的形成，大有帮助。

世界上基于自然和文化的生态和文化旅游，正在蓬勃发展。我们三国具有发展基于自然、文化遗产之旅游业的巨大潜力。

在该领域内进行合作，发展基于遗产的创造性产业是支持经济走廊建设的具体而有效的步骤。在中国和俄罗斯，发展具有文化遗产内涵的产业，生产针对旅游业的具有民族特色的产品和纪念品已取得成功。未来的旅游实际上将依靠此类生产和服务得以发展。蒙古国也有很大的潜力。

自然文化遗产对走廊建设发挥作用的又一个因素是自然文化遗产名胜区。就我们三国而言，跨境的自然文化遗产地、文化遗产走廊很丰富。此类遗产地中，可以列举阿尔泰山脉自然文化遗产名胜区，库苏古尔湖、贝加尔湖及其周边萨满教名胜区，东方大草原自然遗产区，大戈壁荒漠名胜区等。在这些自然、文化遗产地中，共同设计旅游线路，并让三国游客观光丰富的自然文化遗产，具有文化和经济的多种效益。

参考文献

[1] 非物质文化遗产（教科文组织公约、指南、咨询）. 乌兰巴托，2009 年

[2] 文化种类与文化间关系的依存. 乌兰巴托，2014 年

[3] 纳. 乌日图纳森，策. 萨姆丹. 世界和蒙古遗产. 乌兰巴托，2010 年

[4] 新条件下的文化艺术（七），2013 年

[5] Altaic Forum of Economy and culture UB. 2010

[6] UNESCO International Symposium of the Silk Roads 2002. Xian. China. 2012

[7] Nomadic Civilization in cross cultural dialogue. UB. 2011

[8] Dialogue among civilizations. New Delhi，India. 2003

[9] The Tea Road. Wuhan，China. 2014

新丝绸之路：新的地缘政治重新划分问题

巴扎罗夫·鲍里斯·旺达诺维奇（俄罗斯科学院通讯院士，
俄罗斯科学院西伯利亚分院蒙古学、佛学与藏学研究所所长，历史学博士）

新丝绸之路，作为大规模的国际合作计划，可以说是世界地缘政治系统前进的基础。众所周知，2013 年 9 月习近平在哈萨克斯坦宣布了此项计划，2013 年 10 月计划成熟，而 2015 年 5 月，俄罗斯联邦和中国宣布，在欧亚经济联盟和“丝绸之路经济带”建设事务中开展相互合作[①]。此项计划的主要特点是什么呢？就是签署国际协议，巩固合同，以实现地缘政治的系统性前进。现在，这一政策和行动计划已经引起了一些争夺世界资源的大国的不安，他们认为，大规模的财政和物资投入，能创建新的全球物流基础设施，重塑世界经济地图。俄罗斯总统弗·普京于 2015 年 5 月 8 日宣告：“实际上，说到未来新型合作关系的出路，指的是整个欧亚大陆的整体经济空间。”[②] 计划本身的内容很丰富，不管是深度上还是规模上，最重要的是实施此计划的地缘政治影响。2015 年 5 月，中国和俄罗斯领导人仅就联合行动的主要方向进行了商定。弗·普京在 2015 年 9 月 2 日到 3 日访问中国庆祝第二次世界大战胜利期间，已签署了 30 项协议和声明，但远未达到解决所面临问题[③]的深度。

在此战略的讨论过程中进行了修订，欧亚大陆各个部分的意见不尽相同。最初形成了以近东国家为出口，范围覆盖到中亚地区的陆路理念，其包含详细化的铁路轨道

---

① “俄罗斯联邦和中华人民共和国就合作建设欧亚经济联盟和‘丝绸之路经济带’的联合声明”，《远东问题》，2015 年第 3 期，13～15 页。

② 普京 V. V.，习近平：《2015 年 5 月 8 日俄中会谈总结发布会声明》，俄罗斯总统官方网站，http：//kremlin. ru/events/president/news/50207（2015 年 9 月 10 日修改）。

③ 《俄中 2015 年 9 月 3 日会谈》，俄罗斯总统官方网站，http：//kremlin. ru/events/president/news/50228（2015 年 9 月 8 日修改）。

和道路建设规划设想（习近平 2015a：8－14）。过一段时间，产生了“海上丝绸之路”的战略构想（习近平 2015b：15－20）。这两种不同选择的结合，最终形成了“一带一路”的新思想。这个项目的重要部分有赖于俄中合作的积极动态和相似路径。至少，这涉及中亚巨大区域和波斯湾的出海口。因此，除了可期待的美好前景外，俄罗斯也担起了其面临的最大责任。

由于地缘政治与经济的任务和前景规模巨大，“丝绸之路经济带”项目成为丝绸之路上国家高水平商务谈判的优先选择。项目成为今年各项国际活动的讨论焦点，包括：俄罗斯联邦、印度共和国和中华人民共和国于 2 月 2 日在北京召开的第 13 次外交部部长会谈、3 月 28 日博鳌亚洲经济论坛、7 月 10 日乌法举行的上海合作组织成员国元首理事会会议以及 9 月 4 日符拉迪沃斯托克的第一届东部地区经济论坛。

“丝绸之路经济带”的想法、实现前景和机制，成为科学文献详细分析的对象。而在新丝绸之路框架下在俄罗斯、中国和蒙古之间开展地区三边合作的前景研究问题，也包括在“国际关系体系中的蒙古：历史与现代”国际科学研讨会规划中。研讨会于 2015 年 5 月 15 日在乌兰乌德召开，研讨会期间，于 9 月 8 日在乌兰巴托举行了圆桌会议，主题是“20～21 世纪俄罗斯和东亚相互协作背景下的蒙古世界”。

在近代，伟大的丝绸之路这一构想形成于 20 世纪 90 年代下半叶美国国务院代表的声明中[①]。后来，这个想法成为了《1999 年丝绸之路战略》法案，这一法案保护了美国在南高加索和中亚国家的国家利益，目的在于“支持南高加索和中亚国家的经济和政治独立，巩固民主、自由市场、人权和区域经济一体化”[②]。尽管美国国会没有通过这项法案，但大丝绸之路的想法对于美国的外部政治政策来说，十分迫切。2011 年，美国国务卿希拉里·克林顿呼吁美国的新丝绸之路构想[③]，这一构想的主要注意力集中在发展阿富汗成为新交通干线的关键枢纽。显而易见，实现这样的构想推迟了国际交通走廊有效运行的前景，由于地区的紧张局势和阿富汗薄弱的基础设施，将会导致项目的成本增加。此外，美国的项目方案不打算让俄罗斯参与。

2013 年，中国领导人提出了代替美国构想的选择方案，即“丝绸之路经济带”和“21 世纪海上丝绸之路”战略。“一带一路”项目是由邓小平提出的“开放社会”的所有政治成果。邓小平改革的成功，归功于对外开放政策和大规模吸引外资。成立了经

---

① 塔尔博特 S. A.：《告别劣绅：美国在高加索和中亚的政策》，美国国务院通讯稿，1997 年 7 月，美国国务院网站。www. america. gov（2015 年 9 月 11 日修改）。

② 1999 年丝绸之路战略法案文本，http：//www. govtrack. us/congress/bills/106/hr1152/text（2015 年 9 月 11 日修改）。

③ 希拉里·克林顿：《建设新丝绸之路对于阿富汗有重要意义》，美国国务院网站，2012 年。http：//iipdigital. usembassy. gov/st/english/article/2011（2015 年 9 月 10 日修改）。

济特区（SEZ），定位于外部市场，还成立了沿海经济开放区、免税区、沿海开放城市（列格泽诺娃 2010：191）。2012 年，习近平提出了“中国梦”的构想，以图实现中国的伟大复兴（季塔连科、罗曼诺夫 2015：19）。值得注意的是，强调“中国梦”的国际意义在于，宣告中国的发展将为全世界创造福利，协助其他国家和人民实现跨越性的发展，实现他们的国家梦想。

应该注意到，当今中国有实现这种大规模项目的所有能力。2013 年，中国和欧洲国家的商品流通额为 4300 亿美元（罗曼诺夫 2015：40）。2012 年，中国和哈萨克斯坦、土库曼斯坦、吉尔吉斯斯坦、塔吉克斯坦及乌兹别克斯坦的商品流通总额为 460 亿美元（阿利莫夫 2013：77）。

目前，中国有三条主要交通路线。第一条：西伯利亚大铁路，全长 13000 公里，从俄罗斯边境到鹿特丹；第二条：从连云港港口到鹿特丹的海上道路，全长 10900 公里；第三条：也是海上道路，从上海到鹿特丹，全长 15000 公里。主要货运量由海上道路完成，途径的苏伊士运河通航量已无法满足，同时存在 45～60 天的海盗打劫危险期。因此，发展技术，使用北方海上道路变得越来越具有吸引力。通过北方海上道路，从鹿特丹到横滨的距离是 7345 海里，通过苏伊士运河的距离是 11205 海里（巴德别列兹基纳 2015：46）。通过将俄罗斯铁路干线纳入项目并进行现代化改造，“新丝绸之路”将货物从中国供应到欧洲的时间缩短到了 10～13 天①。

目前，中国为了实现项目，展开了一系列具体行动。《推动共建丝绸之路经济带和 21 世纪海上丝绸之路的愿景与行动》文件由中国国家发展改革委员会、外交部和商务部共同编制，此文件描述了实现项目的战略和机制。中国设立了亚洲基础设施投资银行，法定资本是 1000 亿美元，同时还设立了丝绸之路基金，中国打算为基金投入 400 亿美元。与此同时，为实现战略目标，北京准备在五年时间内培养 2 万名专业人员（列梅佳、帕达尔柯 2015：69－71）。在与“大丝绸之路”国家相互协作的框架下，在乌兹别克斯坦签署了 31 份合同，价值 155 亿美元，涉及石油、天然气和黄金开采领域。在土库曼斯坦，签署了 8 项协议，价值 76 亿美元，主要涉及天然气开采领域。在哈萨克斯坦，中国公司 CNPC 购买了一家开采里海石油矿床财团 8% 的股份，交易金额为 50 亿美元。中国还出资 50 亿美元，签署在吉尔吉斯斯坦铺设天然气管道的合同（Chu Ben 2013）。

北京积极投入资金发展基础设施。首先是建设高速公路，即从中国工业省份陕西

① 《欧亚经济联盟将帮助丝绸之路周边国家发展战略的对接》，俄罗斯联邦交通部官方网站，2015 年，http：//www. mintrans. ru/upload/iblock/751/1805. doc（2015 年 9 月 11 日修改）。

省一直向西建设高速道路，以发展自有地区，并从中国边界一直向外延伸，建设高速公路。“丝绸之路经济带”的陆上部分从中国城市西安开始，接着向西到兰州和乌鲁木齐；然后向东南方调转方向，经过中亚，到达近东和欧洲；从黄海连云港港口到哈萨克斯坦边境站哈尔克斯，横穿中国的公路干线已经完工；正在建设到吉尔吉斯斯坦和塔吉克斯坦的多车道公路。接着，丝绸之路不会分成南北两个方向，环绕经过塔克拉玛干沙漠，而是直接穿过沙漠。在最近的计划中，将修建途径哈萨克斯坦和俄罗斯，直达欧洲的公路延伸线①。与此同时，中国积极发展铁路。北部，连接“新丝绸之路”与西伯利亚大铁路和贝加尔—阿穆尔铁路；南部，建设铁路干线，穿过哈萨克斯坦、吉尔吉斯斯坦、乌兹别克斯坦、土库曼斯坦、伊朗和土耳其。

需要注意到，和“新丝绸之路经济带”有关的未来变化的重要性和多因素性。包含在中国“十三五”规划中的项目，提议在丝绸之路上建立七个“带”：交通带、能源带、贸易带、信息带、科技带、农业带和旅游带（列梅佳、帕达尔科 2015：63）。

实现中国的“新丝绸之路”方案，对欧亚大陆上所有国家来说，极其有利。韩国表达了要将自己国家的铁路网并入洲际系统的愿望。覆盖马来西亚和其他 ATP 海上国家的海上丝绸之路，能够为全球一体化项目的下一步出路提供实际前景。这一项目以共同经济利益为基础，将东南亚国家、朝鲜半岛、中国、俄罗斯、印度、巴基斯坦、中亚、高加索和欧盟连成一体。

美国的新丝绸之路方案旨在巩固其在欧亚的地位，与其愿望相反，实施“丝绸之路经济带”战略促成了经济活跃中心向东移动。首先，这必然巩固了美国在亚洲的地缘政治中心力量。在此背景下，加强制裁俄罗斯，一方面可以被理解为反对实施“丝绸之路经济带”项目，以及反对全球地缘政治改变，另一方面，明确了俄罗斯从西方转向东方的转变。

鉴于此，重要问题是了解俄罗斯在“丝绸之路经济带”条件下的前景。俄罗斯在实施项目中的作用和意义，由其为中国迅速发展的经济供应原料和能源的能力决定；由发展创新经济和“丝绸之路”基础设施的合作关系决定；由保证地区军事政治安全的政治协作和合作关系决定；以及由人文发展的潜能和历史命运与文明趋向的共同性决定。俄罗斯合作伙伴关系的成果是改变其在东方的经济和地缘政治定位，发展俄罗斯东部尚未开发的边区，为俄罗斯经济增添新动力。与此同时，主要限制是：基础设施潜力的差异以及中俄两国铁路网、公路网和港口发展的不平衡（罗曼诺夫 2015：38 – 46；

---

① 《建设中央欧亚“丝绸之路经济带”和欧亚国家共同发展的优先方向》，2015 年 3 月 6 日，http：//lenta. ru/articles/2015/06/02/karaganovdoklad/（2015 年 9 月 8 日修改）。

萨佐诺夫、库德里亚采夫、Wu Jing2015：57、58）。可以合理推测，如果“丝绸之路”有备选交通方向，对俄罗斯来说将是最有效的。这种情况决定了现代化俄罗斯东部交通网的必要性，以巩固地区交通一体化。在这种情况下，行动效力将不仅影响俄罗斯参与“一带一路”项目的程度，还会影响俄罗斯在世界上的地位。

就亚洲相互协作问题，必须注意到一系列情况，这些情况是由地缘政治重新划分的进程事先决定的，并引出了下列问题：

——我们可以分享自己的地理优势，在10000公里上开展边境合作和关税协作；

——这使得我们在大空间里开展新的文化对话，而G. 基辛格认为，我国不仅在经济上，而且在种族民族成分上，还未准备好这种跨文化联盟；

——俄罗斯和亚洲的国界用岛屿和半岛分割而开，这些岛屿和半岛不仅有地貌差异，而且是历史上巩固的文化间飞地和种群飞地。其中一部分应当属于边境缓冲区的雏形。这种区域有布拉戈维申斯克、外贝加尔斯克、恰克图，尽管十年内作为战略要地控制，短期开始形成独特的边境都市化。这种现象对俄罗斯来说是独特的，但在世界历史上已不足为奇。

“丝绸之路经济带”也开启了俄罗斯、蒙古国和中国三方合作的新前景。蒙古国总统查黑亚·额勒贝格道尔吉在上海合作组织成员国元首理事会会议上提到，蒙古将自己的项目“草原之路”和“丝绸之路经济带”联合起来，形成“中国—蒙古—俄罗斯经济走廊”，并表示有意参与“欧亚大走廊”倡议下的合作①。就区域合作新条件的形成而论，必然要注意到布里亚特共和国的综合发展潜力。

为伟大的地缘政治转变做好准备，应伴随着我们认识的进步，历史文化成分将是这一进程的有机黏合剂。

参考文献

［1］阿利莫夫 R. K.. 丝绸之路经济走廊”的形成：现状、问题和前景. 现代化、创新、发展，2013年，№ 16，76－83页

［2］巴德别列兹基纳 O. A.. 国际交通走廊在世界政治中的作用演化，以俄罗斯为例. 政治学论文，莫斯科，2015年，164页

［3］2015年共建“丝绸之路经济带”和21世纪海上丝绸之路的愿景和实际行动——“丝绸之路经济带”. 莫斯科，俄罗斯传记研究所、经济战略研究所，2015年，25－49页

［4］列格泽诺瓦 D. B.，－O. 邓小平改革的主要原则和实质——布里亚特国立大学通报第6期，2010

① 《上海合作组织元首理事会会议的速记记录》，俄罗斯总统官方网站，http：//kremlin. ru/events/president/transcripts/49908（2015年9月8日修改）。

年，189 - 193 页

[5] 列梅佳 V. N. 、帕达尔柯 V. I. ，中国的新全球战略——“丝绸之路经济带”. 莫斯科：俄罗斯传记研究所、经济战略研究所，2015 年，61 - 71 页

[6] 罗曼诺夫 M. T. 符拉迪沃斯托克、连云港和欧亚跨大陆经济轴. 远东问题，2015 年第 2 期，38 - 46 页

[7] 萨佐诺夫 S. L. ，库德里亚采夫 E. S. ，Wu Jing，欧亚经济联盟和“丝绸之路经济带”连接项目的交通组成部分. 远东问题，2015 年第 2 期，47 - 58 页

[8] 习近平. 共同建设丝绸之路经济带. 丝绸之路经济带. 莫斯科：俄罗斯传记研究所、经济战略研究所，2015a，8 - 14 页

[9] 习近平. 共同建设 21 世纪海上丝绸之路. 莫斯科：俄罗斯传记研究所、经济战略研究所，2015b，15 - 20 页

[10] 季塔连科 M. L. ，洛曼诺夫 A. V. 中国作为超级大国，战略形成的经济方面和文化方面. 远东问题，2015 年，第 3 期，17 - 28 页

[11] Chu Ben. 中国花费 500 亿在新丝绸之路上. 独立报，2013 年，10 月 3 日，http：//www. independent. co. uk/ news/business/news/chinas - 50bn - spending - spree - on - new - silk - road - 8854793. html（2015 年 9 月 8 日修改）

21世纪最主要的外交合作伙伴：蒙古国[①]

S. V. 乌亚那耶夫（俄罗斯科学院远东研究所副所长）

尊敬的同行们、朋友们，尊敬的女士们、先生们：

你们好！能够有机会参加今天的活动并与同行们一起代表三方合作的俄罗斯方，即代表俄罗斯科学院远东研究所发言，我深感荣幸。

今天，我们正在启动一项重要的事业，即启动中蒙俄三国学术界代表的三方合作事业。合作的使命是为三国合作的总进程提供科学领域的保驾护航。在开始阶段，学者们就已经共同采取了重要的制度举措，即成立三方专家（智库）联盟、签订联盟的章程以及启动科学例会机制。

实际上，我这里所谈的是三方合作的“第二条路”，即学术之路。在此框架内，三国的专家们将评估相互合作的潜力、前景和方向，催生相关的项目，为本国政府建言献策。国际惯例表明，这是最常采用和推广最广的跨国多边合作形式，它可促进形成多方面综合的应对策略并提高策略的总体效率。

我认为，我们所面临的合作工作具有两方面的特殊性：

第一，三国的专家将主要集中在经济合作项目上，能够提供广阔合作平台的恰恰是经济领域。这一平台还有可能在三个国家各自出台的地区项目背景上进一步扩大，这些项目是俄罗斯的“西伯利亚和远东提升战略”、蒙古国的“草原之路”项目和中国的“丝绸之路经济带”倡议。为这些倡议找到最具前景的对接契合点，用专家们的知识和专长促进合作项目的贯彻实施——这就是今天成立三方智库联盟的中心任务所在。

---

① 文章在俄罗斯科学基金会“蒙古国人民：游牧群落转型的历史经验”的框架内完成，第14-18-00552号项目。

第二，科学专家们将在国家级别建立的现有班底基础上开始工作。

差不多整整一年前，响应蒙古国方面的倡议，中蒙俄三国高层领导人在杜尚别上海合作组织峰会期间进行了首次三边会晤，这次会晤为三方格局的合做奠定了基础。

额勒贝格道尔吉总统、普京总统和习近平主席就中蒙俄三国的发展战略在很多方面具有相互一致性达成了共识，三国领导人共同做出决定，即可以在此基础上制定“中蒙俄经济走廊”综合建设项目。

根据峰会与会国的看法，“中蒙俄经济走廊”不仅意味着对建设横穿蒙古国的现代化跨欧亚铁路线做出贡献，也有利于发展包括管道和输电线在内的多元交通运输网。正如杜尚别峰会上所指出的，“中蒙俄经济走廊”包括建设相配套的服务类基础设施，包括开采企业在内的新生产企业以及发展旅游业和文化与人文交流。

上述计划能够成功的重要因素在于三个国家的总体政治立场相互一致。三国都主张建立公正的多极化世界，主张遵守国际权利公约，主张和平解决争议问题。此外，蒙古国与俄罗斯、中国与蒙古国、俄罗斯与中国之间积极的双边关系也有助于开展三方对话，对于这三个国家来说，它们之间的三对双边关系现在已经获得了战略地位。

会晤期间，建立中蒙俄三国副外长级的三方合作磋商机制也被赋予了重大意义。

在俄罗斯乌法市召开的上海合作组织最近一次峰会上，杜尚别峰会所达成的结果在第二次三方峰会上产生了明显的脉动效应。主要成果是签署了一揽子文件，其中最主要的是“中期路线图”。路线图中构建了优先合作的各个方向，即政治、安全、经济、边境和地区间交流、科技、人文和国际事务等领域。

会议上通过的《关于编制中蒙俄经济走廊规划纲要的谅解备忘录》同样重要，它包括从交通运输到生态环保的10个合作方向。备忘录实际上反映了各方希望在从交通运输到生态环保的十大合作方向上为三国各自提出建设欧亚经济联盟、“丝绸之路经济带”以及“草原之路”等战略倡议找到最佳的对接契合点。

此外，还签署了一系列专项文件：《过境口岸发展合作协议》及《营造良好贸易发展环境备忘录》。

会晤期间还谈到扩展合作规模和范围。强调指出，相关部门正在准备开发一些项目，如建设俄罗斯到中国境内的过境输电线路，成立三方交通物流公司，在乌兰巴托铁路基础上建设运输走廊，启动北京—乌兰巴托—赤塔—伊尔库斯克旅游线路等。上海合作组织被指定为三方合作与实施项目的重要平台。

已有的正面经验和条件将有助于我们现在成立的智库联盟开展工作，但是，为了给项目的高效率贯彻实施出谋划策以及制定新的共同倡议，未来还有大量细致的工作要做。

俄罗斯科学院远东研究所是俄罗斯的权威科研机构之一。几十年来，远东研究所始终致力于从历史和当代两个视角，综合研究东亚各国的发展问题以及亚太地区的局势。

在成立三方智库联盟的前提下，有必要提及的是俄罗斯科学院远东研究所已经积累了一定的这方面工作经验。14 年前，远东研究所是在俄印中三方合作体系内建立学术领域“第二条路”的倡议者，这一合作体系形成了现在的俄印中格局。

倡议的结果是，2001 年在莫斯科第一届俄印中三国政治学家和退休外交家专家大会召开后一年，举行了首次外交部部长级别的三边会晤。2006 年召开了俄印中峰会。外长级别会晤成为每年的例会：今年二月在北京进行了第 13 次会晤。

在过去这些年里，远东研究所与中国和印度的同行们已经共同举办了 14 届三方科学大会，大会由三个国家轮流主办，每届大会都制定了相关的建议书。俄罗斯联邦总统普京在一次讲话中称，三国政治学者的联合工作是俄印中三国合作的“强大智囊团”。

最后，我代表俄罗斯科学院远东研究所的领导们，对被邀请参加本次乌兰巴托三方科学活动表示衷心感激，同时也希望，我所提到的经验也将有助于中蒙俄智库联盟的工作。祝愿我们共同的事业取得圆满成功。

智库创新助力“中蒙俄经济走廊”建设

任伟民（中国国家发展和改革委员会宏观经济研究院副院长、副研究员）

女士们、先生们、朋友们：

大家好！今天，来到美丽的乌兰巴托，有机会与各位来自中俄蒙智库的专家学者欢聚一堂，以“文明互鉴、思想交流、政策沟通”为主题，共商携手推动“中蒙俄经济走廊”建设大计，我感到十分荣幸。首先，我谨代表中国国家发展和改革委员会宏观经济研究院，对中俄蒙智库合作联盟的成立表示热烈的祝贺！也感谢东道主的热情接待以及为会议顺利召开付出的努力！

两年前，中国国家主席习近平在出访中亚和东南亚国家期间，先后提出共建“丝绸之路经济带”和“21 世纪海上丝绸之路”（“一带一路”）的重大倡议，得到国际社会高度关注和热烈响应。今年 3 月，中国政府发布了《推动共建“丝绸之路经济带”和“21 世纪海上丝绸之路”的愿景与行动》，以政策沟通、设施联通、贸易畅通、资金融通和民心相通为重点，共同推动包括“中蒙俄经济走廊”在内的国际经济合作走廊建设，深化“一带一路”沿线国家务实合作，向国际社会提出了倡议。今年 7 月《关于编制建设中蒙俄经济走廊规划纲要的谅解备忘录》正式签署，明确了三方联合编制《建设中蒙俄经济走廊规划纲要》的总体框架和主要内容，标志着“中蒙俄经济走廊”建设进入了快车道。

一、共建“中蒙俄经济走廊”意义重大

当前，世界经济仍处于国际金融危机后的深度调整期，内生性增长动力不足，主要经济体走势出现分化，同时世界政治格局和全球治理体系也面临深刻重组重构。在

这样的大背景下，中俄蒙三个好邻居、好伙伴，合作共建“中蒙俄经济走廊”，有利于密切三方经贸投资联系，促进三方经济社会发展，也有利于维护世界多极化发展趋势和区域稳定繁荣，具有重要的现实意义和深远的历史意义。

（一）有利于激发中俄蒙的经济增长动力

近年来，受全球有效需求不足、国际能源资源产品价格大幅波动、国际金融市场剧烈动荡等因素影响，中俄蒙三国都面临较大的经济下行压力。根据 IMF 数据，2014 年中俄蒙三国经济增长率分别为 7.4%、0.6% 和 7.8%，增幅较上年下降 0.4、0.7、3.8 个百分点，IMF 预测 2015 年三国经济增长将继续放缓。中俄蒙三国同属新兴经济体，有着巨大的发展空间，三方经济联系日趋紧密；中国已成为蒙古和俄罗斯的第一大出口目的地和进口来源地，对蒙俄贸易占中国进出口贸易总额的比重持续提升。三方共同推动“中蒙俄经济走廊”建设，以基础设施互联互通为突破口，进一步密切经贸投资联系，消除各种贸易投资壁垒，促进要素自由流动、市场深度融合、资源高效配置，有利于把三国发展空间优势转化为增长动力，从而有效应对经济下行压力，并为全球经济复苏做出新贡献。

（二）有利于三国携手推进结构性改革

近年来，新兴经济体增长放缓，既有外部环境变化的因素，在很大程度上也是自身经济结构不合理的结果。伴随着发达国家量化宽松货币政策的实施，国际游资像潮水一样涌入新兴经济体，造就了包括股市、债市、房市在内的“虚假繁荣”，导致新兴经济体对推进结构性改革的重要性和紧迫性认识不足。当前，在产业结构、需求结构、要素投入结构、城乡区域结构等方面，包括中俄蒙三国在内的新兴经济体都存在这样或那样的问题。在“中蒙俄经济走廊”合作框架下，三国可以加强在基础设施互联互通领域的合作，这本身就是增加有效需求、优化内外需结构、扩大就业的重要结构性改革措施；三国可以采取国际产能合作等多种形式，扩大对彼此的直接投资，通过利用外资和对外投资优化自身的产业结构，实现优势互补和协同发展；三国可以在各自的优势领域开展研发合作，促进新产业、新技术、新业态发展，增强创新对经济发展的驱动力，在优化要素投入结构的同时增强经济增长的内生动力。因此，“中蒙俄经济走廊”建设给三国携手推进结构性改革带来了重大机遇。

（三）有利于增进彼此间的传统友谊

中俄蒙三国是友好邻邦，多年来形成了深厚的传统友谊，不同层次的交流合作形式多样、内容丰富、效果明显。“一带一路”建设秉持“共商、共建、共享”原则。所谓共商就是有事大家一起商量，充分尊重各方意愿；共建就是大家共同努力推进项目建设和务实合作；共享就是发展建设成果由各方共享。相信在这一原则之下，随着“中蒙俄经济走廊”建设的持续深入推进，三方在经贸、投资、产业、人文、环保等领域的合作将更加丰富多彩，合作机制将更加完善，逐步建成政治互信、经济融合、文化包容的利益共同体、命运共同体、责任共同体，从而形成更高层次的传统友谊。

（四）有利于维护全球和区域和平稳定

中俄蒙三国都致力于构建多极世界与促进周边环境稳定，但当前的世界并不太平，恐怖主义、分裂主义、极端主义等非传统安全问题日益突出。在共建“中蒙俄经济走廊”的过程中，三国可以加强在反恐和边境事务上的合作，推动提升上海合作组织作用；在多边场合共同维护国际关系基本准则，共同倡导互信、互利、平等、协作的新安全观，共同推动以对话谈判方式政治解决国际争端，为全球和区域和平发展做出新的贡献。

二、智库创新助力“中蒙俄经济走廊”建设

当前，国际政治经济形势纷繁复杂、瞬息万变，正确的决策越来越离不开科学、系统的研判与谋划，集中了各类高端人才的智库在全球和各国发展中的作用越来越大。“一带一路”和“中蒙俄经济走廊”都是复杂的系统工作，涉及多元合作伙伴、多个区域板块、多类实施主体、多项重点任务，更加离不开各方智库的影响和推动。中国国家发改委宏观经济研究院愿和蒙俄智库一道，为推动这项伟大事业而付出努力。为此，我们建议：

（一）更加注重研究的创新性

发达国家推动区域合作，更多采取 FTA 也就是自由贸易协定或自由贸易区的方式，大家合作先谈产品关税减让及由此引致的损益问题。TPP、TTIP 都是升级版的 FTA，其中虽然包括了很多劳工标准、环境保护、竞争中立等非传统议题，但就实际谈判进程看，核心问题还在于关税。“一带一路”和“中蒙俄经济走廊”是创新型的区域合作模式，各方以基础设施互联互通为先导，以政府间的政策沟通协调为保障，按照互利共赢的原则，全面推动经贸、投资、金融、能源、人文等领域合作，从而实现共同发展。这种创新性更加符合国际经济发展趋势，更加契合新兴经济体实际，也使得这个

战略更加容易推动实施。我们作为智库，有必要深刻认识这个创新性，完善创新针对区域合作的研究方法，围绕一些“中蒙俄经济走廊”建设的关键领域和重点环节，向政府、向市场提供决策咨询服务。

（二）更加注重研究的协同性

“中蒙俄经济走廊”是把中方倡议的“一带一路”同蒙方的“草原之路”倡议、俄方正在推进的跨欧亚大通道建设有机结合起来的结果，实现这条经济走廊和中俄蒙三国经济融合、互动、一体和可持续发展，首先有赖于三国发展战略的对接，这给智库发挥有效作用提出了更高要求。中俄蒙智库合作联盟的成立提供了很好的平台，相信经过一段时间的共同努力，我们可以把这个平台建成三国发展战略对接的润滑器和催化器。同时，中俄蒙经济走廊建设还需要地方政府和企业层面的对接合作，这给智库发挥作用提供了更加广阔的空间。

（三）更加注重研究的开放性

千百年来，和平合作、开放包容、互学互鉴、互利共赢的丝绸之路精神薪火相传，推进了人类文明进步，是东西方交流合作的象征，是世界各国共有的历史文化遗产。建设“中蒙俄经济走廊”同样要秉持开放包容精神。这条走廊一头是发达的欧洲经济圈，一头是活跃的东亚经济圈，中间是亚欧大陆桥串联起来、跨度超过 1 万公里的广袤地带。建设好这条走廊既要加强中俄蒙三国的全方位合作，也要汇集亚欧大陆桥沿线其他国家和两个经济圈的优质资源，通过有效聚合人流、物流、信息流、资金流，搭建横跨亚欧大陆的合作新通道和各国共同发展的新平台。这就要求我们智库树立全球视野，站在促进亚欧融合发展的高度，做好各类研究和咨询服务。

（四）更加注重研究的整体性

“中蒙俄经济走廊”建设涉及方方面面，比如，在基础设施互联互通方面，涉及铁路公路通道建设、通关和运输便利化、过境运输合作、跨境输电网建设等；在经济合作方面，涉及贸易投资便利化、能源资源开发加工转换、货币金融合作、农业开发等；在人文交流方面，涉及旅游、文化、教育、医疗、媒体、环保等合作。因此，“中蒙俄经济走廊”建设对整体性要求极强，几个具体环节的工作做不好，就有可能拖慢整个走廊的建设。我们作为智库要加强整体性思维，既要把具体领域的研究做深做透，也要注重不同领域间的勾连关系，促进各个合作领域的互动；比如，我们在研究通道走廊建设的时候，就要想到通过什么样的政策手段扩大过货量，如何发挥沿线节点城市的支撑作用，等等。我想如果做到了这一点，我们智库就能为“中蒙俄经济走廊”建设做出重要贡献。

三、宏观经济研究院愿为中俄蒙智库合作联盟做出积极贡献

宏观经济研究院成立于 1995 年，是中国国家发展和改革委员会直属研究机构，具有贴近国家宏观经济管理决策机构、贴近中国发展实际、学科专业比较齐全的特色，是中国重要的政府智库之一，主要为中国宏观经济决策和国家发展改革委中心工作服务，同时面向社会提供咨询服务。宏观院的主要任务包括：跟踪监测国民经济和社会发展运行的态势、动态跟踪研究世界经济金融贸易形势、研究经济社会发展战略和中长期经济社会发展趋势、研究提出中国发展关键领域的政策建议、为地方政府和中外企业提供咨询服务、与国际组织和外国政府及民间研究机构进行学术交流等。

通过研究和咨询工作，推动“中蒙俄经济走廊”建设，是宏观院的职责所在。未来，我们将重点开展以下几方面工作：一是组织精干研究人员，通过重点课题、基础课题等方式，开展与走廊建设密切相关问题的研究；二是深入开展调查研究，通过调研发现走廊建设过程中遇到的突出问题，并力争形成解决方案；三是加大信息上报力度，把与走廊建设相关的研究成果特别是政策建议及时上报决策部门参考；四是针对具体问题，为到俄蒙投资企业以及相关地方政府，提供咨询服务；五是大力开展国际学术交流，支持中俄蒙智库合作联盟工作，鼓励更多研究人员到境外开展调研和交流。

感谢各位的悉心倾听，感谢会议组织方的精心安排，祝中俄蒙智库合作联盟和国际论坛越办越好，为“中蒙俄经济走廊”建设做出更大贡献，也衷心欢迎蒙俄两国智库的专家学者多到中国走走和开展交流，我们将尽力为大家提供服务与支持。

谢谢大家！

农牧业科学技术成果及合作潜力

喜·登布日勒（蒙古国农牧业大学兽医研究所项目主持人、院士）
博·宾巴（蒙古国农牧业科学院分院院长、院士）

以科学技术的成就及其利用情况，去验证评估日益全球化的经济、社会发展以及未来趋势的进程在迅猛推进。蒙古国政府寻求的将与邻国共同实施的大型项目（“草原之路”与“丝绸之路经济带”），在我们面前呈现了前瞻性地看待并合理利用随之产生的需求、消费、基础设施，使知识型农畜产品生产与工业产业能力、进出口政策相结合的新的目标。

实现这一目标的主要出路，或说解决方案之一，就是把基于蒙古国条件形成的农牧业学科现代成果和技术、创新产品，创造性地利用到实际应用当中去。把农牧产品从牧户、农场送达消费者过程中形成符合市场需求的、互补且相得益彰的农牧业产业化体系，提高它们的竞争力，这个问题尤为突出。

该领域的有关科学技术工作，是在农牧业科学分院的协调下，农牧业大学、行业里领先的4家研究所（畜牧业研究所、兽医研究所、植物保护研究所、植物种植业教学与科研研究所）及它们所属的区域性科研教学分所和中心，以教学—科研—生产—商业的综合体系形式开展业务。

就对生物规律性动植物进行实验研究的该领域而言，虽然把其科研成果转化为生产在某些方面需要很长的时间，但近些年来所实施科研成果的大部分已经直接推广到生产领域，并且其成效越来越好。

购买该领域学者、科研工作者通过实验、培育、认证所获得新产品、技术、品种、嫁接技术的生产商，年均可创造48亿图产品。据某些计算，它们占农牧业总产值的10%左右。虽说提高科研工作成效是该领域学科发展的主要目标之一，但通过提高科研工作理论与方法水平的途径，夯实其结论依据，正确预测专业未来发展方向和正负面影响，并使基于现代科学的科研成果尽量转变成创新产品，显得更重要。

近些年农牧业大学提出的宏大目标之一，就是从教学型大学转变成科研型大学。在该目标范围内，通过国内资金、国际项目资助，已经把拥有教学科研现代设备的20余所科学实验室投入使用。目前，已经开始实施的日本ЛCA机构向兽医研究所提供的提高吸食牲畜血天然微生物疾病诊断水平，向农牧业大学提供的改善兽医、畜牧业教学环境等项目，将会助推提升该领域科研的理论和方法水平。

在该文章中，试图向大家介绍在农牧业主要部门——兽医、畜牧业、种植业领域中，是如何利用该领域所取得的科学技术成果、创新产品以及解决方案的，在此也参照了公众的建议和结论。同时，寻求了与伟大邻国的同仁们进行合作的机遇。

一、畜牧业科研工作方面

自从创建了现代农牧业科研机构，我们学者在多年的不懈努力下，培育了许多高效的品种和品系，并应用到了生产中。这些可以列举许多，如细毛型鄂尔浑、杭盖、优热羊，阿斯特拉罕皮革型森布尔羊，纺织地毯型百德日格羊，肉用型色楞格牛，绒毛型戈壁古尔班赛罕山羊，双鬃毛骆驼等。它们的数量虽然在私有化过程中有所减少，但在市场需求、科研人员、专家、牧民的共同努力下，其纯品系头数在恢复增长。

经过对畜群中占90%左右的地方性蒙古牲畜所进行的多视角研究，在它们中间发现了30余种优良品系，并说明和认证了它们的品质、效益、繁殖能力。最近确定的品种有绒型“扎拉—金丝特—鄂德仁”山羊，毛型“达尔扈特”羊。另外，随之出现了草场利用、饲料准备、繁殖、选育、产品技术等多个方向的显著科研成果，并陆续转化到了生产中。

在畜牧业科研中，广泛采用了现代遗传理论、基因和细胞工程、生物技术、信息技术成果。在牲畜动物研究中，应用人工环境下的胚珠培育以及精子冷冻储存方法，在提高受孕牲畜遗传比重的同时，为培育效益不同的种系、不受干旱雪灾等自然灾害影响的“试管捐赠畜群”、保护和恢复珍稀物种基因库，提供了广阔前景。其一个鲜明例子就是，成功做了母牛胚珠体外受孕和培育实验。畜牧业研究所的学者编制并应用了一次性选优牲畜多项效益的“SELINDM”电子软件。

发明的肉用纯品种及其杂交繁殖技术具有重要的现实意义。比如，在培育肉用羊研究范围内，已经奠定成长快、产肉多羊群（萨福克×蒙古，赛特×蒙古杂交品种）养殖的开端，已确定7个月大的小羊活体体重比蒙古小羊增加23%左右。通过使地方良种羊彼此间繁殖，培育出了适应杭盖高山环境的肉毛型“塔米尔”品种羊。同时，在提高畜群效益和产出、进行符合消费需要的繁殖产业化过程中，广泛使用了现代科研手段。虽说畜群头数已达到5190万头，但其效益和质量仍比较低。例如，最近4年来，畜群中的大畜比重未曾超过13%，其中商品性能最好的牛未超过6.5%。为此，应该增加畜群中的牛头数。

在畜牧效益、产出的充分挖掘利用中，草场、水源、饲料供应及其实用技术的解决方案仍然很重要。目前卓有成效地开展着利用生物技术生产饲料、培育并应用饲料性植物新和改良品种（Бургалтай等）、推广饲料营养和吸收的转换能量评估方法以及改善草场管理方向的科研工作。

今后的发展趋势及合作有如下可能性。

近几年来，考虑到牲畜头数不断增长、国内肉类供应趋于增加等总趋势，政府实施肉类出口政策并得到了部分落实。据研究，折算成羊的话我国年均肉出口潜力为6万吨。虽说生产和出口肉类问题有利于提高行业和经营者的经济利益，但在实施该进程过程中，出现了考虑畜群结构、到底生产何种牲畜肉、培育和生产符合出口要求的肉用型牲畜等许多需要关注的问题。肉类出口的限制性因素包括我国畜群效益低下、在牲畜头数中牛群所占比重多年来6%左右、以山羊繁殖为主而山羊肉的市场需求不看好、公畜和小畜不屠宰食用等。

据此，必须从占总牲畜40%左右的羊群中寻找生产肉的可能性，尤其是必须利用在提高羊肉出口能力过程中合理培育小羊、二岁羊方面的研究成果。比如，根据基于发育生理和肠胃发育功效的研究，蒙古国小羊通过从2.5~3个月期间开始脱离母羊、进行草场育肥、再进入屠宰的途径，可以把春季产出的小羊当年出口销售。在该技术的进一步完善方向上，完全可以与邻国开展合作，并进而合作进入第三国市场。如果能够发展该方向上的合作并遵循发明的技术和创新性解决方案，则肉用小羊头数每年可达到50万~60万头，符合出口要求的肉质鲜美的分离肉达到1万~1.2万吨的建议有望实现。

然而，必须考虑肉类生产企业按技术标准做好准备之后，采购脱离母羊的公小羊，进行草场育肥，进而屠宰前育肥，之后屠宰生产肉等程序。一次性多数小羊的强制性育肥，一方面将促成生产、销售批发网点的形成，并降低成本，且随之，优质羊皮、肠衣等生产性原材料进入工厂，过冬牲畜头数减少，居民收入增加，形成新的工作岗位。根据最近数字，我们的南邻每年大约消费1.4亿只羊，这是我们与邻国开展合作方面拥有巨大潜力的有力证据。

阿联酋、越南等国家提交的采购肉类的官方文件中，包括了羊肉，这进一步坚定了我们与邻国合作进入第三方市场的信心。

今后该方向的学者，在建立牲畜基因库、保护基因库，在再生产中利用生物技术和先进方法并使其本土化，使繁殖科研成果以遗传学评估、以分子生物化验分析认证方向上，需要做很多工作。

在该过程中，提出提升畜群中大畜尤其中牛所占比重的科学技术、发明、创新型解决方案，并加以推广，除对肉类生产以外，对以国内生产供应城镇居民肉奶的需求，都将会有大帮助。

在落实政府提出的城镇和种植业区域养殖肉奶用纯品种集约化和基于地提升牛群畜种基因库的效益的政策过程中，将上述科研工作同国家国情相结合，能够使科学与生产紧密对接。其中，如果让邻国学者参与进来，则效果会事半功倍。

我们可以在草场管理、饲料性植物品种多元化、提高每公顷面积产量、编制高效高蛋白高能量饲料方案、提高胚胎种子成活率、培养相关技术力量等方面开展合作。

然而，我国牲畜卫生保障状况较不理想，负责它们的行政组织结构尚达不到世界先进水平，这一直以来是瓶颈，后边细说。

二、兽医科研方面

兽医领域学者的理论和方法水平、研究的某些成果，可以说已经达到了与地区和世界水平比肩的程度。兽医领域的学术—科研工作集中于兽医研究所，并按传染、寄生虫、非传染等基本方向开展。近期，更加关注了部门间和社会卫生保健方向。与国外合作方和国际其他机构，尤其与 JICA、KOICA 进行项目合作的结果，是科学、教育以及诊断学方向的实验能力和人才供应能力得到了明显提高。

尤其在各种传染病、某些寄生虫病的诊断上，推广高感知 ELISA 方法并培育对应引物。病菌核酸排序等分子、基因研究成功得到推广，高感知活性诊断和预防性药剂的技术性解决方案在进一步细化。通过近几年的科研工作，已提炼了 10 余种抗传染病的现代生物产品，在详细确定了人畜共患病病原体生物学特征的同时，发明了产生积极免疫功效的活性安全疫苗生产技术。

在国际社会认可蒙古国已经消灭了牛瘟的工作中，我们的学者发挥了主导作用。通过在牲畜寄生虫、天然微生物病诊断中使用免疫寄生虫方法，在国内生产中推广了某些治疗—预防性药物、药剂的生产技术。

我们的学者已经发现、发明了有关局部地理环境中出现的地方病、中毒、繁殖缺陷的发病机制和临床特征，基于蒙古牲畜发育生理学特征的幼畜病发病机制、诊断方法等。在这些研究的基础上，又发明了用于治疗和预防的缓冲剂、生物诱因剂、乳酸杆菌、STH—益生菌产品系列以及肉类分类、卫生评价等多种药物、生物产品和技术，并在生产中推广使用。

今后的发展趋势及合作有如下可能性。

兽医机关的专业性建议、评估、分析结论，在畜牧产品卫生、食品安全、向畜群再生产提供繁殖力强的种畜、内外贸易、繁殖选型、国家安全等国家经济、贸易、社会发展相关的诸多问题上，具有提供论证依据的职责。因此，世界动物卫生保护组织（World Organisation for animal health）提出了“同一世界、同一卫生”的口号，并开展工作。蒙古作为该组织成员国，曾多次获得由其提供的咨询（3 次），后来该组织的总干事亲自过来提供纠错建议，而至今未能纠正是一件无可奈何的事情。兽医工作机构本应是具有高知识、高素养的，秩序井然的、接近于军事化的机构。

下面就今后要做科研工作的总方向提出以下建议。它们包括：

——通过利用现代生物—纳米先进技术成果，提高早期发现牲畜动物传染病、寄生虫病的诊断能力，形成分区域认定无传染病的安定局面，扩大推进突变体、重组、疫苗株、益生菌产品技术的发明、改善、生产应用工作。

——研制新的牲畜动物患病过程中对应于细胞生理学、生化学、病理生理学变化的治疗性和预防性药物、药剂。

——在提高生物药剂、药剂的活性功效和质量方面，利用 DNA 育种、转基因、基因突变、组织谐波包、白细胞表面发射簇、白细胞介素技术，在细胞层面上，研究蒙古牲畜的结构特点和应变能力。

今后通过与邻国和国内机构合作，在让国际社会认可某某牲畜传染病已消除、提供出口产品安全认证、从有益微生物提取益生菌产品、控制跨境牲畜病方面组织实施合作项目，并将重视在该方向上培养人才的工作。在使蒙古牲畜卫生条件达到世界标准尤其是制定并认证草场畜牧产品的国际标准过程中，对外合作将意义非凡。

三、种植业、植物保护方面

在第三次垦荒计划开始实施的过去年份中，我国种植业生产大幅提升，已 100% 满足国内粮食、土豆需求，蔬菜自给率也达到了 70% 左右。在过去年份，我们的专家学者培育了 96 种粮食作物品种，其中 20 余种已本土化。同时，新培育 10 余种土豆品种，40 余种蔬菜品种，20 余种果树、观赏性植物品种并本土化。据某些研究，我国粮食、土豆生产的 30%，蔬菜生产的 60%，水果生产的 70%，均来自该研究所专家学者培育的品种种植。达尔罕的植物种植业研究所每年培育300～350吨优良种子，他们培育的早熟达尔罕－141、中熟达尔罕－144种子品种很好地适应了杭盖地带。对种植业面临的紧迫性问题——保护土壤侵蚀、保障土壤再生产肥力等保持生态农业方面的技术供给中，我们的专家发挥了主导作用。

作为作物生长主要基础条件的耕地，由技术不恰当引发的侵蚀比较严重，气候以及其他次要性原因引发的荒漠化仍在延续是我们担忧的问题之一。据不久前所做的58万公顷耕地进行的分析调查，61.4%已严重侵蚀，且土地的很大一部分呈现了荒漠化趋向。虽然，今年干旱、雨水滞后而种植业收成可能比计划要少，但生产总趋势是在科学技术成果驱动下，趋于更加丰富化和稳定化。

在种植业中还有一个需要关注的问题是，不能以不管用什么方法只要有收成就行的态度对待，必须遵循保护好土地肥力、遗泽后代的蒙古优良传统。这可以用绿色发展政策来加以协调。现在已经可以用把矿山开发后重新种植可存活作物及流动水的自然净化安全性，可以用在此放牧畜群的遗传学品质、效益、产品的畜牧卫生评价，来综合确定了。

据测算，1960～1998年间我国种植业经营总共收获了2000万吨产出，从土壤吸收了280万吨营养元素（NPK），它们中仅12.5%～49.3%以肥料形式返还到土壤里。我们一直以来试图以肥料和土地管理途径来给予补偿。我们考虑这些问题，对种植业地区进行农业化学研究，制作了映射图并提出了施肥的合理解决方案，在不少地方成功施用了Ризобиум肥料（磷肥）。

在各种各样的作物和草场保护措施中，除检验检疫、化学产品以外，我们还研制生产并应用了国产微生物药剂。

今后的发展趋势及合作有如下可能性。

根据蒙古国气候、地理条件分区域发展种植业的同时，在恢复土壤肥力、推广先进的生产技术、培育早熟耐旱粮食作物新品种并使其本土化、集约化发展种子经济等方面，将寻求与邻国合作的机遇。

选育高蛋白、高能量饲草的精品本土化品种并进行种子生产，研制和使用绿色、多汁可口的饲草的种植技术，是经营集约型畜牧业，提高肉、奶产量的主要途径之一。我们在这方面将开展对外合作项目，进而发展出口业。

进一步完善灌溉、暖棚种植业发展的科学技术方案，解决耐寒、耐旱、早熟蔬菜的种植问题，对提高居民食品供给必不可少。其中，利用沙棘的药用功能，重点寻求有关合资经营沙棘产业的途径。

针对保障与变化中的农业生态环境条件相适应的、可持续发展的种植业生产，与俄罗斯、中国的专业机构和学者，在符合作物营养需求和土壤肥力水准的科学施肥、生产创新产品方向上寻求合作，并关注人才的培养。

四、结论、建议

把本部门科研机构的业务，集中到为生产兼顾国内特点和国外需求的，与气候、土壤、水源变化相适应的，知识密集型农畜产品提供科学技术支撑和引进邻国先进技术并使其本土化之上。与此同时，发展多边对外合作更为重要。

根据发育生理学特点和生物学功能，通过做好前期工作，在编制和实施符合畜牧医学要求的、出口型小肥羊生产的现代技术解决方案进程中，与邻国开展合作，进而寻求进入第三国市场，这将为畜群中大畜头数的增加提供动力。

就牲畜保健、早期发现传染病的诊断方法、创建治疗和预防的应用程序及其推广应用、控制跨境疾病、分块宣布无疫区等问题，进行卓有成效的对外合作，对提高畜产品进入国际市场的竞争能力，具有重要意义。

在蒙古国土壤肥力的改良方法、作物种子更新换代的系统推进、水果和浆果种子和树苗供应的增加等方面，与邻国实施合作项目并扩大人才培养工作，将对保障种植业生产的稳定性具有促进作用。

为使本部门业已形成的科学技术能力和潜质卓有成效地运用到生产和消费当中，将进一步巩固发展科研机构与私人的合作伙伴关系，并完善针对于此的法律环境。

在通过改善农牧业科学地方分支机构的物质基础、资金能力、人才供应的途径把其巩固成符合地区特点的拥有先进技术基地和跃进支点方面，我们更愿意与邻国开展合作。

在农牧业科学成果的产业化、促成新的消费方面，近期内有必要采取以下措施：辟建法律环境完善的、边界和业务章程明确的区域（农牧业科学技术园区等）；在该区域中通过满足研究所证明的条件和要求的途径，按专家确定的解决方案，经营肉奶型集约化畜牧业，养殖核心种群，生产生态—生物产品，在种子生产中推广高新技术；使该区域在牲畜保健、兽医监控方面达到国际标准，利用控制草场和植物害虫病、其他软硬技术方面所取得的所有成果，全面解决这里的问题，进而挖掘潜力增加出口。

贝加尔地区气候变化对自然资源的影响①

卡尔玛耶夫 E. J.（俄罗斯科学院西伯利亚分院贝加尔自然资源利用研究所）
安德烈耶夫 C. G.（俄罗斯科学院西伯利亚分院贝加尔自然资源利用研究所）
策德波夫 B. Z（俄罗斯科学院西伯利亚分院贝加尔自然资源利用研究所）
阿尤扎纳耶夫 A. A.（俄罗斯科学院西伯利亚分院贝加尔自然资源利用研究所）

所研究地区的主要自然气候成因是其位于亚洲大陆的深层内陆区，在地貌构造平面图上，山间盆地和低地与山脉交替出现，形成了地形孤立。大陆性也因此而确定，局部地区气候带有强烈的大陆性特点。贝加尔地区的山间盆地是封闭的地貌结构，冬季，更加加大和强化了准稳定区西伯利亚高压的影响。山脉顶部不受逆温的影响，获得了大量降水，其中包括固态降水。热量和湿度比例的差异以及盆地和山脉风向的差异很大：大多山间盆地是强烈大陆性气候地区，而山脉地区是亚大陆性气候。

一、温度

在全球变暖的背景下，北半球最近十年自然进程的特点是：陆地上，近地面平均气温升高，尤其是在干旱的大陆内部地区。而且，根据陆地和海洋的温度数据，从19世纪末（1861年，开始用仪器观测）开始，全球近地面平均气温升高了0.6℃±0.2℃。地区具有温度升高的全球性趋势，而且有两个主要升高期：1910年到1945年和1976年至今。而且还注意到，全球陆地近地面气温比海洋表面的气温升高得快一

① 论文在俄罗斯地理协会基础研究基金第13-05-41378号“外贝加尔和相邻区域自然环境变化：回顾分析和现状”一次性资助下进行。

些，尤其在北纬40°到70°之间的干旱地区，变暖趋势更加显著。

所列气候发展数据以近一百年的天气仪器测量数据为基础。使用长期的观测数据，就能精确划分出湿度的定向变化。树木年轮的分析大大增加了气候特点的数据组。树木生长长期受到温度或大气降水抑制的地区，所得到的气候量化重构特别可靠。

根据乌兰乌德气象站的多年数据，对于贝加尔亚洲部分的该区域，从20世纪20年代开始，冬季温度有稳定良好的趋势，夏季却没有。

二、降水

外贝加尔和与蒙古国相邻地区的多年气候动态特点是干旱年和湿润年交替出现。每个具体年份的降水量和年均降水量差别很大。外贝加尔草原带的平均降水量是250～350 mm/y，蒙古国北部草原相邻地区的平均降水量是240～280 mm/y。外贝加尔的强烈大陆性气候体现在降水在一年中的分布不均衡。

区域降水分布特点由大气环流情况和地区地表构造决定。冬天，受西伯利亚高压控制，这里降水非常少。春天，大部分地区受低压控制：大陆性极地气团，特点是湿度含量小，夏季初期，变成热带海洋空气，在夏季后半期，带来了大量降水。外贝加尔地区和与蒙古国相邻地区冬季降水和夏季降水的比例为0.1～0.2，也就是说80%～90%的年降水为液态形式。只有在研究区域的最北部山区，降水形式为雪的降水量占年降水量的30%～50%。液态降水和固态降水的比例根据地形的高度变化。春季降水（年降水量的10%～15%）比冬季降水（年降水量的20%～25%）少一倍。

为了获得研究区域的降水空间分布图，我们使用了WorldClim全球内插气候数据库中的数据，空间分辨力为30角秒（接近1千米）。数据是1950年到2000年的月均数据。

大部分研究区域位于248～402mm降水区内，这些地区湿度不足且不稳定，降水是地区自然进程的限制因素。

降水总量的时间分析数据从CRU TS第3.2版网络数据库中获得。CRU TS 3.2 0.5°×0.5°比例的数据选取是全球气象站基础数据内插法的结果。以色楞格河流域和东部横断面的计算数据为例，色楞格河流域包括：古西诺耶湖（俄罗斯）、达尔汗市（蒙古），东部横断面包括托列伊斯基湖（俄罗斯）和乔巴山市。

整个外贝加尔区域的年均降水量范围在200～1000mm以上。外贝加尔山地—盆地地貌形成了十分复杂的降水分布。降水量最少的是低地（巴尔古津河和色楞格河河谷），降水最多的是山脉的迎风坡和位于气团移动方向上的分水岭地区：在哈马尔达坂山和巴尔古津山区间，平均年降水量大于1000mm（50年来的平均值是1326mm）。因此，山地属于湿润气候区，河谷和山间盆地属于湿度不足区。哈马尔达坂山、乌兰布尔加瑟、伊卡特山和横特伊斯基山是一条界线，在这条界线外，是东西伯利亚和北蒙古最干旱的地区。

与蒙古国相邻的大部分区域，和外贝加尔不同，降水呈现出垂直地带性的非带状分布，从北到南，降水量分布随着纬度的降低而减少。分析降水分布图和CRU TS 3.2内插组数据，可以得到，在色楞格河流域的跨边境地区，在外贝加尔地区和蒙古国北部地区之间，从南向北，每向北100km，降水增加40mm/y。在地区东部，托列伊斯基湖和东蒙古平原之间，每向北100km，大气年降水量增加18mm。

降水量最少的地方，是被山脉将湿润气团隔离在外的内部区域：维季姆台原的降水量是300~400mm，俄罗斯区域色楞格河和乌德河河谷的降水量是200~300mm，蒙古区域河谷的降水量是150~250mm，吉达河河谷的降水量是320~350mm。此外，山间盆地的降水量更为稀少：上安加拉盆地、穆亚—库安达盆地的降水量为320~350mm，巴尔古津盆地的降水量为200~400mm。降水最少的是东蒙古平原克鲁伦河河谷地区，这里的年均降水量少于100mm/y。这是相邻区域内最干旱的地区。

可以看到，外贝加尔地区和蒙古国相邻区域的大气降水，在一年里的分布极不平衡。一年中，最小降水量在冬季（12月到2月）的某一个月，最大降水量出现在7~8月（在个别年份，最大降水量出现在其他月份到6月或9月）（图1）。但是在整个观测期内，其频率很小，平均为3%~5%。7~8月期间，液态降水量为全年液态降水总量的55%~60%。月降水量和年均降水量相差很大。例如，1959年8月，乌兰乌德市的降水量为132mm（高出月均降水量1倍多），而年均降水量是39mm。

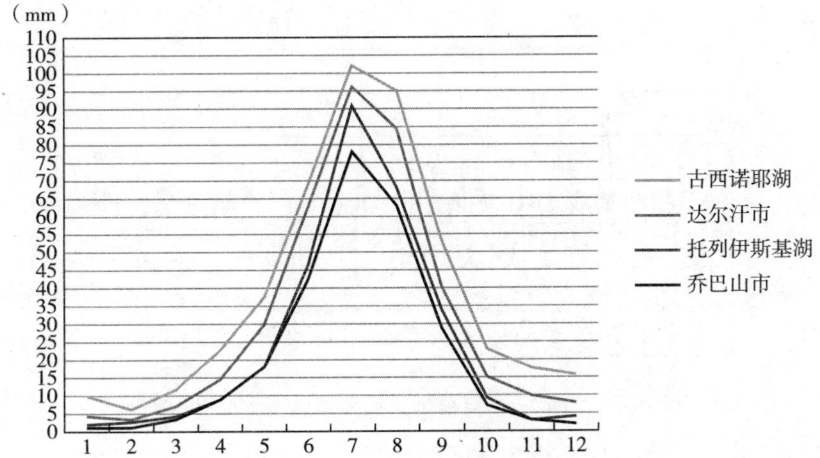

图1　一年内各月份的降水量分布

夏季，降水形式一般是阵雨和暴雨，河面迅速上升。暴雨的持续时间为几小时到几天，平均强度为 2 ~ 10mm/h（0. 13 ~ 0. 15mm/min）。一年中，日降水量 20mm 及以上的天数平均为 2 ~ 4 天（贝加尔湖南岸为 7 ~ 9 天），而日降水量在 0. 1mm 及以上的天数为 80 ~ 100 天（贝加尔湖沿岸达 140 天）。外贝加尔地区昼夜平均最大降水量为 30 ~ 40mm。5 分钟内最大降水强度为 1 ~ 2mm/min。研究区域经常出现伴有小雨，持续时间长（3 ~ 5 天或更久），强度小，小于 2mm/h（0. 03mm/min）。小雨期间，降雨区的土壤迅速饱含水分，雨水流失较小，全部到达河床，在河床上形成汛期，但是和暴雨汛期相比，量很小。

大部分研究区域 1 ~ 3 月的月降水总量变化小，因此，某一个月的最小降水量和相邻月份的降水量仅差 1 ~ 5mm。最大降水量通常出现在 7 月（图 1）。在最大降水量月份，外贝加尔区域的降水量在 60 ~ 120mm 之间。坦霍伊气象站位于贝加尔湖南岸，7 月份的月平均降水量是 188mm。蒙古东北部区域的降水量是 50mm。在个别年份，最大降水量出现在其他月份——6 月、8 月和 9 月，但频率不高。

在最小降水量月份（1 月 ~ 3 月），总体来说各地区的降水量以 1 ~ 5mm 居多，贝加尔湖沿岸为 5 ~ 27mm。一年中，降水量在 0. 1mm 及以上的天数约为 80 ~ 100 天，10mm 以上的天数为 7 ~ 10 天，20mm 以上的天数为 2 ~ 4 天。

各年度的月降水量的变化很大，尤其是在夏季（图 2、图 3）。在个别年份，因受大气环流的影响，月降水量和多年平均值差别很大。例如，1990 年 7 月，达尔汗市（蒙古国）的降水量是 187. 4mm（几乎是两个月的降水量标准），但 1958 年和 2007 年，7 月份的降水量总共才 38 ~ 47mm。乔巴山市（蒙古国）1998 年的降水量为 226mm，而 1946 年为 8. 9mm，多年平均值为 78mm。

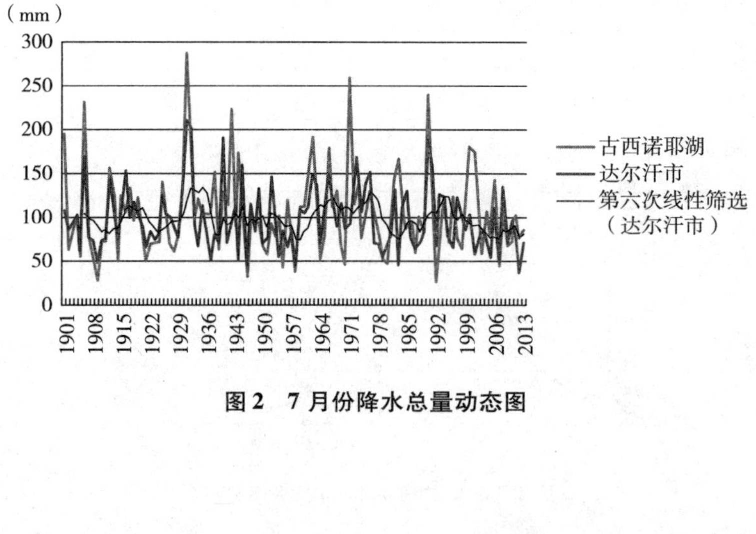

图 2　7 月份降水总量动态图

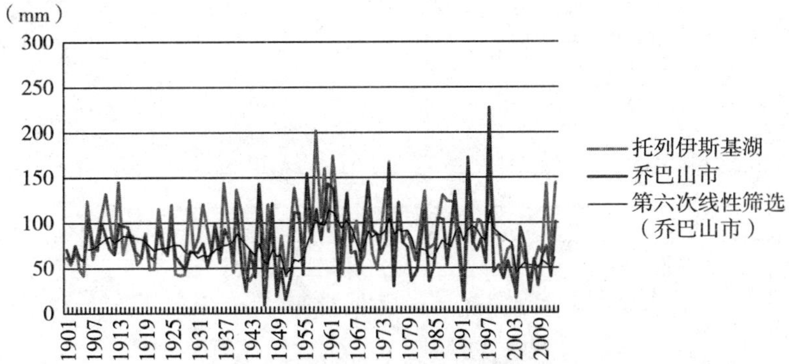

图3　7月份降水总量动态图

分析了 CRU TS 降水量内插值的时间数据组之后，可以划分出托列伊斯基湖和乔巴山市主要区段（位于贝加尔湖以南 200km 处）的干旱期。可以划分出 20 世纪 40 年代、70 年代末 80 年代初和 2000～2012 年（现代时间段）这三段干旱期。这三段时期，色楞格河流域有相似的干旱期，只是降水量相对较多。

稳定积雪层的出现和形成时间主要由地区的海拔、纬度和坡向决定，变化幅度很大。9 月中旬，山中降落初雪。盆地和河谷的积雪层出现在 10 月末到 11 月初，在盆地和河谷中，最早发生稳定积雪层的融化（3 月末到 4 月初）。乌德河流域以南，3 月下旬积雪层的年平均高度小于 10cm，库尔巴河和图尔卡河流域为 20～30cm。外贝加尔北部地区是个例外，在一些有利于积雪囤积的地方，积雪层可达到两米。这里积雪层的平均厚度是 40～60cm，上安加尔河河谷的年平均积雪覆盖期持续 160～170 天，山地上为 220 多天。在这些地区，雪水量巨大，山地上达 200mm，其他地区达 80mm。巴尔古津河流域，在 1500 米海拔上，雪水量是 110mm。雪水量最少的地区是草原和森林草原区（色楞格河河谷），为 15～20mm。贝加尔以南、与蒙古国相邻区域的积雪层厚度很小：2 月下旬平均为 5～12mm。这里即使冬天也常会出现大面积的无雪区域。原因在于这里的降水量甚至比外贝加尔南部冬天的降水量还少（图 4）。

融雪水补给地下水的作用不大，因此土壤是冻结的，没有渗入的条件。在蒙古国境内，也发现了这种规律，雪水补给的作用规律性减小，地下水补给的作用从北到南增大。

需要注意到，根据气候变化政府间专家组的预估，到 21 世纪末，研究区域的气温可能会增加 3.5℃～4.5℃，大气降水增加 10%～15%（冬季更多）。目前，只观测到冬季温度值的增加，降水量的年内分布目前还是相对平衡的状态。

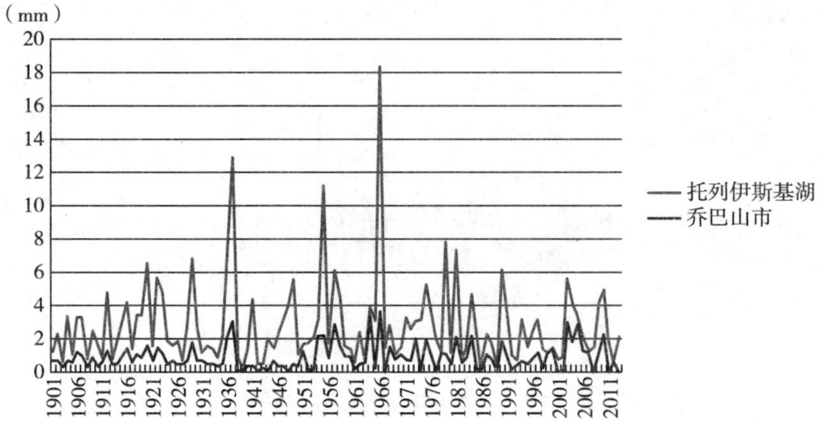

图4　外贝加尔南部（托列伊斯基湖）和东蒙古平原（乔巴山市）2月份的大气降水总量

三、林业气候分析

下面列出了外贝加尔草原区和森林草原区松树生长的林业气候分析成果，使用树轮年表探索湿度变化（作为地区沙漠化发展的因素）规律的成果。

上面，我们得到了350年内降水总量的重构模型。分析表明，降水和树木生长量变化之间的最佳相互关系出现在去年10月份到今年8月份之间。没有观测到大气温度和树木生长量之间的显著关系。这段时期，降水主要决定了树木生长季土壤的湿度含量。

为了研究湿度状态，有意在时间和空间上重构色楞格河流域现有流速测定站的河道流量参数，测定站有：色楞格河—莫斯托沃伊观测站，乌德河—乌兰乌德市，希洛克河—哈拉斯图伊观测站，吉达河—吉达站。数据组的工具测量开始于2000年。

通过建立相关矩阵，形成了作用重大的河谷地区综合年表。随后，这些年表精简后用于重构流程。

色楞格河是贝加尔湖的主要支流，约50%的河道流量流入了湖泊，从源头伊德尔河（蒙古国）到三角洲（俄罗斯境内，长409km），总长1024km。流域面积为447000平方千米。水量状态是春汛短，夏秋季为洪水期，冬季为枯水期。在蒙古和俄罗斯边境附近，平均水流量是310m/s，莫斯托沃伊观测站为917.57m/s，距河口127km处－935m/s。俄罗斯地区的主要支流有吉达河、捷姆尼克河、奇科伊河、乌德河和希洛克河；蒙古部分的主要支流有鄂尔浑河及其右支流哈拉尔河。

木本植物对现有降水的反作用很大，不过在色楞格河的一些水流中，已经出现了形成区域水流的地区特点，每年降水量的变化相对平稳。但是，在简明树轮年表上，这些水量状态的长期变化显著存在，因为简明树轮年表通过地区的年代学年表汇总而成，其中，含有地区通用的气候信号——降水量。因此，比较长期变化，简明树轮年表和水文状态的相互关系显著增长：降水从0.60增加到0.85，河道流量从0.47增加到0.81。重构模型解释了色楞格河及其主要支流在五年平缓期内其降水量和流量的变化值达55%。经总结，得到了色楞格河水流量的多年重构图，反映了流域水文状态的主要变化（图5）。

仪器测量曲线图的直观变化及水流量的恢复值，可以划分出少水期和多水期。通过对长期变化的直观性考察，我们可以确定修匀值。

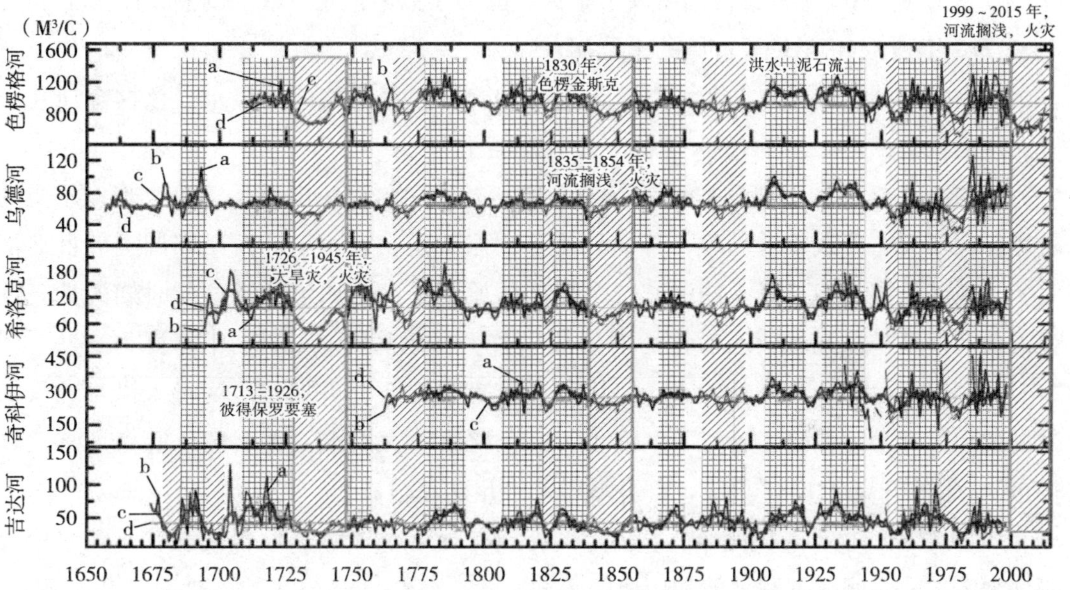

图5 色楞格河流域河流水流量重构图

注：a曲线为水文站的水流量仪器测量值。b曲线为气候重构曲线。c曲线为修匀值，5年。d直线为测量期的标准水流量。平格柱体为多水期。斜格柱体为少水期（干旱期）。

很明显，和19世纪相比较，20世纪的水资源保障更好。20世纪的总趋势有如下特点：到20世纪中期，水量增加，40年代达到最大值，然后开始慢慢降低。从1999年开始的这一段时期，特点是水量增加。和18世纪前25年以及19世纪到20世纪交界期相比，目前处于少水期。

比较自然异常现象的历史年鉴与所获得的水流量时间数据组。1700年到1725年期间，是相对多水期。例如，1715年是蒙古国非常多雨的一年，处于重构水流量的峰值段。从其他资料来源得知，彼得保罗要塞建在奇科伊河流进色楞格河的入河口处，1713年第一次提到。因为每年定期发生水灾，1726年，S. L. 弗拉季斯拉维奇—拉古金斯基命令将居民迁到奇科伊河以上2俄里处。1727年，I. D. 布赫格里茨在新的地点建起了彼得保罗要塞。彼得保罗要塞主要是军事站点，商队在这里建立了与中国商贸往来的贸易站。

1726年到1745年这段时期很有特点。这段时期的特点是地区的湿度大幅降低，已在我们的重构图上表明。从历史资料来看，这些年对于西贝加尔和蒙古来说，有长达几十年的干旱和歉收（大旱灾）。与其相似，但时间相对短得多的时期，发生在近代——20世纪70年代末到80年代初。

下一阶段，1746年到18世纪50年代末，洪水多，1751年，色楞格河上出现了大洪水高峰期。

1758年到1761年，蒙古国出现了旱灾，已用小数值记录在我们的曲线图上了。

1778年到1810年是蒙古国的干旱期。

下一时期的特点是洪水多。高峰期在1830年，“色楞格河大洪水，色楞金斯克右岸大片建筑被冲走，致使1841年城市被迫迁至左岸”。

1860年，蒙古国中部夏季干旱。1862年，外贝加尔地区出现了干旱：难以忍受的炎热、大旱灾，导致粮食歉收，草少。值得注意的是，这一年古西诺耶湖上的群岛消失了，也就是说发生了湖泊冲泥，这个事实的原因是：贝加尔地区这段时期的地壳进程活化，但不是以湿润状态活化的（形成了普罗瓦尔湾等）。1866年春夏季，发生了“布里亚特地区大洪水”。1869年，“伊尔库茨克省和西外贝加尔地区特大洪水，贝加尔湖的水位和平时相比，升高了1俄丈……色楞格河大洪水，在上乌金斯克（乌兰乌德市），水位升高了1.81俄丈，部分城市和大量居民被淹”。

19世纪末，根据历史纪年，总体上的特点是处于干旱期。20世纪初，水流量值急剧增大，符合降水仪器测量值和历史纪年。

所列举的历史纪年，不追求仪器上的可信度，为间接例证，是所获色楞格河流域降水和水流量重构时间数据组的片面证明。对于地区来说，不可否认的事实是，洪水频率增加和气候湿度升高期之间的联系。洪水报道时间频率的本身偏差有10~15年的周期性，45~50年完成一个循环。

四、火灾

自然进程的半沙漠化发展期，在气候年均变化状态中，分为春天和初夏期，主要在4、5、6月。根据我们得到的火灾危险气候图（瓦尔特和利兹，1960年），这段时期和火险季高峰期（4~5月）规律性吻合（图6）。

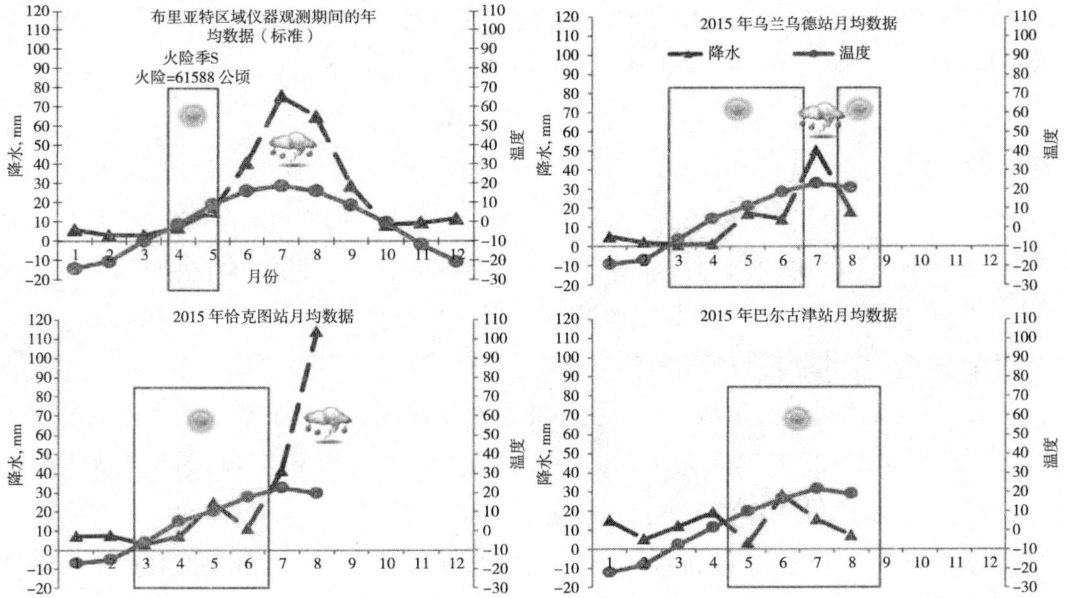

图 6　布里亚特地区火险气候图

可以看出，每一度的降水保障量是 10mm/month，较少的降水量确定了干旱期，并不可避免地导致了火灾的发生。春旱和夏旱每年的强度不同，一年固定有 3 次高峰期。有时候，干旱期长达 40 天。根据 N. I. 伊万诺夫（1948 年）的统计，湿度系数接近半沙漠区的指标——0. 1 ~ 0. 2。布里亚特每年火灾的平均森林覆盖面积是 61588 公顷。

曲线图表示了 2015 年春夏季的温度和降水现状。从 3 月份开始，布里亚特所有地区的气象条件极其不好。蒸发大于降水，无雨雷暴和居民的防火懈怠，导致了大面积火灾。目前，在 546000 公顷的面积上，已有 1499 起火灾记录在案。

在贝加尔地区，生长季前半期（6 ~ 7 月）的降水量严重影响到森林下部木本植物的径向生长。干旱年份生长减慢，在极其干旱年份，形成非常窄的年轮。众所周知，在其他条件〔森林中有可燃材料、天然着火源（闪电）的密度〕相同时，干燥炎热年份发生森林火灾的可能性更大。草原带树木的径向生长（湿度指示剂、降水量指示剂）和靠近草原带的森林火灾率呈反向关系。除了径向生长变化的综合曲线图外，在论文中，我们还获得了研究地区不同区域的年轮缺失的大量资料。对年轮缺失的整体频率结构，查明结果是，建立了一个总的树轮年代学时间分布表。正常年份，取值为 0，年轮缺失年份，取值为 1 等。

缺失年轮和森林火灾数量交互光谱分析（相互光谱分析）的步骤列在下面。年轮缺失的动态与火灾动态完全同步、相关。因为火灾损害，树木停止径向生长，使得这些进程几乎伴随着线性关系。相互光谱的循环结构完全与贝加尔地区的湿度状态相吻合。光谱峰值出现在6.5年、13年和26.6年，完全与湿度特征时间重构数据组的分析结果相吻合。

结　论

（1）根据气候变化政府间专家组的预估，到21世纪末，贝加尔地区的气温有可能增加3.5~4.5摄氏度，大气降水增加10%~15%（冬季更多）。目前，只观测到了冬季气温的增长，降水年内分布暂时相对平衡。

（2）所研究的外贝加尔地区，最主要的自然气候成因是其位于亚洲大陆的深部内陆区，以及山间盆地和低地的地形孤立。大部分外贝加尔和相邻区域的年均大气降水量是250~400mm，说明湿度不够且不稳定。

（3）外贝加尔和与蒙古国相邻区域的气候特征是干旱年和湿润年交替出现。每个具体年份的降水量与年均降水量差别很大。外贝加尔草原带的平均降水量是250~350mm/y，北蒙古相邻草原带的平均降水量是240~280mm/y。划分出了托列伊斯基湖和乔巴山市（位于贝加尔湖以南200km处）的干旱期。划分出的干旱期有：20世纪40年代、70年代末80年代初和2000~2012年。色楞格河流域也出现了相似的情形，只是降水量更多一些。

（4）蒙古高原的相邻区域，和外贝加尔地区不同，降水分布大规模垂直成带，观测到降水分布的纬度成带，从北向南逐渐减少。色楞格河流域中部地区，每由北向南100km，大气年降水量减少40mm。在托列伊斯基湖到东蒙古平原中部的地区高处，每向前100km，年降水量减少18mm。

（5）根据色楞格河流域水量的树木纪年重构成果，查明了干旱期和洪水期，与历史纪年十分吻合。

参考文献

[1] Hijmans R. J., Cameron S. E., Parra J. L., Jones P. G., Jarvis A. 全球陆地气候插值高分辨率平面图. 国际气候学杂志，2005年，№ 25，1965-1978年

[2] 安德烈耶夫 S. G.，瓦加诺夫 E. A.，纳吾尔孜巴耶夫 M. M.，图罗霍诺夫 A. K.. 色楞格河水流量、贝加尔湖水位及大气降水量多年变化条件下的松树年轮记录. 科学院报告，1999年，368卷，№ 3，400-403页

[3] 扎多妮娜 N. V.，列文 K. G.. 西伯利亚和蒙古自然与社会反常现象年鉴. 伊尔库茨克：伊尔库茨克国立大学出版社，2008年，759页

[4] 列文 K. G.，扎多妮娜 N. V.，别尔德尼科娃 N. E.，瓦洛宁 V. I.，格雷金 A. V.，亚采夫 S. A.，巴桑扎夫 B.，宁日巴德加尔 S.，巴尔任尼亚姆 B.，布朵 V. JU.. 现代地球动力学和太阳地球动力学·西伯利亚和蒙古社会与自然反常现象的 500 年历史. 伊尔库茨克国立大学出版社，2003 年，383 页

[5] 布里亚特苏维埃社会主义自治共和国农业气候指南. 国家水文气象出版社，1960 年，190 页

[6] 伊万诺夫 N. N.. 地球的地形气候区. 全俄地理学协会期刊，新版，卷 1，1948 年

思路沟通

共建“中蒙俄经济走廊”的新机遇

杨臣华（中国内蒙古自治区发展研究中心主任、研究员）

我国提出推动共建“一带一路”的愿景与行动，围绕共同构建高度互信、开放包容、普惠多赢的区域经济合作平台，重点打造“六大经济走廊”。其中，“中蒙经济走廊”“中国—中亚—西亚经济走廊”将形成“西出北上、东西互动、南北相联”的两翼核心圈，贯穿了跨欧亚大陆东边连接亚太经济圈，西边进入欧洲经济圈。这将不仅在基础设施、贸易物流、农畜产品、文化旅游、能矿产业合作、新兴产业投资等领域对沿线各国蕴含着大量的机会，也将在跨境基础设施互联互通、发掘区域内市场潜力、创造更多需求和就业、提升经贸技术合作水平等、共享发展方面，给中蒙俄三国带来机会和福祉。

中蒙俄三国互联互通的区位优势明显。中国内蒙古横跨我国东北、华北、西北，内与8省区毗邻，外与蒙古国、俄罗斯两国有4221公里的边境线接壤，现有国家级对外开放口岸16个，其中陆路口岸13个，航空口岸3个。满洲里口岸目前是中国环渤海地区通往俄罗斯等独联体国家和欧洲最便捷、最经济、最重要的陆海联运大通道；二连浩特铁路口岸是中国通往蒙古国的唯一铁路口岸和沟通欧亚大陆的重要国际通道。满洲里、二连浩特、策克、甘其毛都、珠嗯嘎达布其、满都拉和黑山头等口岸已成为中国进出口能源资源重要通道和与俄蒙经贸合作的重要平台。

中俄、中蒙之间的传统文化、友谊源远流长。中国内蒙古不仅有连接内地与蒙古国、俄罗斯的古丝路、古茶路、古盐路的历史古道，也有与两国之间在经贸往来、地区合作、文化交流等方面的密切认同。

中蒙俄三国经济互补性强。经济互补性及契合度是深化合作的基础，中俄、中蒙存在产业结构、市场结构的差异性和经济技术的互补性，经济相互依存度及相互关联度较高，双边经济融合度较高，也有进一步深化的潜力。目前，中俄陆路货物运输量的65%，中蒙陆路货物运输量的95%都经过中国内蒙古口岸。

中国内蒙古作为资源富集区、生态屏障区、特色文化区，从经济发展、生态安全和向北开放等角度看，产业定位和功能定位十分重要，一直肩负着中国向北开放的桥梁和窗口的使命，具备服务于共建“一带一路”愿景与行动的多项功能。内蒙古自治区“8337”发展思路，明确要努力建设充满活力的沿边经济带，打造中国北部边疆亮丽风景线，在积极推动国家新型清洁能源输出基地建设和“一带一路”建设项目落地的同时，在“中蒙俄经济走廊”建设中发挥更大作用。

一、“中蒙俄经济走廊”为全面更好地发挥连接俄蒙优势提供了机遇

共建共享“一带一路”发展的机遇，是沿线各国的合奏大舞台，是需要国与国之间战略对接和耦合的务实行动，是“从市场机制的角度出发，由商业驱动，推动产业协调和培育，实现合作双方的互利互赢”，也是通过“一带一路”建设促进共同发展、实现共同繁荣，达到合作共赢的目的，更是增进理解信任，加强全方位交流，打造政治互信、经济融合、文化通融的利益共同体、命运共同体和责任共同体的愿景与行动。

由此，世界经济新的增长中心将形成于“一带一路”，作为“一带一路”建设的重要经济腹地——“中蒙俄经济走廊”，也将伴随着迈向经济社会持续健康和民生福祉的发展进程。在这个过程中，三国尽可能地凭借连接各自的优势和基础，培育发现一批新兴战略性产业，建立发展一套与产业结构相适应的高端装备制造业和现代服务业等配套支撑体系。

二、“中蒙俄经济走廊”为全面构建经贸合作区打造对外开放升级版提供了机遇

近年来，中国与俄、蒙之间以资源产品为主的边境地区贸易合作呈现出发展势头好、增长快和潜力大等特点。但也存在一些困难亟待解决，其中基础设施互联互通不畅问题尤为突出，口岸通关功能和法律依据亟待完善对接。需要把“中蒙俄经济走廊”作为“一带一路”建设的重要规划，加快推进中国与俄、蒙毗邻地区跨境铁路、公路等基础设施互通互联建设步伐，进一步增强中俄、中蒙区域间“亲诚惠容”的相互影响，并按照“兼顾共同需求、互利互惠、合作共赢、创新机制模式”的原则，推进中俄、中蒙贸易投资便利化制度安排和边境自贸区建设。以满洲里、二连浩特、策克、

甘其毛都与俄、蒙对应的口岸为基础，共商共建跨境自由贸易区或跨境经济技术合作区，形成商品贸易、服务贸易、进出口加工、跨境旅游、技术合作和对外投资相互促进的经济贸易技术合作新格局。

三、“中蒙俄经济走廊”为加快建设连接欧亚经贸大通道提供了机遇

“中蒙俄经济走廊”是“一带一路”西出北联的重要一翼，区域内各国正处于经济发展的上升期，后发优势强劲，但迫切需要解决交通、电力、信息等基础设施严重不足的难题。中国内蒙古恰好处于“一带一路”向北和向西开放推进的国际经贸走廊连接点上，从这个独特的区位角度看，建设中国内蒙古连接欧亚经贸跨境大通道十分必要。一是依托中国满洲里口岸和俄罗斯后贝加尔斯克口岸，共建连接俄罗斯远东和中国东北（黑吉辽、蒙东）经济区、大连港、锦州港，以及俄罗斯欧亚大铁路至欧洲腹地，打造满洲里跨境自贸区和呼伦贝尔中俄蒙合作先导区。二是依托中国二连浩特口岸和蒙古国扎门乌德口岸，共建连接中国京津冀经济区、天津港、秦皇岛港，以及蒙古国乌兰巴托铁路，延伸与俄罗斯跨欧亚大铁路连接至欧洲腹地，推进中国内蒙古和蒙古国相邻区域协同发展，打造中蒙沿交通线经济带，进一步深化创新与俄罗斯、蒙古国开放合作机制。三是依托中国境内京包、包兰、兰西、临策—哈密铁路和蒙古国规划中的沿线交通干线，共建向西经新疆至中亚的经贸大通道、联通中国、中亚、西亚的经济走廊，推动中国、中亚、西亚城市群开发开放。四是依托甘其毛都口岸和蒙古嘎舒苏海图口岸，共建向北连接蒙古国新计划的铁路、联通蒙古国南部集聚区，向南连接中国西安、广西、广东，贯穿长江经济带，延伸到海上丝绸之路。五是依托珠恩嘎达布其口岸、二连浩特口岸和蒙古毕其格图、扎门乌德口岸，共建二连浩特经锡林浩特至锦州港大通道，连接锦州港、营口港及环渤海经济区，外接蒙古国东南部集聚区，直通俄罗斯欧亚大铁路，打造锡（林郭勒）赤（峰）朝（阳）锦（州）中蒙俄国际陆海经济走廊和合作示范区。

四、“中蒙俄经济走廊”为各国产业和服务贸易提速升级提供了机遇

围绕加快投资便利化进程，消除投资壁垒，加强双边投资保护协定，避免双重征税协定磋商。一是大力发展中俄蒙三国能电产业合作，加快跨境电力与输电通道建设，积极推动天然气、太阳能等清洁、可再生能源合作；二是促进农牧业产业合作、水资源合作、生态保护、新一代信息技术、生物制药、蒙医药、新材料等新兴行业产业领

域的深入合作；三是加快边境口岸“单一窗口”建设，发展跨境电子商务等新的商业业态；四是加强自由贸易区建设和通关条件改善方面的合作，通过这些合作推动产业和贸易双提速，让产业与贸易双引擎拉动各国经济持续稳步发展。

五、“中蒙俄经济走廊”为构建多层次的政府间关联政策沟通交流机制提供了机遇

尽管中俄蒙三国交流沟通具有天时、地利、人和等各方面的有利因素，但也有一些制约因素，需要在政策、机制等方面，构建多层次的关联政策沟通交流机制，推动实现信息互换、监管互认、执法互助、海关合作等“通关”便利机制，推动检疫检验证书国际互联网核查，开展“经认证的经营者”（AEO）互认。一是创新合作机制，吸引能够在投资地大规模带动就业、增加税收、改进公共和服务设施的投资项目，构建良好完善的投资经营大环境。二是各自从中蒙俄三方的相关利益各方角度，用“同理心”去倾听、判断和研究，根据相关国国情差异来推动发展、深化合作。要以市场机制为原则，形成合力，同时，通过管用好用的关联政策推进创造良好的经商环境。三是围绕政策沟通、设施联通、贸易畅通、资金融通、民心相通等合作重点，以务实的行动来推进经贸、技术、人文等多领域、多层次的合作。

六、“中蒙俄经济走廊”为智库联盟合作与共同拓展公共外交提供了机遇

各国智库肩负着服务推进各国发展战略的重大使命，具有行使公共外交功能和提升国家软实力的责任，也发挥着智库应有的“文明互鉴、思想交流、政策沟通”的引领作用。目前，这些应有的作用和功能还面临诸多挑战，需要增加广泛的沟通交流，通过智库联盟促进精英合作，凝聚共识、达成共识、扩大交流、务实合作，有效推动各国发展战略和经济社会文化建设。一是倡议广泛加强各国智库之间人员交往和接触，宣传解读各国相关政策法律，充分了解彼此的政策意图和深层次问题，进而提出有建设性的意见和建议供决策参考。二是倡议通过开展跨国议题的政策研究、国际合作、国际会议和论坛等活动，利用各种传播媒介与方式，与国外智库精英和公众进行进一步对话与沟通，使公众深入认识和理解相关国家各自的诉求和正面观感。三是倡议通过不同渠道以不同形式在不同场合，加强与更多国家智库和公众进行广泛接触，实现充分对接，包括文化对接、贸易对接、规则对接以及情感对接，增强各自国家文化的吸引力和政治影响，寻求国际社会特别是民间社会对各自国家立场、声音和价值的理解和支持。

中国内蒙古口岸建设的新要求与愿景

中国内蒙古自治区发展研究中心课题组

当前和今后一个时期，世界经济环境仍然比较复杂，机遇和挑战相互交织，时和势总体于我有利，我国发展的重要战略机遇期仍然存在。我国经济社会发展前景广阔，同时面临不少困难和挑战。为更好地统筹国际国内两个大局，科学谋划好对外开放，全面提高对外开放水平，我国提出了共建“一带一路”的倡议构想。内蒙古是我国向北开放的前沿，与俄罗斯、蒙古国相连边境线总长4261公里，占全国陆地边境线长的19.4%，在我国同蒙俄的经济交往中占有重要的战略地位。国家主席习近平2014年9月11日出席中蒙俄三国元首会晤时提出，将“丝绸之路经济带”同俄罗斯的跨欧亚大铁路、蒙古国的“草原之路”倡议进行对接，打造“中蒙俄经济走廊”，获得了俄方和蒙方的积极响应。为加强同蒙俄的政策沟通、道路联通、贸易畅通、货币流通、民心相通建设，内蒙古需要不断加强对口岸的建设，来适应“中蒙俄经济走廊”的要求，助力中蒙俄经济合作，打造互利共赢的利益共同体。

一、中国内蒙古口岸建设中存在的问题

为加强经济合作，中蒙俄三方正不断加大口岸基础设施投入，改善通关环境。2012年国家投入口岸基本建设资金2900万元，自治区投入口岸基本建设资金3000万元来加强口岸建设。内蒙古口岸基础设施正不断完善，特别是运用了现代化通关手段，口岸的通关能力有了明显提高，但与“中蒙俄经济走廊”的发展要求相比，还需要做进一步完善。

（一）口岸设施及配套设施滞后

随着中蒙贸易的快速增长，口岸设施及配套设施滞后是导致境内外运输通道不畅，制约内蒙古口岸发展的主要“瓶颈”。由于地方财力有限，自治区财政投入不足，内蒙古多数口岸联检部门的工作和生活条件比较艰苦，出入境缺乏高科技检查设备，检验主要靠人工。二连浩特铁路口岸作为我国对蒙古国最大的口岸，站场整体设施已经严重落后于国内其他口岸，既有到发场、调车场、边检场线路的有效长度不能与蒙方相匹配，边检场与到发场只有1条联络线，无法同时接发列车，导致宽轨联络二线的运力不能得到充分发挥。此外，内蒙古口岸物流园区基础设施不完善，区间道路、出入境车辆服务区、待发区建设滞后，国门、互市贸易区、保税区等功能短缺。

（二）口岸的管理水平亟待改善

目前存在部分口岸地方政府和口岸管理部门与联检部门合作不畅，口岸各部门之间矛盾较大的问题。中蒙贸易和口岸合作也存在严重不对等的现象，地方政府无力协调蒙方，贸易主导权和交通物流主导权被蒙方控制，影响了口岸的和谐与安全。这些矛盾和问题导致口岸和谐、口岸安全的大局受到严重影响，通关效率低下，影响过货量增长，阻碍口岸事业的健康发展。随着自治区向北开放的全面发展，目前自治区口岸办和各级地方口岸办的机构设置和人员编制已经远远不适应工作需要，口岸管理部门协调和管理的职能不能得到有效发挥。

（三）口岸发展不平衡，口岸带动作用弱

全区现有口岸开放水平参差不齐，有的口岸发展较快，趋于完善，有的口岸尽管开放多年，但发展仍然停留在较低层次水平。内蒙古16个口岸的分布东密西疏，有8个口岸均分布于呼伦贝尔市，其余8个口岸分布在其他盟市。口岸优势不突出，带动地方经济发展的潜力不明显。口岸定位趋同，侧重能源合作开发，轻人文交流，支撑产业能力不足。2006～2011年呼和浩特海关和满洲里海关关区征收关税和代征税累计6547亿元，全区边境贸易转移支付资金累计3927亿元（包括自治区配套资金3亿元），边境口岸转移支付资金累计13.22亿元。

（四）口岸通关效率低下

内蒙古口岸多部门间数据共享、协同合作程度低，导致货物在口岸的通关时间延

长，通关成本增加。我国大陆的口岸的平均通关时间为2.2天，而中国香港特别行政区只有2.5小时。全国无纸化报关单进口海关通关17个小时，出口海关通关1.9个小时，分别比全部报关单海关通关时间低9.3个小时和0.7个小时。

二、推进“中蒙俄经济走廊”建设对口岸提出的新要求

口岸是国家和地区对外开放的门户，是对外交往和经贸合作的桥梁，更是国家安全的重要屏障。随着“一带一路”和“中蒙俄经济走廊”建设的不断推进，我国对口岸也提出了更高的要求。内蒙古是我国向北开放的前沿，作为对蒙、对俄的重要口岸，要积极适应新形势，满足新要求。

（一）通关管理高效化

全面贯彻落实国务院《落实“三互”推进大通关建设改革方案》，推动内陆同沿海沿边通关协作，实现口岸管理相关部门信息互换、监管互认、执法互助，2020年跨部门、跨区域的内陆沿海沿边大通关协作机制有效建立，信息共享共用，同一部门内部统一监管标准、不同部门之间配合监管执法，互认监管结果，优化通关流程，形成既符合中国国情又具有国际竞争力的管理体制机制。围绕“五位一体”的总布局和服务构建开放型经济新体制，坚持安全便利并重，优化口岸管理机制，转变职能实现方式，推进口岸综合治理体系和治理能力现代化。因此要着重完成口岸管理部门信息互换、监管互认、执法互助，推进中蒙俄三方口岸信息化基础设施建设，加强与蒙古国和俄罗斯口岸管理部门的信息共享，进一步完善口岸的过货通关功能。

（二）投资贸易便利化

投资贸易便利化是简化和协调贸易程序，加速要素跨境流通，是对国际贸易制度和手续的简化与协调，为国际贸易交易创造一个协调的、透明的、可预见的环境。内蒙古口岸全面贯彻落实《国务院办公厅关于支持外贸稳定增长的若干意见》（国办发〔2014〕19号）的意见精神，进一步优化监管方式方法，提高海关查验的针对性和有效性，推动区域性通关一体化试点，推行通关作业无纸化，加快通关速度，做到用政策创新和科技创新支撑“大通关作业”。进一步减少行政审批项目，简化程序，建议国家改革关税制度，调整关税结构，整顿和规范进出口环节经营性服务和收费，减轻企

业负担。通过调整进出资源产品结构，优化国际产业分工，转变外贸发展方式，提升经贸合作层次，扩大与蒙俄经贸合作规模。

（三）人员往来便利化

加强国与国、民与民之间进行文化、教育、医疗卫生、宗教等人文交流和合作，实现民心相通，作为“中蒙俄经济走廊”建设的重要方向，其中实现人员往来便利化是顺利推进“中蒙俄经济走廊”建设的重要基础和条件。因此我们要在中蒙全面战略伙伴关系和中俄全面战略协作伙伴关系框架内，重点简化人员通关手续，实现人员往来便利化。

（四）产业合作协同化

从中俄相互投资看，我国对俄罗斯非金融类直接投资主要分布在能源、矿产资源开发、林业、贸易、轻纺、家电、通信、建筑、服务等领域，2011 年达到 3.03 亿美元。俄对华投资主要集中在制造业、建筑、交通运输等领域，2011 年达到 3102 万美元。

（五）跨境基础设施网络化

加快经济平稳发展仍是蒙古国和俄罗斯今后一个时期的主要任务，其中加强基础设施建设是重中之重。蒙古国 GDP 增长率从 2011 年的 17% 下降到 2014 年的 7%。2014 年蒙古国外国投资公司只有 340 家，比 2007 年减少 1267 家。在经济下行的困境下，蒙古国提出了“草原之路”计划，该计划涵盖铁路、高速公路、油气、天然气及电气领域，预计需要投资 500 亿美元。2014 年 5 月 19 日，蒙古国总统额勒贝格道尔吉会见习近平总书记时表示，蒙方认为建设“丝绸之路经济带”最主要的前提条件是基础设施建设领域合作，蒙古国将为加入地区基础设施网络、抵达海口、过境运输创造有利条件而积极努力，希望成为连接欧亚、中亚和东亚的内陆桥梁。2014 年 2 月，习近平总书记在出席索契冬奥会期间与俄罗斯总统普京的会晤中正式邀请俄罗斯参与“丝绸之路经济带”和“海上丝绸之路”建设。普京总统表示愿意将跨欧亚铁路项目与“一带一路”倡议构想对接。特别是近年来，俄罗斯把做好基础设施建设作为提振经济的重要突破口。2013 年普京宣布将启动总额 4500 亿卢布的公路和铁路基建投资计划，借此拉动俄罗斯经济。

三、推进“中蒙俄经济走廊”建设的新设想

内蒙古将实施新一轮对外开放，主动融入国家“一带一路”倡议，加快推进满洲

里、二连浩特为重要节点、以跨境物流为引领的“中蒙俄经济走廊”建设。内蒙古将加快口岸建设，助力“一带一路”倡议实施，壮大与蒙古国、俄罗斯等周边国家的贸易规模，活跃中蒙俄经贸往来，促进外贸转型升级。为适应“中蒙俄经济走廊”建设，内蒙古的口岸未来的发展趋势也应满足以下几点设想。

（一）明确口岸的功能定位，实现由注重数量向注重质量转变

内蒙古口岸数量众多，明确各口岸的功能定位、加强口岸整体规划刻不容缓。各地方政府应综合考虑口岸通道建设（客货分离）、查验配套设施（便于查验）、城镇化建设（现代服务业）、各类产业园区布局等因素，重新制定和完善口岸经济发展规划，保证口岸功能完善、布局合理、有序发展。

（二）理顺口岸腹地互动关系，积极发展“泛口岸经济”

口岸不仅要带动地方经济的发展，还应发挥辐射带动作用。对内蒙古口岸来讲，发展口岸经济的重点是要提高口岸通过能力，强化蒙俄经贸交流合作，加快口岸园区建设步伐，发展口岸现代服务业。建设出能够更好地发挥过货通关、加工制造、商贸流通三大枢纽功能的现代化口岸，实现集人流、物流、信息流于一体。

（三）提高口岸运行效率，加快推进“三互”建设

内蒙古部分口岸运行秩序混乱，部分口岸地方政府和口岸管理部分与联检部门合作不畅，这与国务院提出的口岸管理相关部门信息互换、监管互认、执法互助的“三互”建设的要求还存在差距。在口岸建设中，应由自治区政府牵头形成“单一窗口”建设协调推进机制，推进“一站式作业”，并建立健全信息共享共用机制，整合设施资源，建立口岸安全联合防控机制，从而打造更加高效的口岸通关模式。

（四）提高口岸综合服务能力，共同推进中蒙俄口岸协同发展

口岸综合服务能力是口岸输运功能和口岸环境的综合反映，即口岸的软环境。提升口岸的综合服务能力就要深入推进“大通关”模式，建设铁路、公路、航空口岸一体化指挥调度、安全管控、服务保障体系。要从各口岸的功能定位出发，坚持整合资源、服务创新，全方位推进口岸建设和管理。

基础设施互联互通
是“中蒙俄经济走廊”建设的优先领域

中国内蒙古自治区发展研究中心课题组

实现基础设施互联互通是推进“中蒙俄经济走廊”建设的前提条件，也是实现边疆和谐稳定的重要保障。本报告立足于中蒙俄三方区域合作的市场需求和所采取的发展战略，围绕打通合作“瓶颈”，提出跨境公路、铁路、皮带运输、信息等不同领域基础设施建设方向和重点，并提供合理性论证分析，为国家和内蒙古自治区推进基础设施互联互通建设提供前期基础工作。基础设施互联互通是“一带一路”的重要内容和优先建设领域，也是“一带一路”沿线国家强化合作的重要保障。内蒙古地处“中蒙俄经济走廊”的“咽喉”要道，区位优势明显，作为我国向北开放的重要窗口，在“一带一路”及打造“中蒙俄经济走廊”战略中地位举足轻重，不可替代。推进跨境基础设施互联互通可以进一步释放中蒙俄合作潜力，契合中蒙俄三国发展战略需求，对于深化中蒙俄合作意义深远。

一、内蒙古推进“中蒙俄经济走廊”建设的优势条件

内蒙古推进“中蒙俄经济走廊”建设具有得天独厚的条件。一是具有联通俄蒙的区位优势。与蒙古国、俄罗斯边境线总长4261公里，占全国陆地边境线的19.4%，其中，与蒙古国边境线3210公里，与俄罗斯边境线1051公里，分别占我国与蒙古国、俄罗斯边境线的68.7%和28.8%。二是对外开放口岸众多。目前拥有对外开放口岸共19个，正常运行16个，其中对蒙古国开放口岸10个，对俄罗斯开放口岸6个。三是经贸合作不断深化。2014年内蒙古进出口总值145.53亿美元，其中对蒙古国贸易额40.97

亿美元，对俄罗斯贸易额30.54亿美元。四是经济技术合作日益紧密。2014年内蒙古对蒙古国投资项目19个，数量同比增长13个，中方协议投资额35278万美元，同比增长了4倍多；对俄罗斯投资项目19个，数量同比增长9个，中方协议投资额（含增资）8092万美元，同比增长88.2%。五是口岸贸易繁荣。口岸进出境客货运量、进出境客运量及进出境交通工具大，其中满洲里的进出境货运量在全国边境陆路口岸中多年来居第1位。2014年，内蒙古口岸进出境货运量7085.67万吨，其中对俄口岸进出境货运量为3038.7万吨，对蒙进出境货运量为4047万吨。口岸进出境客运量467.61万人次，进出境交通工具为136.1万列辆架次。六是口岸合作平台建设日臻成熟，边境（跨境）经济合作区稳步推进。中蒙两国成功举办了2届经贸合作论坛，连续举办了9届中国·海拉尔中蒙俄经贸洽谈暨商品展销会、5届中国·二连浩特中蒙俄经贸合作洽谈会、2届“茶叶之路与城市发展”中蒙俄市长峰会，参与了11届乌兰巴托商品展洽会。七是建立了政府间高层会晤机制，推动和扩大了友好往来和互利合作。目前，内蒙古与俄罗斯共缔结友好地区（城市）9对，与蒙古国缔结友好地区（城市）9对。近年来，两国高校之间建立了互派留学生、互派教师、合作研究等机制。每年定期在俄罗斯、蒙古国举办文化交流活动，并推动两国电视台以及报社展开合作。与俄蒙、中亚在非物质文化遗产保护、地质遗迹保护、图书研究、文物考古等领域进行合作，推进“茶叶之路”沿线国家和地区联合申遗。各级蒙中医医院每年收治蒙古国患者近3万人次。

二、推进中蒙俄跨境基础设施建设的总体框架和设想

（一）遵循的原则

在推进“中蒙俄经济走廊”建设中需要紧紧把握以下原则：一是兼顾中蒙俄共同需求；二是兼顾互利互惠和合作共赢；三是兼顾长期发展和近期计划；四是兼顾经济往来和人文交流，并兼顾机制创新和模式创新。

（二）总体框架节点的选择

在选择“中蒙俄经济走廊”建设的重要节点时，一方面要综合考虑我国“一带一路”倡议与俄罗斯、蒙古国发展战略的对接，另一方面也要考虑基础设施建设的可行性和现实性。俄罗斯的“远东开发战略”最早在2009年出台的《2025年前远东和贝加尔地区经济社会发展战略》中体现，2012年符拉迪沃斯托克亚太经合组织领导人非

正式会议前夕，普京总统指出“全面走向亚太地区是俄罗斯未来成功及西伯利亚和远东地区发展的重要保证”，这也集中体现了俄罗斯经济“向东转”的意图。2012 年 3 月俄罗斯制定《西伯利亚和远东发展法》，表明俄罗斯为促进东部地区的经济发展而在政策上给予大力支持。2013 年普京向联邦会议发表国情咨文时明确指出，发展西伯利亚和远东地区是俄罗斯 21 世纪的优先方向。同时，俄罗斯计划建设实施的跨欧亚西伯利亚大铁路全长 9288 公里，跨越 8 个时区，是贯通西伯利亚的交通动脉。随着亚太国家特别是与中国经贸联系的发展，俄罗斯东部地区铁路网扩容的迫切性不断提高。内蒙古作为我国向北开放的前沿，经满洲里和二连浩特分别有两条铁路与西伯利亚大铁路相连，在“丝绸之路经济带”与俄罗斯跨欧亚发展带对接中承担着不可替代的物流大通道作用。

蒙古国准备实施“草原之路”计划，通过运输贸易振兴蒙古国经济。“草原之路”计划从阿尔坦布拉格开始，向乌兰巴托延伸，最后连接扎门乌德，全长 997 公里。同时，蒙古国议会通过的阿拉坦布拉格自由贸易区位于色楞格省蒙俄边境地区，与俄罗斯口岸恰克图隔河相望，占地 500 公顷，自贸区的运营可使俄罗斯进口中国货物减少 1000 多公里运输里程，并带动蒙古经济发展。蒙古国铁路主线路联通我国与俄罗斯，南端扎门乌德与二连浩特接壤，北端苏赫巴托与俄罗斯纳乌什基搭界。近年来该铁路运力受到机车老化、车皮短缺等问题的制约，希望三国未来形成定期磋商机制以提升运力，拓展物流通道。二连浩特至扎门乌德口岸是中蒙两国间开通运营的重要铁路口岸，这也成为中俄间货物的重要过境通道。2012 年二连浩特口岸进出口货物为 875.3 万吨。其中，中蒙进出口货物运量 721.7 万吨，中俄进出口货物运量 153.6 万吨。中蒙俄三国日益紧密的经贸联系迫切要求先进的国际物流支撑，其中重点是铁路口岸通关能力建设。

基于中蒙俄三方重要节点对接角度看，发挥满洲里—赤塔、二连浩特—乌兰巴托—乌兰乌德、京包—包兰—兰新、临河—策克和策克—哈密以及纵向二连浩特—乌兰巴托，横向达兰扎德嘎德—乔巴山等铁路网等优势，以满洲里、二连浩特、呼和浩特、策克及甘其毛都、恩嘎达布其、黑山头、额布都格等口岸为节点，一方面加强与蒙古国乔巴山、乌兰巴托和俄罗斯莫斯科、乌兰乌德、赤塔、恰克图的对接，另一方面加强与重要矿区的联通，形成完善的“中蒙俄经济走廊”跨欧亚大通道。

（三）跨境基础设施建设的重点

近年来，中蒙、中俄的跨境基础设施建设得到长足发展，但配套设施建设还不完善，不能够满足现代化口岸的多元化、多功能服务的需求，亟待改善。重点从以下几个方面实现突破：一是构筑交通基础设施网络，优先打通缺失路段，畅通瓶颈路段，提升道路通达水平。加强与俄罗斯跨欧亚铁路的衔接和蒙古国铁路的沟通，加强与莫斯科、乌兰乌德、赤塔、伊尔库茨克等俄罗斯重要城市和乌兰巴托等蒙古国城市的航空网络建设，形成跨欧亚立体化大通道。二是构筑能源输送网络，推进跨境电力与输电通道建设，积极开展区域电网升级改造合作。合作开发远东和西伯利亚的石油、天然气资源，在东北亚建设石油、天然气供应网和电能输送线。三是构筑信息化输送网络，扩大信息交流与合作，共同推进跨境光缆等通信干线网络建设，大幅度提高通信互联互通水平，打造畅通便捷的信息丝绸之路。

三、保障措施及主要建议

（一）保障措施

深化产业合作水平，助推跨境基础设施建设。主要从旅游合作、物流合作、农牧业合作以及能矿和加工制造业合作四个方面入手，加快产业合作开发，提升中蒙俄经济合作水平。

提高贸易便利化水平，夯实跨境基础设施吸引力。一是努力提高贸易自由化便利化水平。二是努力促进贸易转型升级。三是努力加快投资便利化进程。四是拓展相互投资领域。五是努力探索投资合作新模式。

创新通关模式，提高跨境基础设施利用效率。在口岸通关中实现信息互换、监管互认、执法互助。在二连浩特与扎门乌德等中蒙海关联合监管试点的基础上，扩大联合监管范围和领域。实施“两国一区、境内关外、一线放开、二线管住”的运行模式，推进中蒙跨境经济合作区建设。支持二连浩特等口岸“大通关”建设，深化海关分类通关、联检联运监管改革，推进口岸通关无纸化和 ATA 单证册制度实施。优化通关环境，清理不合理收费。

（二）主要建议

积极争取国家支持。一方面积极争取国家财政专项资金支持。加大国家财政对中蒙、中俄跨境基础设施建设的支持力度。另一方面积极争取贴息贷款支持。加大与亚洲基础设施投资银行等金融机构，中国—欧亚经济合作基金、丝路基金等的合作力度，争取贴息贷款，多渠道获得跨境基础设施建设资金。

加强交流沟通。加强与蒙古国、俄罗斯以高层互访为引领，加强政府间合作，着力推进双多边合作；积极构建多层次政府间政策交流机制和联动机制，加强政策对话和协商；深化经济合作，增进政治互信，达成合作新共识。我国可以与蒙古国、俄罗斯就经济发展战略和对策进行充分交流对接，本着求同存异理念，共同制定推进区域合作的规划和措施，及时协商解决合作中出现的问题，营造良好的政策环境。

合理有序推进项目建设和储备。跨境基础设施建设，涉及国际国内特别是国家间关系的复杂性，初期规划应当依托已有基础，分层分类，先重后轻，先易后难，循序渐进，确保项目有序接替，支撑有力。

构建合作机制。为推动中蒙、中俄跨境基础设施的建设，中蒙俄应在协调三国法律和政策，减少不确定性，节省交易成本，提高跨境基础设施建设公平性、效率性和效果性的前提下，应尽快创设中蒙、中俄专门的基础设施建设合作机制。

全面提升中国内蒙古与蒙俄能矿产业合作水平

中国内蒙古自治区发展研究中心课题组

内蒙古作为我国重要的能源原材料基地，在新一轮对外开放格局中，深化内蒙古与蒙俄能矿产业合作，不仅有利于促进内蒙古能矿产业发展，提升我国能矿资源多元化供应，而且对于落实“中蒙俄经济走廊”建设，提振俄罗斯与蒙古国经济，从而促进中蒙俄三方的稳定与发展意义重大。

一、中蒙俄能矿产业合作现状及存在的问题

中国、俄罗斯、蒙古三国之间，既有一衣带水、山水相连的地缘，又有民族相亲、文化相近的血缘，还有近代党际合作、共赴二战的历史渊源。近几年，随着国际地缘政治经济形势深刻变化，中蒙俄经贸关系不断深化，在能矿贸易、能矿产业合作等方面取得了重大进展，主要表现为：

一是能矿产品贸易稳定增长。俄罗斯出口中国的石油、矿产品、各种有色金属等原材料或初级产品，所占比重高达60%左右；蒙古国主要能矿产品对中国的出口额占蒙古国能矿产品出口总额的97%以上。

二是能矿产业投资形式呈现多样化。除现有的采取直接投资当地矿产开发或冶炼外，股权投资开始出现。同时，能矿产业投资主体呈现以地方国有、央企为绝对主导，大量民营企业并存的格局。

三是能矿产业合作水平有很大提升。合作领域已由传统的单一勘探开发转为管理和技术方面的强强联合；合作模式呈现由单个分散项目合作逐步向互建工业园区集聚模式转变；合作内容也开始向本土化生产延伸，产业链也向着精深加工方向转变。

四是能矿经贸有力地促进了边境地区发展。随着中蒙俄经贸关系的日益强化，边境地区基础设施日益得到完善，保障发展能力稳步提高；同时随着中蒙俄边境能矿等进出口原材料落地加工转换能力的增强，带动了边境地区了人流、物流、资金流向边境地区集结，有力地促进了边境地区发展。

同时，中蒙俄能矿产业合作也存在一系列问题，突出表现为：

一是制度环境有待完善。中蒙俄之间法律仲裁制度、信用保险制度、质量监控制度、通关制度和贸易制度方面还有待进一步完善和对接，尤其在能矿产业合作利益分配方面存在的问题比较突出，阻碍了双方能矿产业合作的有效开展。

二是合作主体不够强大。中蒙俄能矿合作主体多为中小民营企业，缺乏大企业和大项目的支撑，不利于合作的长远发展。

三是能矿产业合作水平较低。整体上还处于起步阶段，已有合作主要还停留在矿产开发和能矿贸易水平，能矿产品精深加工等项目鲜有涉及。

四是合作条件不够宽松。双边口岸、信息化等基础设施建设比较滞后，尤其是俄蒙方边境地区基础设施建设和投资严重不足；同时在双边投资保护机制、在俄营商环境、招投标程序、融资渠道等方面存在一些制约因素。

二、深化内蒙古在中蒙俄能矿产业合作中地位与作用的认识

随着近几年国家生产力布局及对外开放的优化和调整，内蒙古在我国区域布局中的角色和作用也有了很大改变，在新一轮对外开放格局中，深化内蒙古与俄蒙能矿产业合作，不仅是有助于内蒙古与俄罗斯、蒙古国在新时期加快发展，而且是新时期下强化中蒙俄外交、发展和安全战略最佳契合点。

（一）深化内蒙古与蒙俄能矿产业合作是新时期内三方加快能矿产业发展的重要引领

内蒙古与俄罗斯、蒙古国接壤，而且在矿产资源开发利用方面积累了大量的资金、技术、团队和管理经验，但在新常态下，内蒙古能矿产业遇到了诸如优质能矿资源缺乏、资源品市场拓展困难等一系列制约，迫切要求在实现矿业转型方面有所突破和作为。俄蒙主要依托能矿产品出口和吸引能矿产业外部投资来拉动经济，而且短期内该种发展格局不会发生大的改变，但目前能矿产业发展面临的资金和技术等制约比较明显。

为此，充分利用地理就近优势，以及在资源开发方面的既有基础，鼓励企业走出

去，深化与俄蒙能矿产业合作，积极提升能矿资源利用效益，并拓展相关资源品市场，以破解新常态下区内矿业生产和市场困局，不仅是实现内蒙古能矿产业发展的重要途径，而且对于俄蒙能矿产业发展也具有重要的推动作用。

（二）深化内蒙古与蒙俄能矿产业合作是新时期下构筑三方区域增长极的重要保障

从国内发展格局看，西部大开发和振兴东北战略是当前及今后我国区域发展的重大策略，两大策略中内蒙古都占有重要位置。而在世界经济发展分化以及地缘政治冲突日益明显背景下，出于外交、发展和安全战略的综合考虑，俄罗斯和蒙古国都把周边活跃的东亚经济体以及发达的欧洲经济圈作为未来战略合作的重心，其中俄罗斯以油气为战略支点，把远东和西伯利亚能矿资源开发和强化同周边国家（尤其是东北亚和欧洲）经贸关系作为重要战略之一加以重点推进；蒙古国则提出了“矿业兴国”战略，积极寻求同周边国家（尤其是东北亚国家）在能矿资源开发方面的合作，而且从空间布局看，未来能矿开发的重点也主要布局在与内蒙古接壤区域。

而从区域资源禀赋条件看，内蒙古能矿资源禀赋条件较高，但在能矿资源结构和质量方面依然存在一些问题，而与之相邻俄蒙地区，恰好与我国在能源结构和质量方面存在很大的互补性。为此，充分依托内蒙古与俄蒙开展合作的各种优势，强化与俄蒙在能矿方面的全方位合作，就成为新时期三方打造区域增长极的重要保障。

（三）提升能矿产业合作水平是未来三方能矿产业发展的最佳突破口

从能矿产业合作层次和方式看，转变发展方式、走绿色和高端之路是未来中蒙俄能矿产业合作的重要内容，同时也是提升制造品产业竞争力进而实现东北亚和欧洲经济圈市场拓展的关键。近年来俄罗斯重启经济现代化进程，提出在短期依重石油和天然气出口大前提下，要逐步限制初级资源产品出口、鼓励发展资源深加工产业和创新型经济，力争用10年时间改变俄罗斯依赖能源和原材料出口的经济结构。蒙古国虽然提出要大力发展能矿产业，但在能矿产业发展方面的环保要求比较严格，倒逼能矿产业向绿色和高端方向发展。为此，结合俄蒙各自发展要求，深化内蒙古与俄蒙在能矿产品深加工、新能源和电力等领域的合作，并促进三方制造业竞争力的整体提升，就成为三方能矿产业发展的重要方向和突破口。

三、强化内蒙古与蒙俄能矿产业合作策略及建议

在国家“一带一路”和“中蒙俄经济走廊”积极推进大背景下，综合考虑我国未

来区域发展格局，以及三方能矿产业合作的实际和要求，内蒙古要切实发挥好与俄蒙合作的桥梁作用，在合作理念、合作定位、关系处理、功能和路径等方面合理引导与积极创新，在国家深化与蒙俄能矿产业合作中抢先机、当主角，推进中蒙俄能矿产业合作上水平、上台阶。

（一）站位上：要从大局出发站位要高

能矿产业是中蒙俄全面合作的重要切入点，依托中蒙俄能矿产业合作，也是强化与东北亚国家以及欧洲经济体合作，从而实现三国对外开放格局优化的重要途径。因此，强化内蒙古与俄蒙能矿产业合作，就要从国内、国外两个大局出发，站位要高，把内蒙古同中蒙俄能矿产业合作纳入国家“一带一路”和“中蒙俄经济走廊建设”的战略高度，加以重点推进，切实发挥好内蒙古在与俄蒙能矿产业合作的梯次带动作用。

（二）理念上：要探索建立合作的长效机制

从中蒙俄能矿产业发展情况看，能矿产业投资已成为合作的重要推手，但同时也看到，实际合作中的短期性比较明显，过于注重投资收益，过于偏重资源领域，在资源开采中带来的环境破坏问题也比较突出，直接影响着当地民众对于能矿投资方面的关注和理解。为此，考虑到未来我国发展大局，从长远的眼光出发，在中蒙俄能矿合作过程中要坚持“亲、诚、惠、容”理念，充分树立“惠民生、促发展”的长效机制，将环境保护作为区域能矿产业合作的重要内容，推动能矿产业合作向低碳绿色方面转变。

（三）关系上：要正确处理“义”与“利”的关系

互利共赢，是扩大同各国各地区利益汇合点，也是推动能矿产业合作向纵深发展的重要基石和动力。为此，中蒙俄能矿产业合作中，要秉承平等互利、有取有予理念，以有利于双方共同发展的重大项目为突破口，正确处理“义”与“利”的关系，努力使自身发展更好惠及周边国家，坚持在合作中实现自身发展，以自身发展促进相邻区域共同发展。

（四）功能上：要充分做好先锋和窗口的示范作用

内蒙古与俄蒙能矿产业合作，不仅仅是内蒙古的事，也是我国同俄蒙开展全方位合作的缩影。为此，要充分利用内蒙古地理就近优势，共同拓展在风能、太阳能等清洁能源领域方面的合作，鼓励和支持内蒙古企业同俄罗斯、蒙古国矿能企业合作，参与对俄罗斯西西伯利亚油气区、远东金铁等金属成矿区和蒙古国南戈壁煤铜、乔巴山铀铅锌等金属成矿区开发，合作建设一批产业基地，提高资源就地加工转化比重。同时要积极创新合作方式，推广“境内生产半成品—境外成品组装销售”和“境外初加工—境内精深加工”的跨境加工模式，加快各种合作平台打造，把对俄蒙合作与对内地各省的协作充分结合起来，实现对外开放与对内协作的互促共赢。

（五）路径上：要统筹推进以实现重点突破

中蒙俄能矿产业国家间合作不仅仅局限于能矿产业本身，更主要的是以能矿产业合作为切入点，推进人文、科技等领域的全方位合作，从而带动经济、社会等自身发展提升层级。为此，强化内蒙古与俄蒙能矿产业合作，要统筹考虑与俄蒙方面全方位合作，并就当前合作中存在的关键问题，从优化合作时序、强化人文交流和重大项目筹划等方面加以重点解决，以实现重大突破。

“草原丝绸之路”精品旅游的开发与共建

王其格（中国内蒙古社会科学院草原文化研究所所长、研究员）

2013 年 9 月，习近平总书记在访问中亚国家时提出的“丝绸之路经济带”建设战略构想，很快得到国际社会尤其是沿丝绸之路各国的积极响应，成为 21 世纪区域性国际合作的重要标志和趋势。“一带一路”的建设意味着我国对外开放进入一个更大范围的国际合作领域，也意味着国内经济社会建设将步入一个新的转型发展时期。这就要求内蒙古要积极主动地融入“一带一路”建设的大格局，进一步强化与周边省份的区域经济合作，发挥联通俄蒙的区位优势，继续深化同俄蒙的全面务实合作，成为国家对北开放的重要窗口和桥头堡。

一、“丝绸之路经济带”历史价值分析

“丝绸之路经济带”建设战略构想，形成于古丝绸之路的历史积淀和人文共识之上，是丝绸之路的当代延续和拓展。丝绸之路是人类历史上形成时期最早、地理跨度最大、延续时间最久、支线最密集、影响最大的国际化商贸网络和人文通道，对“一带一路”建设的全面推进具有独特的自身价值。

（一）丝绸之路是“一带一路”建设具有深远意义的历史基础

据考古研究，在距今 5000 多年前的红山文化彩陶上就有具有中亚、中原和辽西本土等不同地域风格的纹饰图案，表明早在新石器时代晚期在东西方和南北方人群之间已经有了一定的接触。约在青铜器时代的早期，起源于西亚的小麦、黄牛、绵羊等经西域传入中原，极大地改变了中国北方地区的经济结构。在新疆地区发现的距今 4000

多年前的小河墓地、洋海墓地的居民均为欧罗巴人种或欧亚混合人种，可见当时在东西方不同人种之间已经有了较稳定的人口交往。考古人员在距今2500～2100多年前的阿尔泰巴泽雷克文化墓葬和蒙古高原腹地匈奴墓中均发现绣有精美图案的中原丝织品和龙形玉佩等考古实物。有学者认为：至少在春秋战国时期中国的丝绸和玉器传到蒙古高原腹地和中亚，初步形成向北经内蒙古至贝加尔湖，向西由河西走廊通向叶尼塞河、阿尔泰山和中亚、小亚细亚的玉石，丝绸之路，即原始“草原丝绸之路”。自汉代以后，随着张骞的出使西域和汉武帝西域四郡的建立，丝绸之路进入一个多元发展新阶段，逐渐形成以“草原丝绸之路”“绿洲丝绸之路”“海上丝绸之路”“西南丝绸之路”为主干线，贯通东西方、辐射欧亚非三洲的巨大商贸网络，对东西方、南北方的经济、文化的交流和交融起到空间的推动作用，也为今天的“丝绸之路经济带”建设奠定了扎实的历史基础。

（二）丝绸之路是“一带一路”建设的情感纽带和人文桥梁

历史上的丝绸之路既是经济文化通道，同时也是一条和平之路。沿丝绸之路地带国家众多、文化多样，不同社会文化背景的人们通过丝路西去东来，南来北往，在经济、文化和心理上相互交流，彼此沟通融合，丰富和改变了东西方，南北方的经济文化结构和社会形态。西传中亚、西亚和欧洲的中国丝绸、瓷器、茶叶和“四大发明”，广泛影响那里的经济和文化，催生出具有西方特色的丝绸、瓷器、茶叶产业体系，甚至引发争夺丝路商道的罗马与波斯之间的战争。西域或西方的各种宗教文化、经济作物、珠宝艺术品和天文、数学、音乐、舞蹈传入中原和北方，并与当地文化融合，孕育出了很多新的复合型社会文化形态。经西域传入中国的佛教，深度影响中国文化，再造出与中国传统宗教完美融合的“北传”佛教，不仅丰富了中国文化，也为亚洲佛教文化共同体的形成做出过独特贡献。特别是陆地丝绸之路的全面开通和拓展，把东西方的文化交流和民族关系引向更广阔的领域。汉唐盛世的出现和一个个横跨欧亚的草原帝国的形成以及我国历史上北方游牧民族的不断西进，空前加速东西方的民族融合，对整个世界的政治、文化和民族格局带来历史性变化。绵亘万里的丝绸之路不仅拉近了不同民族和国家之间的文化差异和心理距离，在中国与当时世界各国之间架起一道互联互利的友谊之桥，同时也极大地提升了中国文化的国际影响力和知名度。古丝绸之路是“一带一路”建设最具共性特征和亲和力的历史文化资本，将对以丝绸之路为地理框架的新的国际化经济发展区域的构建具有不可替代的情感纽带作用。

二、“草原丝绸之路”精品旅游开发的必要性

旅游业是在整个国民经济产业体系中资源消耗低、带动作用大、综合效益好的“绿色产业”。它不仅是第三产业的排头兵，也是对外开放和合作的重要载体。“一带一路”倡议的提出，对我国旅游业的发展，尤其是对外旅游开放和旅游合作带来前所未有的机遇和挑战。因此，调整旅游业的发展思路，并行发展国内、国外两大旅游市场是我国旅游业所面临的新的共同话题和使命。在对外旅游发展中，全面提升国际旅游合作的层次和规模，与周边国家特别是沿丝绸之路各国达成共识，联手开发以丝绸之路为纽带和载体的旅游资源，打造国际旅游精品线路、精品产品和产业体系，将会成为今后旅游业发展的一大重点，也是“一带一路”建设必不可少的组成部分和具有广泛意义的新亮点。

（一）“草原丝绸之路”精品旅游的发展，符合“一带一路”建设的总体目标要求

“一带一路”建设是以丝绸之路的地理线路和人文历史为基础，包括在能源、交通、科技、金融、贸易、教育、文化等多个领域互联互通的国际骨干通道建设工程。而旅游业作为一个将生态要素和人文要素融为一体的“软产业”，在“一带一路”建设大格局中，有其独特的文化先导作用。“草原丝绸之路”横贯“一带一路”建设各成员国和观察员国领土，具有很高的认同度和亲和力，是沿线各国最具共性特征的旅游开发资源。国家发改委等三部委发布的“一带一路”建设愿景与行动相关文件中指出：要“加强旅游合作，扩大旅游规模，互办旅游推广周、宣传月等活动，联合打造具有丝绸之路特色的国际精品旅游线路和旅游产品，提高沿线各国游客签证便利化水平”。因此，与沿丝路各国联合打造具有草原丝绸之路特色国际旅游业已经成为西部各省区目前和今后的一项重大任务，是一个事关“一带一路”建设和区域经济发展的全局性奋斗目标。

（二）“草原丝绸之路”精品旅游的发展，符合内蒙古旅游业自身的发展需求

近年来，内蒙古的旅游业取得快速发展，旅游基础设施和旅游服务设施得到显著改善，国内游客和出入境游客人数逐年增加，旅游产业产值稳步提升。2013 年，全区接待国内游客 6612 万人次，入境游客 161.61 万人次，旅游收入 1403 亿元，创汇 96229

万美元。但是，如果同发达国家和国内旅游发达省份相比，仍有较大差距，普遍存在文化与旅游的融合度低、旅游产业的结构单一、旅游产品的文化特色不明显、优势旅游资源的开发不足、整体旅游经济规模偏小、国际旅游业发展缓慢、影响力不大等诸多实际问题。其中，国际旅游业的发展缓慢、规模小、效益低是内蒙古旅游业的一大短板。以 2013 年为例，全区入境旅游者 161.62 万人次，主要以蒙古国、俄罗斯、日本、韩国等国家游客为主，而欧美澳非国家的游客普遍很少，在游客来源国上呈现出极不平衡趋势。全年旅游创汇 9.62229 亿美元，只占同年旅游总收入的 4.3%，入境旅游的效益明显偏低。而从整体而言，内蒙古的跨境旅游和国际旅游合作尚处于起步阶段。在与俄蒙等国的旅游合作方面，还存在相互间旅游通行的管理程序烦琐、通关不顺畅、跨境旅游资源的共同开发不足、交通基础设施水平不均衡以及区内旅游、口岸旅游和跨境旅游的市场衔接不紧密等有待解决和加强的问题。因此，以“草原丝绸之路”为特色的国际旅游业的发展，对内蒙古的旅游业来说，将会成为弥补国际旅游发展缓慢、出境旅游大于入境旅游的结构缺陷，拉动整个旅游产业的规模和效益的一大动力和抓手，具有深远的实际意义。

三、“草原丝绸之路”精品旅游开发的优势

内蒙古是古代“草原丝绸之路”重要的起点地和节点地，拥有风光秀丽的大草原，构造多样的地质生态景观，悠久灿烂的草原文化，丰富多彩的民族文化，较为发达的交通线路和功能齐全的旅游基础设施及为数众多的地域特色旅游景观、景区，在“草原丝绸之路”精品旅游业的发展上有着自身独特优势和合作潜力。

（一）具有丰厚的资源优势

内蒙古是中国草原文化的核心区域。自古以来不同的族群和民族在这片热土上相互交流/交融，共同孕育出了独具地域特色的红山文化、昭君文化、河套文化、契丹辽文化、蒙元文化、西口文化等享誉国内外的历史文化。目前在全区境内有各类不可移动文物 2 万余处，馆藏文物 50 余万件，其中，全国重点文物保护单位 79 处，国家一级文物 1500 多件。内蒙古是以蒙古族为主体民族的民族区域自治区，拥有蒙古、达斡尔、鄂温克、鄂伦春、汉、满、回等 49 个民族以及丰富多样的民族文化，民族民间艺术和像“长调”“呼麦”等世界非物质文化遗产代表，像“成吉汗祭祀”“马头琴”“鄂尔多斯婚礼”等一大批国家级“非遗”代表和一定数量的民族特色博物馆、展览馆。内蒙古地域辽阔，生态构成多样，拥有不同级别的 184 处自然保护区和诸如阿斯

哈图、响沙湾、阿尔善热水、呼伦贝尔草原等众多独具北方地质特点的自然生态景观。近年来，内蒙古的旅游业发展迅猛，产业规模日渐扩大，拥有284个A级以上旅游景点，332家星级宾馆以及近900家各类旅行社和较发达的旅游公路、节点服务设施，在进一步扩展对外旅游合作、开拓丝绸之路精品旅游业方面具有丰富的资源优势和较扎实的区域性产业基础。

（二）具有得天独厚的区位优势和丰富多元的人文历史基础

内蒙古地处祖国北疆，北与俄罗斯、蒙古国两国接壤，正处于向北开放的“桥头堡”地位。在国家“一带一路”建设宏观格局中内蒙古的定位是：发挥联通俄蒙的区位优势，与东三省一起联手推进构建北京—莫斯科欧亚高速运输走廊，建设向北开放的重要窗口。这就意味着内蒙古必须加强与邻近兄弟省份的区域合作，淡化行政区划界线，共同形成一个向北开放的巨大带状窗口，全面进入对外国际合作的新态势。内蒙古与俄蒙两国山水相连，拥有4261公里国际线和13个陆路口岸、3个国际航空口岸。中蒙俄三国都是“草原丝绸之路”重要途经国和核心文化区域，在互相之间有着悠久的人文交往史、深厚的国际友谊基础和很多相同或相近的文化传统、民俗民风，因而在“一带一路”的共建上就有其他沿线国家不能比拟的人文情感基础、共同的利益关系和更广泛的区域合作空间。这些都是内蒙古向北全面开放的先天优势，同时也是与俄蒙两国搭成文化共识、共建“中蒙俄经济走廊”、率先联合开发“草原丝绸之路”精品旅游专线最优越的自身条件。

（三）具有良好的政策环境和广阔的合作前景

国家的“一带一路”倡议构想，“中蒙俄经济走廊”建设规划和自治区“8337”发展思路，为内蒙古对外经济合作和国际旅游业的拓展提供了多层次、全方位的政策保障。近年来，中蒙俄三国的经济、文化、人文交往日益加深，并围绕“一带一路”的共建不断形成新的共识和行动合作。据统计，2013年中俄，中蒙的双边贸易额分别达到892亿美元和60亿美元。2014年全区口岸进出境货运量为7085.7万吨，同比增长4.2%，进出境客运量为467.6万人次，同比增长2.9%。人文交流不断深化，初步形成了以“文化周”“文化月”“旅游年”以及中蒙俄三国满洲里“国际服装艺术节”“乌拉巴托中国文化中心”等为依托的文化、人文交流大平台。教育合作日渐增强。中国在俄罗斯、蒙古国成立的孔子学院有力推助了俄蒙两国青年学习了解中国文化的积极性。据统计蒙古国现有60多所大、中、小学校开设汉语课程，在蒙古国执教的汉语文志愿者180余人，接受汉语教育的学生达万人，在华留学生8000多人。随着三国间战略伙伴关系的升温和交通运输体系的完善，国际旅游合作得到进一步加强，出入境游客人数有了明显上升趋势。据统计，2012 年到内蒙古的俄罗斯游客达 55.8 万人，占同年入境旅游人数的 35%。2013 年，全区共接待入境游客 161.61 万人/次，其中蒙古国游客 105 万人次，占总数的 65%。2012 年蒙古国入境旅游者 35.33 万人次，其中中国游客 22.85 万人次，占全部入境旅游者的 65%。综合上述，内蒙古在拓展国际旅游合作，与俄蒙等沿线国家联手，共同打造"草原丝绸之路"精品旅游产业方面，有着十分有利的政策环境和较好的国际合作基础和前景。

四、"草原丝绸之路"精品旅游的开发对策

"草原丝绸之路"精品旅游业的开发和发展是事关"一带一路"建设全局的一项重要的基础性工作。作为一种人文内涵极高的综合性产业，丝路旅游产业的开发，对"一带一路"建设辐射面的拓展、综合经济效益的增强，"一带一路"倡议亲和力、凝聚力、认同度的提升，同沿线各国之间的文化共识、人文交往的增强等都具有自身的独特作用。因此，我们必须站在国际合作的新高度、新起点上，科学地分析丝路旅游的特点、内涵和价值体系，结合"一带一路"倡议的指导思想和总体目标，策划出台切实可行的具体策略和方案，全面加强对外旅游合作，将草原丝绸之路旅游打造成"一带一路"建设的推进器和聚焦点。

（一）继承和弘扬"草原丝绸之路"的"和平、合作、和谐、互助"的人文精神，全面加强沿线各国的务实合作，要在丝绸之路旅游业的共建上达成广泛共识并形成合力

"一带一路"建设具有多国家、多民族、多文化的复合型特点。中国是"一带一路"建设的主要倡导国和践行国。因此，我们在一方面要借助"一带一路"建设国际合作平台，练好内功，讲好"中国故事"，展示和提升中国文化的影响力、吸引力、感召力和国际话语权，树立和平、友善、自尊、自强、敢于负责的大国形象。另一方面，讲好"国际故事"，坚持与邻为善、以邻为伴，坚持睦邻、安邻、富邻，突出体现亲、诚、慧、容理念，诚心对待周边国家，惠及邻邦、互利共赢，同沿丝路各国在文化认同上形成更多的共同点，提高"一带一路"的向心力。内蒙古作为"一带一路"建设的一线阵地，应要借助"一带一路"东风和"中蒙俄经济走廊"建设有利时机，进一步深化与俄蒙等国的全面合作，发挥内引外联的枢纽作用，加快沿"草原丝绸之路"交通通信干线建设，构筑多方向、多路径、多形式的互联互通网络，提升交通便利化

程度。加强同俄蒙的人文交流和文化互动，讲好“内蒙古故事”和“草原丝路故事”，并通过“五通”，逐步形成在经济上互惠互利、在文化上互认互鉴的“利益共同体”和“命运共同体”，为“草原丝绸之路精品旅游业”这一共同文化走廊的构建营造更宽松的国际环境。

（二）深度挖掘“草原丝绸之路”的历史文化价值和时代意义，构建以草原丝绸之路和草原文化为特色和主题的旅游产业体系

首先，充分发挥“边境”“民族”“生态”等方面旅游资源特色优势，加快建设特色旅游项目，系统整合区内旅游文化资源、积极创意，提炼草原文化、民族文化以及地区特色文化，构建连接八省区、通向俄蒙和中亚的旅游产业体系，提升内蒙古旅游产业的整体知名度和影响力。其次，加快同沿草原丝绸之路各国的旅游业的产业对接，先行打造中蒙俄国际旅游合作区，帮助俄蒙和中亚国家改善旅游基础设施，共同策划和开发丝路特色旅游资源，打造出以草原丝路为纽带和主题的多层次产业联盟和大尺度、长线路的国际旅游通道。如以万里“茶路”“驼路”“茶马古道”为主题的文化旅游专线；以元大都、元上都、哈喇和林、不花喇、撒麻儿干、莫斯科等丝路古都、商业重城为节点的探险、体验、研学旅游通道，如北京—阿尔善—海拉尔—满洲里—赤塔、乌兰乌德的通向远东，如呼和浩特—北京—二连—乌兰巴托—哈克图—莫斯科的通向欧洲旅游专线等精品旅游路线，逐步在旅游专线、旅游产品、旅游节点的共建上形成互联、互助、互惠的国际合作态势。积极创新国际旅游合作管理模式，拓展边境旅游异地办证业务，全面提升跨境旅游的交通、通信条件和人文环境，与俄蒙两国共同建立无障碍旅游圈，甚至“无国际旅游圈”。培育新建一批融历史文化，休闲娱乐，民俗风情，自驾体验为一体的旅游项目，共同构建以旅游业为主线的文化产业合作区，全面提升务实合作的成效。

（三）全面加强与俄蒙等沿线国家的人文交流和文化合作，不断完善丝路旅游的软环境

首先依托区位优势，加强重点领域的务实合作，大力发展口岸经济，提升各类口岸的现代化服务技能和通关功能，为草原丝路旅游的全面开通和不断拓展铺好路、护好航。其次，发挥官方作用，不断完善人文交流机制，进一步强化与俄蒙和中亚国家的文化合作，围绕“草原丝路旅游”开展多层次、多形态的人文交流活动，并把“文化周”“文化月”“旅游年”“国际艺术节”等制度化、常态化，努力提高草原丝路旅游业的向心力和内在凝聚力，给沿线各国人民带来切切实实的利益。最后，扩大民间

交流、增进各国人民的相互了解和信任，为丝路旅游的稳步推进夯实基础、加厚人气。沿线各国的广大民众是“新丝绸之路”的共同建设者，也是草原丝路旅游业的践行者和参与者。旅游是以文化为先导和主要体验对象的特殊产业。文化亲和力和感召力是旅游业的金字招牌。因此，在草原丝路旅游业的打造上，我们必须审时度势，与沿线各国民众建立广泛的民间交往，把更多的民间力量吸纳到旅游建设之中，构建一个多方参与、共同出力、互敬、互鉴、互利的产业共同体系，才能把丝绸之路旅游引导向一个更宽、更长的发展之路。

“中蒙俄经济走廊”的内涵和推进思路

李勇慧（中国社会科学院俄罗斯东欧中亚研究所俄罗斯外交室副主任、研究员）

“中蒙俄经济走廊”是“一带一路”倡议的重要组成部分，对于实施中国周边外交具有重要的现实意义。建设“中蒙俄经济走廊”将推动“一带一路”的倡议目标由虚变实，从促进实现“一带一路”倡议构想中的地缘空间格局。“中蒙俄经济走廊”的经济意义在于，在这个平台上，三国能够整合中俄、中蒙经济合作中遇到的分歧，求同存异，将促进地区经济发展及贸易扩大，形成多渠道、多层次、多形式的经济合作形式，确立中蒙俄经济共赢的局面。推动“中蒙俄经济走廊”是以战略共识和政策保障为基础，首要任务是实现交通的互联互通。“中蒙俄经济走廊”将以交通、货物运输、电网和油气管道运输四位一体，根据中蒙俄三国的资源禀赋和互补情况，以此带动并尽早确立在走廊沿线开展重大项目，如，基础设施、能源资源、农业水利、信息通信等，形成煤炭、冶金、畜牧业、食品加工、木材加工、电力能源、旅游等多个领域的合作。加强公共外交，推动地区国家间智库和媒体的交流合作，让经济走廊沿线国家民众知道建设经济走廊所带来的福利。“中蒙俄经济走廊”在“一带一路”倡议构想的大框架下，发展前景广阔，但是也存在着一些风险和挑战。

“一带一路”倡议，是中国发展与周边国家关系、实现区域合作的大工程。在此战略指导下，中国提出或强化了一系列建设经济走廊和经济带的倡议，其中包括“中蒙俄经济走廊”。建设这些次区域经济走廊或经济带，成为推动“一带一路”建设的战略布点和组成部分，对于实施周边外交具有重要战略意义和经济意义，也推动“一带一路”的倡议目标由虚变实。当然，推动和落实经济走廊的建设也面临巨大的挑战。

一、"中蒙俄经济走廊"的战略内涵

俄罗斯和蒙古国是中国两个重要的邻国，中蒙边境线长达4710公里，俄蒙边境线长达3543公里。从地缘政治和经济的角度看，蒙古国是"中蒙俄经济走廊"合作的核心。加强东北亚地区的安全和加强区域合作是"中蒙俄经济走廊"的主要内涵。

（一）"中蒙俄经济走廊"的政治内涵

第一，"中蒙俄经济走廊"具有很深的地缘政治含义，维护地缘政治安全利益是建设"中蒙俄经济走廊"的战略目的。

尽管蒙古国得到西方国家的重视，但是蒙古国经济的提振更需要与周边邻国的合作，"中蒙俄经济走廊"的建设为中蒙俄加强战略合作找到了利益契合点。

当前中蒙俄彼此间的政治关系处于历史最好水平，中蒙俄建设经济走廊具有良好的政治基础。2014年8月中国国家主席习近平正式访问了蒙古国，这是我国家元首11年来对蒙古国的首次访问，也是习主席上任以来再次专程访问单个国家。中蒙两国发表联合宣言，将双边关系提升为全面战略伙伴关系。9月俄罗斯总统普京也对蒙古国进行了工作访问，这也是普京总统十年来对蒙古国的首次访问。普京出席了哈拉哈河抗日战役胜利75周年纪念活动，俄蒙双方签署了俄罗斯对蒙古国无偿军事技术协议、铁路现代化改造协议以及互免签证制度协议①，为进一步加深经济合作创造了良好的条件。蒙寄希望将通过普京访问全面提升蒙俄战略伙伴关系。普京访蒙之前的5月在上海亚信峰会上普京总统与蒙古国总统额勒贝格道尔吉就举行过会谈，双方力推扩大投资，加强合作。6月俄罗斯联邦委员会主席马特维延科访问蒙古国，俄蒙还制订了激活各领域务实合作的"路线图"②。三国元首还在2014年9月的上合组织峰会上举行了会晤，全面提升了中蒙、蒙俄战略伙伴关系。在上合峰会上中蒙俄三国确认了习近平主席访问蒙古国期间，蒙方提出的蒙中俄三国领导人定期举行会晤机制。中蒙俄作为上合组织成员国和观察员国，三方还将深化在该组织框架内的合作。

第二，"中蒙俄经济走廊"将对东北亚地缘政治格局产生重要影响。

首先，通过经济走廊的建设将进一步加强中蒙关系，实现经济上的融合。其次，蒙古国的加入为中俄地区经济合作注入新的动力，将会进一步充实中俄经济合作的内

---

① ВизитПутинавМонголию，http：//ria. ru/trend/Mongolia_ Putin_ visit_ 03092014/#ixzz3CJJxDzow.

② РоссияиМонголияработаютнад？ дорожнойкартой？ поактивизациисотрудничества， http：//regions. ru/news/2517224/.

容，巩固中俄战略协作伙伴关系。第三，中蒙俄形成的战略关系利于形成以中俄为主导的东北亚安全格局，从促进实现“一带一路”倡议构想中的地缘空间格局，有效地维护了三方的地缘政治安全利益。

（二）“中蒙俄经济走廊”具有的经济内涵

中蒙俄三国地理位置相邻，经济上有明显的互补性，具备区域经济合作的有利条件。“中蒙俄经济走廊”作为次区域经济合作的主要形式，为三国提供了一个共同合作的平台。三国的生产要素在这个经济走廊内自由流动，实现有效配置生产资源，为三国带来共同的经济利益。具体说，对中国而言，俄蒙的资源能够对中国经济可持续发展提供支持，对于俄蒙而言，中国的技术和资金有益于俄蒙的经济结构改造和发展转型。

中蒙俄在建设经济走廊的过程中能够促进贸易升级，建立自由贸易区，使贸易便利化。“中蒙俄经济走廊”能够整合中俄、中蒙经济合作中遇到的分歧，求同存异，将促进地区经济发展及贸易扩大，形成多渠道、多层次、多形式的经济合作形式，确立中蒙俄经济共赢的局面。一方面，打通陆路、铁路和海港的跨国通道。对蒙来说，其丰富的矿产品将不仅能够出口到俄罗斯、欧洲，通过中国还将其出口到更广阔的亚太市场。对俄来说跨西伯利亚大铁路的运力将得到充分释放。另一方面，未来将在经济走廊形成以蒙古国为过境国的能源和电力的运输走廊，也有助于俄罗斯开拓世界能源市场。蒙古国希望俄罗斯出口到亚洲的天然气过境蒙古。而且，通过经济走廊联通未来的北极航道，凸显俄罗斯运输过境大国的地位。对我国来说，建设经济走廊有利于调整我国内经济结构，化解富余产能和经济转型升级。

二、如何推动“中蒙俄经济走廊”建设

（一）推动“中蒙俄经济走廊”是以战略共识和政策保障为基础

打造“中蒙俄经济走廊”是三国领导人的战略共识。三国积极寻找利益契合点，谋划合作新模式。2014 年 9 月，习近平主席在上合组织峰会上中蒙俄元首会晤时强调，中方提出共建“丝绸之路经济带”倡议，获得俄方和蒙方积极响应。我们可以把“丝绸之路经济带”同俄罗斯“跨欧亚大铁路”、蒙古国“草原之路倡议”进行对接，打造“中蒙俄经济走廊”，加强铁路、公路等互联互通建设，推进通关和运输便利化，促进过境运输合作，研究三方跨境输电网建设，开展旅游、智库、媒体、环保、减灾救

灾等领域务实合作。[1] 普京表示，俄中蒙三国地理相邻，要加强交往、对话、协调。中方共建“丝绸之路经济带”的倡议为三国合作提供了新的重要机遇。三方要把各自发展计划结合起来，在能矿、交通基础设施建设等领域建立长期稳定合作关系。蒙古国总统额勒贝格道尔吉表示，蒙古国从战略高度重视同中国和俄罗斯发展更加紧密的睦邻友好合作关系。[2]

政策契合是“中蒙俄经济走廊”建设的关键。这里的政策契合主要是指建设“中蒙俄经济走廊”的政治决心、经济政策、金融政策和民心所向等的契合。“中蒙俄经济走廊”是“一带一路”的重要支撑点，其进度和程度不只取决于我方，还取决于俄、蒙的认知和共同努力，应做好国家层面的对接，就是要做到“愿景和行动”文件中所表述的五通，即政策沟通、道路连通、贸易畅通、货币流通、民心相通。

（二）推动“中蒙俄经济走廊”建设的首要任务是实现交通的互联互通

道路连通是经济走廊建设的根本，然后并逐步实现公路、铁路、航空交通网络的联通。蒙古地处内陆，经济发展滞后，很大程度与交通基础设施不发达有关系，缺少出海口有关。中蒙俄间目前有五条跨境交通走廊。其中最早、最重要的一条是从俄罗斯伊尔库茨克出发经蒙古的乌拉巴托、扎门乌德市，经中国内蒙古的二连浩特，终点是天津。这条线路为蒙古国提供太平洋出海口，有利于其搭乘亚太经济快车，利用亚太经济蓬勃发展的机遇。然而，天津港现在运输任务繁忙，已经大大限制了对蒙古国货运转运的能力。蒙古国现在国内修建了几条铁路，目的是要将开采、加工和出口连接起来，但尚无力扩大对外的基础设施互联互通。因此，蒙古国需要新的出海通道，扩大矿产等资源的出口。

（三）发展口岸建设，由点到面，由横到纵，最后形成经济带

在内蒙古就有 19 个口岸，其中二连浩特、满洲里口岸分别承担着中蒙、中俄 70%、65%以上的陆路运输任务。2020 年蒙古对中国口岸出口有望达到一亿吨，后方通道能力建设是中国必要做到的配套。对口岸功能要进行分工和定位。没有规划的双边合作会导致口岸间的恶性竞争。

---

① 《习近平主席出席上合组织峰会：提出“中国方案”》，http：//hi. people. com. cn/big5/n/2014/0914/c231187－22304191. html。

② 《习近平出席上合峰会会见普京，表示要推动双方合作，加大相互支持》，http：//sh. sina. com. cn/news/g/2014－09－12/0700110091. html。

（四）经济走廊不仅仅是交通的联通，随着交通联通的发展，还应涵盖开发投资、商品贸易、能源合作等

“中蒙俄经济走廊”将以交通、货物运输、电网和油气管道运输四位一体，根据中蒙俄三国的资源禀赋和互补情况，以此带动并尽早确立在走廊沿线开展重大项目。如，基础设施、能源资源、农业水利、信息通信等，形成煤炭、冶金、畜牧业、食品加工、木材加工、电力能源、旅游等多个领域的合作。

（五）要让“中蒙俄经济走廊”成为人文交流和商贸交流并进的合作典范

中蒙俄边境在文化传统、风俗习惯、宗教信仰等方面都有相同、相似之处。加强人文交流，维护中国在蒙古国的正面形象，应将人文交流作为“中蒙俄经济走廊”的一项重要内容，予以积极推动。人文交流不仅仅指文化艺术，还有战略思维、理念的相互沟通，是对共同战略利益认知的共同强化。特别是要突出经济走廊战略将给沿线国家民众带来福利。因此，加强公共外交、推动地区国家间智库和媒体的交流合作，尤其重要。通过有效的人文交流能够使周边国家打消疑虑，共同投入到丝路经济带的建设中，投入到经济走廊的建设中。可为各领域经济合作夯实民意基础，提供民意支持。

三、建设“中蒙俄经济走廊”面临的挑战及对策建议

经济走廊是资源、能源、交通设施建设、投资、金融、贸易扩大等领域融为一体，逐渐形成次区域的一体化合作。它是夯实中蒙俄互利共赢的关键。沿边省区都具备区位优势、经济优势和人文优势，在经济走廊的建设中将成为建设基地，经济进而得到进一步发展。“中蒙俄经济走廊”在“一带一路”倡议构想的大框架下，发展前景广阔。但是也存在着一些风险和挑战。

第一，未来经济走廊建设中要防止中俄两国的恶性竞争。当前中俄关系友好密切发展，两国没有根本的政治利益冲突，这为中蒙政治经济关系发展营造了良好的外部环境。在与蒙古国关系上中俄两国增信释疑、加强信息沟通，努力维护中蒙俄关系平衡发展。中应积极探索在矿产资源和基础设施建设等领域中如何开展中蒙俄三方合作，尽可能避免损害“一带一路”倡议构想的实施。

第二，俄蒙两国存在投资法律不健全、审批程序复杂、办公效率低下、海关监管不力等问题，这都会成为经济走廊建设合作的掣肘因素。

第三，随着蒙古国对中国矿产品出口数量的急剧扩大，中国将在后方通道能力建设上予以配套。在此情况下，中蒙俄铁路联通建设在中国境内一定要统筹规划。沿边省区分工、定位要清楚，加强交流沟通，促进国际国内区域间要素有序自由流动、资源高效配置和市场深度融合，才能推动对内对外开放的相互促进，真正发挥各自的区位优势、功能和作用。

总之，经济走廊的建设，由于涉及国际国内特别是国家间关系的复杂性，初期规划应当依托已有基础，由点到面、由横到纵，循序渐进，防范风险。近年来，中蒙俄三国政府在能源资源开发利用、基础设施建设、国际贸易、物流等领域达成了一系列框架合作协议，取得重要合作成果，应以此为依托，稳步推进从中蒙俄交通走廊向经济走廊的转变。

经济互补性与优势叠加：建设“中蒙俄经济走廊”的基础

杜凤莲（中国内蒙古大学经济管理学院副院长、教授）
张慧敏（中国内蒙古大学经济管理学院硕士）
赵鹏迪［中国内蒙古平庄煤业（集团）有限责任公司中级会计师］

中蒙俄政治友好，地域相邻，贸易具有互补性，具有发展区域经济合作的有利条件。根据显示性竞争优势指数（CA），中国、蒙古国、俄罗斯三国分别在SITC8（杂项制品）、SITC2（非食用原料）、SITC3（矿物燃料、润滑油及原料）类产品上具有竞争优势。快速发展的国际贸易带动了三国经济增长。边境地区是连接中蒙俄经济合作的重要枢纽，但中蒙俄贸易快速增长未能有效拉动边境经济发展，经济发展程度相对滞后，中蒙俄边境地区具有自然资源优势叠加的特点。依托中蒙俄区域经济合作的契机，提出从建立“中蒙俄交通走廊”“中蒙俄经济走廊”到“边境产业带”的思路。

一、中蒙俄区域合作背景

近年来，中蒙、中俄双边贸易得到快速发展，这主要归功于中国拥有与蒙古国、俄罗斯最有利的地缘优势，同时，贸易互补性也是促进中蒙、中俄双边贸易得到持续、快速发展的主要推动力量。中国现已成为蒙古国的第一大贸易伙伴国、第一大出口目的国和第二大进口来源国；俄罗斯的第二大贸易伙伴国。

根据图1可知，2005~2012年间中蒙、中俄双边贸易额呈增长趋势，但额度不够大，这表明中蒙、中俄贸易发展空间巨大。

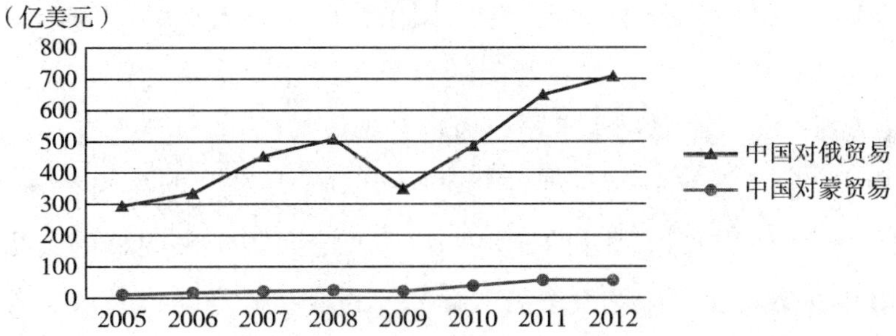

图1　中国对俄罗斯和蒙古国的贸易额

中蒙、中俄双边贸易快速发展不仅会拉动蒙古国和俄罗斯的经济，最重要的是，也会促进我国经济发展，加速我国产业结构升级。本文将借助各指数和模型来研究中蒙、中俄双边贸易的互补性及其贸易发展的潜力。

二、经济互补性是建设“中蒙俄经济走廊”的基础

（一）中蒙俄经济合作的互补性：文献的视角

中国与蒙古国、俄罗斯具有开展国际贸易的有利条件，但中蒙、中俄双边贸易额占中国对外贸易总额的比重较小，2010 年分别达到 0.13%、1.88%，这也引起了许多学者的关注。一些学者从理论上分析了中蒙、中俄双边贸易是否具有互补性。

李慧、方华分析了中蒙经贸关系，发现中国一直重视加强与蒙古国的经贸关系，且近年来中蒙经贸关系发展迅速，中国已成为蒙古国的第一大贸易国和第一大投资国，中蒙经贸关系的顺利发展主要得益于中蒙良好的政治关系以及中蒙经济上的互补性。董锐借助贸易结合度指数（TCD）、显示性比较优势指数（RCA）、贸易互补性指数（TCI）、经常市场份额模型（CMS）等指数和模型证实中国在杂项制品、机械及运输设备、制成品上具有比较优势，而蒙古国在非食用原料、矿产品上具有比较优势。中蒙两国比较优势交错，可以在优势互补的基础上实现双赢。

叶菁菁通过实证分析证实中俄两国优势产品互不雷同，两国贸易互补性极强，随着两国经济的强劲增长，双边贸易将会持续增长，并且发展潜力巨大。宋志刚、韩丽丽、魏浩同样证实俄罗斯在初级产品生产上具有比较优势，中国在劳动密集型产品生产上具有比较优势；中俄之间存在着互补贸易，且在初级产品上最为明显；两国主要以产业内贸易为主。石艾馨、李娇借助 TCD、产品相似度指数（SI）和贸易专业化指数（TSC）证实两国产品处于不同的竞争优势区间，基本不存在相似的出口产品，互补

性明显。吴学军同样借助各指数说明中俄两国出口的主要农产品均为本国具有比较优势的农产品，贸易互补性极强，其农产品的贸易模式主要是产业间贸易，产业内贸易水平不高。喻志军、姜万军通过水平产业内贸易指数（G－L）及垂直G－L指数发现，中俄两国产业内贸易具有充分的合理性和可行性，且大多发生在同类异质产品之间，通过产业内贸易，将改变双边贸易的低水平状态，给两国带来明显的共赢收益。丁振辉主要利用RCA指数证实了中国农产品、食品、燃料和矿产品以及服装等的比较优势在下降，工业制品、钢铁产品以及机械和运输产品等的比较优势在上升；而俄罗斯的燃料和矿产品及工业制品的比较优势均出现了不同程度的下降，这说明俄罗斯正逐步摆脱外贸出口对石油和铁矿石等大宗原料产品的严重依赖。杨希燕、王笛主要借助TCD指数对中俄贸易进行测算分析，结果显示：尽管近年来中俄TCD指数下滑许多，但中俄TCD指数远大于1，且与世界其他国家横向对比，仍属高贸易结合度之列。这表明目前中俄贸易增长态势良好，双方贸易联系密切。

从技术互补来看，中俄，中蒙和蒙俄的合作重点不一样。中蒙俄合作关系的稳定性首先表现为经济结构互补的需要，包括连接中蒙俄三国的天然气管道和交通线路（Enkhtuul，2014），实现中蒙俄三国从交通走廊向经济走廊转变。中俄的产业合作重心应放在重工业和轻工业的互补，中蒙合作的重点在于建设和完善蒙古国急需产业链条，并通过贸易实现关乎民生的产品的供需（于洪洋等，2015）。中蒙俄合作不仅保障了蒙古国与俄罗斯的西伯利亚和远东地区的果蔬与其他种类的农产品供应，同时，中蒙俄通过经济走廊的建设正在恢复传统的地缘政治关系。通过运输、能源与电力等项目的建设可将内陆国家蒙古国推向全球化发展的快车轨道，实现三国的经济一体化，最终推动涵盖上合组织成员国的东亚与中亚、南亚经济整合的目标（宋兰旗，2012）。

（二）中蒙俄经济合作互补性程度：基于显示性竞争优势指数的研究

本文将借助显示性竞争优势指数（CA）来判断中蒙、中俄两国贸易互补性的大小，该指数在显示性竞争优势指数（RCA）的基础上，消除了进口的影响，能更加准确衡量一国某项产业或产品的竞争力。

本文九类商品数据均来自联合国商品贸易统计数据库（COMTRADE），采用SITC（标准国际贸易分类）产品分类制度，并以《联合国国际贸易标准分类》第三次修订标准为基础。SITC将所有贸易商品分为十大类，其中，SITC0（食品及食用活物）、SITC1（饮料和烟类）、SITC2（非食用原料）和SITC3（矿物燃料、润滑油及原料）、SITC4（动物油脂）为初级产品；SITC6（轻纺、橡胶及制品）和SITC8（杂项制品）

为劳动密集型制成品；SITC5（化学成分及制品）、SITC7（机械及运输设备）和 SITC9（未分类的商品）为资本或技术密集型制成品。

（三）中蒙、中俄贸易的显示性竞争优势指数

为了深入分析近十几年来中、蒙、俄三国出口产品在国际市场上竞争优势的变化程度，本文试图采用显示性竞争优势指数（CA）对中、蒙、俄三国出口的商品结构进行实证分析，以测度中蒙、中俄两国贸易互补性的大小。

显示性竞争优势指数（Competitive Advantage）是在显示性比较优势指数（Revealed Comparative Advantages Index）的基础上，结合进出口因素来评价某项产业或产品的竞争力。一个国家（地区）的某个产业不可能只有出口没有进口，而显示性比较优势指数只考虑一个产业或产品的出口所占的相对比例，并没有考虑该产业或产品的进口影响。当国（地区）与国（地区）之间存在产业之间的贸易或产业内部也存在进出口贸易的情况下，不考虑进口情况的比较优势计算公式，得出的结论可能会失之偏颇。为了消除进口的影响，美国经济学家沃尔拉斯（Vollrath）等人于 1988 年设计了显示性竞争优势指数，即为 CA 指数。计算公式为：

$$CA_{ik} = RCA - \frac{(M_{ik}/M_i)}{(M_{wk}/M_w)} \quad (1)$$

公式（1）中，CA_{ik}表示 i 国 k 类产品的显示性竞争优势指数，M_{ik}表示 i 国 k 类产品的进口量，M_i 表示 i 国所有产品的进口量，M_{wk}表示世界 k 类产品的进口量，M_w表示世界所有产品的进口量。上式从出口的比较优势中减去该产业进口的比较优势，从而得到 i 国（地区）k 类产品的真正竞争优势。若 CA 指数大于 0，则说明该国（地区）该产品具有显示竞争优势，其数值越大，显示竞争优势越明显；若 CA 小于 0，则说明该国（地区）该产品不具有显示竞争优势，其数值的绝对值越大，竞争劣势越明显。

表 1　　中国、蒙古国、俄罗斯各类产品的显示性竞争优势指数

年份	中国各类产品的 CA 指数												
	初级产品						劳动密集型制成品			资本或技术密集型制成品			
	0	1	2	3	4	综合	6	8	综合	5	7	9	综合
1996	-0.94	-0.46	-5.31	-1.40	-8.43	-3.31	-6.69	2.86	-1.92	-3.94	-2.89	-0.57	-2.47
1997	-0.64	-0.26	-6.26	-2.30	-8.11	-3.52	-6.77	2.87	-1.95	-4.20	-2.67	-0.67	-2.52
1998	-0.56	0.04	-6.57	-2.16	-7.19	-3.29	-6.75	2.84	-1.96	-4.57	-2.91	-0.67	-2.72
1999	-0.27	-0.05	-6.51	-2.12	-6.23	-3.03	-5.72	2.77	-1.47	-4.29	-2.66	-0.92	-2.62

续表

年份	中国各类产品的CA指数												
	初级产品						劳动密集型制成品			资本或技术密集型制成品			
	0	1	2	3	4	综合	6	8	综合	5	7	9	综合
2000	-0.18	-0.22	-6.72	-2.25	-3.83	-2.64	-4.45	2.74	-0.86	-3.59	-2.13	-0.49	-2.07
2001	-0.15	-0.17	-6.97	-1.69	-2.64	-2.32	-3.59	2.51	-0.54	-3.16	-2.25	-0.46	-1.96
2002	0.00	-0.05	-5.67	-1.52	-3.75	-2.20	-2.81	2.38	-0.22	-2.77	-2.13	-0.32	-1.74
2003	0.14	-0.04	-5.20	-1.29	-3.84	-2.05	-2.04	2.20	0.08	-2.03	-1.66	-0.14	-1.28
2004	0.02	0.02	-4.89	-1.21	-3.39	-1.89	-1.10	2.08	0.49	-1.63	-1.09	-0.09	-0.94
2005	0.11	-0.05	-4.70	-1.00	-2.19	-1.57	-0.67	2.02	0.67	-1.38	-0.78	-0.10	-0.75
2006	0.16	-0.09	-3.93	-1.00	-1.85	-1.34	-0.25	2.02	0.88	-1.09	-0.55	-0.04	-0.56
2007	0.19	-0.10	-3.77	-0.88	-2.34	-1.38	-0.04	1.94	0.95	-0.88	-0.29	-0.05	-0.40
2008	0.16	-0.13	-3.84	-0.85	-1.98	-1.33	0.31	1.92	1.12	-0.60	0.02	-0.08	-0.22
2009	0.17	-0.09	-3.87	-0.83	-1.63	-1.25	0.22	1.74	0.98	-0.59	0.11	-0.06	-0.18
2010	0.20	-0.06	-3.13	-0.76	-1.38	-1.03	0.39	1.34	0.86	-0.44	0.25	-0.38	-0.19
年份	蒙古国各类产品的CA指数												
	初级产品						劳动密集型制成品			资本或技术密集型制成品			
	0	1	2	3	4	综合	6	8	综合	5	7	9	综合
1996	-5.25	-5.44	22.61	-7.53	-4.99	-0.12	-5.70	0.45	-2.63	-1.69	-3.46	0.00	-1.72
1997	-5.50	-12.92	21.64	-7.59	-6.39	-2.15	-5.75	0.52	-2.62	-1.78	-3.15	-0.01	-1.65
1998	-8.52	-23.81	21.82	-13.04	-11.26	-6.96	-8.11	0.64	-3.73	-3.49	-0.24	0.68	-1.02
1999	-3.09	-11.16	22.79	-7.24	-6.94	-1.13	-4.79	1.09	-1.85	-1.40	-3.64	0.32	-1.57
2000	-5.55	-13.14	21.47	-5.28	-7.20	-1.94	-5.11	1.77	-1.67	-1.47	-2.41	0.32	-1.19
2001	-6.08	-8.48	19.02	-6.14	-7.63	-1.86	-4.02	1.72	-1.15	-1.47	-2.06	0.04	-1.16
2002	-4.53	-7.89	15.25	-5.53	-8.06	-2.15	-3.96	1.59	-1.19	-1.55	-1.92	3.86	0.13
2003	-3.62	-6.87	13.42	-4.13	-5.72	-1.39	-3.33	1.44	-0.95	-1.19	-1.85	5.20	0.72
2004	-3.95	-5.71	14.39	-3.48	-3.42	-0.43	-3.29	1.30	-0.99	-0.86	-1.48	6.23	1.30
2005	-3.09	-3.75	14.73	-2.95	-3.85	0.22	-2.38	0.76	-0.81	-0.77	-1.40	8.24	2.02
2006	-2.49	-3.61	18.91	-2.61	-2.39	1.56	-1.78	0.32	-0.73	-0.75	-1.11	4.17	0.77
2007	-2.02	-3.27	19.71	-1.77	-1.96	2.14	-1.59	-0.17	-0.88	-0.70	-1.03	2.96	0.41
年份	俄罗斯各类产品的CA指数												
	初级产品						劳动密集型制成品			资本或技术密集型制成品			
	0	1	2	3	4	综合	6	8	综合	5	7	9	综合
1996	-6.71	-8.36	-1.49	4.73	-4.37	-3.24	-2.42	0.03	-1.20	-1.90	-1.57	-29.56	-11.01

续表

年份	俄罗斯各类产品的 CA 指数												
	初级产品						劳动密集型制成品			资本或技术密集型制成品			
	0	1	2	3	4	综合	6	8	综合	5	7	9	综合
1997	-7.43	-10.47	-1.29	5.76	-5.84	-3.85	-1.97	0.04	-0.97	-2.20	-1.84	-27.10	-10.38
1998	-9.16	-15.74	-1.94	5.10	-7.00	-5.75	-2.46	0.06	-1.20	-2.93	-2.32	-10.48	-5.25
1999	-9.88	-12.14	-3.91	4.92	-13.52	-6.91	-2.78	0.14	-1.32	-2.81	-1.85	-8.53	-4.40
2000	-8.02	-11.26	-4.48	3.83	-10.20	-6.03	-2.96	0.06	-1.45	-2.95	-1.61	-5.02	-3.19
2001	-7.56	-9.33	-3.24	4.75	-10.05	-5.09	-2.48	0.04	-1.22	-2.98	-1.80	-4.33	-3.03
2002	-6.91	-8.14	-2.10	5.16	-9.54	-4.31	-1.86	0.01	-0.92	-2.51	-1.85	-3.52	-2.63
2003	-5.62	-6.99	-1.22	5.19	-5.76	-2.88	-1.61	-0.02	-0.82	-2.17	-1.68	-2.93	-2.26
2004	-4.39	-5.51	-0.72	4.95	-3.59	-1.85	-1.14	-0.05	-0.59	-1.64	-1.62	-2.21	-1.82
2005	-3.88	-4.98	-0.37	4.77	-3.30	-1.55	-0.93	-0.08	-0.50	-1.56	-1.70	-1.00	-1.42
2006	-3.28	-3.35	-0.11	3.44	-1.78	-1.02	-0.67	-0.12	-0.40	-1.33	-1.61	2.92	-0.01
2007	-2.19	-2.73	0.24	4.74	-1.35	-0.26	-0.45	-0.19	-0.32	-0.86	-1.55	0.03	-0.80
2008	-1.84	-2.24	0.18	3.94	-1.29	-0.25	-0.38	-0.31	-0.35	-0.63	-1.56	0.45	-0.58
2009	-1.97	-2.20	0.01	4.70	-1.10	-0.11	-0.10	-0.43	-0.26	-0.87	-1.10	-0.18	-0.72
2010	-1.91	-1.96	0.20	6.01	-1.28	0.21	-0.17	-0.96	-0.56	-0.78	-1.06	0.41	-0.48

注：“综合”指加权平均值（下同）。

数据来源：根据联合国商品贸易数据库数据计算整理，http：//comtrade.un.org/db。

根据表 1 可知，对于中国和蒙古国，中国 SITC8（杂项制品）类产品的 CA 指数均大于 0，具有竞争优势，说明中国服装、鞋子等产品在国际市场上具有较大的竞争优势，同时，中国 SITC0（食品及食用活物）、SITC7（机械及运输设备）类产品的 CA 指数分别自 2002、2008 年后均大于 0，竞争优势逐渐增大；蒙古国 SITC2（非食用原料）、SITC8（杂项制品）、SITC9（未分类的商品）类产品的 CA 指数均大于 0，竞争优势明显，尤其是 SITC2（非食用原料）类产品，具有极强的竞争优势，CA 指数在 2007 年接近 20，这主要是因为蒙古国是资源大国，具有丰富的矿产资源，为蒙古国提供了有利条件；需要注意的是，蒙古国之所以在 SITC9（未分类的商品）类产品上具有竞争优势，是由于 SITC9 类产品包括黄金，而蒙古国的黄金储量和开采量居全球前列；蒙古国在 SITC8（杂项制品）类产品上虽具有竞争优势，但均小于中国，且近年来竞争优势逐渐减弱，并在 2007 年已完全失去了其竞争优势，而蒙古国具有竞争优势的其他产品恰好是中国具有竞争劣势的产品，同时，中国具有竞争优势的 SITC0（食品及食用活物）、SITC7（机械及运输设备）类产品也是蒙古国具有竞争劣势的产品。即中蒙间具有较强的贸易互补性。

对于中国和俄罗斯，俄罗斯 SITC3（矿物燃料、润滑油及原料）类产品的 CA 指数均大于 0，竞争优势较强，这同样是因为俄罗斯是资源大国，能源资源较为丰富，为俄罗斯提供了机遇，同时，俄罗斯 SITC2（非食用原料）类产品自 2007 年后均大于 0，竞争优势逐渐增强；结合中国各类产品的 CA 指数可以看出，中俄两国具有竞争优势的产品均是对方具有竞争劣势的产品。即中俄间具有较强的贸易互补性。

三、优势叠加是“中蒙俄经济走廊”建设的方向

中蒙俄在国家层面上具有贸易和经济合作的互补性，中蒙俄边境区域是三国合作的枢纽，中蒙俄经济贸易对边境地区的经济发展有何影响，是本部分解决的问题。

（一）中蒙、中俄边境地区的经济特征

本文所指的边境地区是指中蒙、中俄边境各省份，中国与蒙古国、俄罗斯接壤的省份共有 5 个，分别是新疆、内蒙古、甘肃和黑龙江和吉林（因为接壤边境较小，在分析中未列入）；蒙古国 8 个省——巴彦乌列盖、科布多、戈壁阿尔泰、巴彦洪戈尔省、南戈壁省、东戈壁省、苏赫巴托省、东方省与中国接壤；俄罗斯六个州区与中国接壤，分别是阿尔泰共和国、外贝加尔、阿穆尔、犹太自治州、哈巴罗夫斯克以及滨海边疆区。

中蒙、中俄边境地区的共同特点是地域辽阔、人口稀少，经济较为落后。表 2 显示，中国与俄蒙交界省份占国土面积 38.65%，俄罗斯与中国接壤部分面积占国土 10.47%，蒙古国与中国接壤省份占国土面积 54.98%；2012 年，人口占比分别为 8.22%，3.90%，19.21。表 3 显示 2012 年，沿边地区国内生产总值（GDP）占全国比重分别为 8.02%，2.44%，10.14%。人均 GDP 可以反映富裕程度，2012 年，边境地区的人均 GDP 占全国平均比重分别为 97.59%，62.74%，52.81%，见表 4。同年，边境地区地均 GDP 仅为全国平均水平的 20.76%，23.34% 和 18.45%，见表 5。

表 2　　中蒙、中俄边境各省的面积、人口以及占全国的比重

地区		年份	2005	2006	2007	2008	2009	2010	2011	2012
		面积（万 km²）	人口（万人）							
中国		963.41	130756	131448	132129	132802	133450	134091	134735	135404
新疆	总额	166.00	2010.35	2050.00	2095.19	2130.81	2158.63	2181.58	2208.71	2232.78
	占比(%)	17.23	1.54	1.56	1.59	1.60	1.62	1.63	1.64	1.65

续表

地区		年份	2005	2006	2007	2008	2009	2010	2011	2012
地区		面积（万 km^2）	人口（万人）							
内蒙古	总额	118.30	2403.10	2415.10	2428.80	2444.30	2458.20	2472.20	2481.70	2489.90
	占比(%)	12.28	1.84	1.84	1.84	1.84	1.84	1.84	1.84	1.84
甘肃	总额	42.58	2545.10	2546.79	2548.19	2550.88	2554.91	2559.98	2564.19	2577.55
	占比(%)	4.42	1.95	1.94	1.93	1.92	1.91	1.91	1.90	1.90
黑龙江	总额	45.48	3820.00	3823.00	3824.00	3825.00	3826.00	3833.40	3834.00	3834.00
	占比(%)	4.72	2.92	2.91	2.89	2.88	2.87	2.86	2.85	2.83
沿边四省	合计	372.36	10778.55	10834.89	10896.18	10950.99	10997.74	11047.16	11088.60	11134.23
	占比(%)	38.65	8.24	8.24	8.25	8.25	8.24	8.24	8.23	8.22
俄罗斯		1709.80	14320.0	14280.0	14280.0	14270.0	14290.0	14290.0	14305.6	14334.7
阿穆尔州	总额	36.19	86.10	85.00	84.40	83.90	84.40	82.90	82.10	81.70
	占比(%)	2.12	0.60	0.60	0.59	0.59	0.59	0.58	0.57	0.57
犹太自治州	总额	3.63	18.20	17.90	17.90	17.80	17.90	17.60	17.50	17.30
	占比(%)	0.21	0.13	0.13	0.13	0.12	0.13	0.12	0.12	0.12
哈巴罗夫斯克边疆区	总额	78.76	137.60	136.00	135.50	135.10	135.10	134.30	134.20	134.20
	占比(%)	4.61	0.96	0.95	0.95	0.95	0.95	0.94	0.94	0.94
滨海边疆区	总额	16.47	200.70	198.90	197.70	197.00	197.00	195.30	195.10	194.70
	占比(%)	0.96	1.40	1.39	1.38	1.38	1.38	1.37	1.36	1.36
阿尔泰共和国	总额	0.78	20.20	20.20	20.30	20.50	20.50	20.70	20.90	21.00
	占比(%)	0.05	0.14	0.14	0.14	0.14	0.14	0.14	0.15	0.15
外贝加尔边疆区	总额	43.19	112.40	111.50	111.20	110.90	110.90	110.60	110.00	109.50
	占比(%)	2.53	0.78	0.78	0.78	0.78	0.78	0.77	0.77	0.76
沿边六省	合计	179.02	575.20	569.50	567.00	565.20	565.80	561.40	559.80	558.40
	占比(%)	10.47	4.02	3.99	3.97	3.96	3.96	3.93	3.91	3.90
蒙古国		156.41	256.24	259.48	263.52	266.60	271.63	276.10	281.16	286.77
巴彦乌列盖	总额	4.57	10.00	10.01	10.08	9.00	8.93	8.82	8.88	9.05
	占比(%)	2.92	3.90	3.86	3.83	3.38	3.29	3.19	3.16	3.16
科布多	总额	7.61	8.79	8.85	8.86	7.87	7.78	7.68	7.72	7.83
	占比(%)	4.87	3.43	3.41	3.36	2.95	2.86	2.78	2.75	2.73
戈壁阿尔泰	总额	14.14	6.04	6.03	6.02	5.59	5.50	5.35	5.30	5.37
	占比(%)	9.04	2.36	2.32	2.28	2.10	2.02	1.94	1.89	1.87

续表

		年份	2005	2006	2007	2008	2009	2010	2011	2012
地区		面积（万 km^2）	人口（万人）							
巴彦洪格尔	总额	11.60	8.36	8.38	8.42	7.79	7.73	7.62	7.67	7.78
	占比(%)	7.42	3.26	3.23	3.20	2.92	2.85	2.76	2.73	2.71
南戈壁省	总额	16.54	4.61	4.65	4.69	5.64	5.89	6.16	6.34	6.54
	占比(%)	10.57	1.80	1.79	1.78	2.12	2.17	2.23	2.25	2.28
东戈壁省	总额	10.95	5.33	5.45	5.56	5.67	5.77	5.89	6.02	6.13
	占比(%)	7.00	2.08	2.10	2.11	2.13	2.12	2.13	2.14	2.14
苏赫巴托尔省	总额	8.23	5.60	5.56	5.51	5.20	5.17	5.14	5.18	5.26
	占比(%)	5.26	2.19	2.14	2.09	1.95	1.90	1.86	1.84	1.83
东方省	总额	12.36	7.34	7.36	7.29	7.03	6.99	6.96	7.02	7.13
	占比(%)	7.90	2.86	2.84	2.77	2.64	2.57	2.52	2.50	2.49
沿边八省	合计	86.00	56.07	56.29	56.43	53.79	53.76	53.62	54.13	55.09
	占比(%)	54.98	21.88	21.69	21.41	20.18	19.79	19.42	19.25	19.21

注：GDP 和进出口额按 GDP 平减指数折算成 2005 年不变价，下同。

数据来源：中国统计年鉴 2014、内蒙古统计年鉴 2014、新疆统计年鉴 2014、黑龙江统计年鉴 2014、甘肃统计年鉴 2012，甘肃发展年鉴 2014；蒙古国统计年鉴 2012、2011、2009、2008，俄罗斯统计年鉴 2014、2012、2011、2010；国际统计年鉴 2014。

表 3　　不同年份中蒙俄和沿边各省的 GDP 总额及占全国的比重

GDP（亿美元）								
地区 / 年份	2005	2006	2007	2008	2009	2010	2011	2012
中国	22392.37	26655.85	32869.1	40308.46	44479.39	51026.55	59463	65619
新疆	317.58	376.71	432.63	520.25	537.49	660.95	795.07	890.34
内蒙古	476.22	619.42	793.96	1087.78	1272.76	1490.97	1820.27	1996.91
甘肃	235.85	280.61	331.36	396.34	433.14	512.09	620.28	697.92
黑龙江	672.4	763.91	868.02	1053.28	1104.69	1295.17	1556.67	1680.39
四省合计	1702.05	2031.66	2425.97	3057.65	3348.08	3959.18	4792.29	5265.56
占比（%）	7.60	7.62	7.38	7.59	7.53	7.76	8.06	8.02
俄罗斯	7649.94	8643.57	10093	10689.65	7683.63	8521.06	9210.48	8991.43
阿穆尔州	27.21	30.54	33.93	34.07	29.92	32.88		33.82
犹太自治州	5.03	5.77	7.2	6.21	5.01	5.81		6.13
哈巴罗夫斯边疆区	57.06	62.38	70.21	69.71	54.82	65.06		62.74
滨海边疆区	66.06	69.34	78.64	81.99	73.06	86.61		80.21

续表

GDP（亿美元）								
年份 地区	2005	2006	2007	2008	2009	2010	2011	2012
阿尔泰共和国	3.11	3.73	4.59	4.84	3.94	4.12		4.28
外贝加尔边疆区	24.66	29.14	33.64	36.33	29.42	30.68		32.59
六省合计	183.14	200.89	228.21	233.16	196.18	225.16		219.76
占比（%）	2.39	2.32	2.26	2.18	2.55	2.64		2.44
蒙古国	25.02	29.73	32.76	27.75	27.4	29.14	39.13	38.45
巴彦乌列盖	0.38	0.4	0.43	0.36	0.29	0.28	0.37	0.41
科布多	0.48	0.51	0.58	0.49	0.36	0.33	0.42	0.45
戈壁阿尔泰	0.28	0.37	0.41	0.32	0.26	0.17	0.21	0.26
巴彦洪格尔	0.42	0.4	0.45	0.44	0.37	0.28	0.41	0.44
南戈壁省	0.37	0.57	0.6	0.47	0.59	0.77	1.11	0.93
东戈壁省	0.25	0.18	0.21	0.23	0.23	0.21	0.35	0.39
苏赫巴托尔省	0.39	1.06	1.07	0.49	0.46	0.46	0.56	0.62
东方省	0.35	0.33	0.44	0.34	0.32	0.26	0.35	0.41
八省合计	2.91	3.8	4.19	3.13	2.89	2.76	3.77	3.9
占比（%）	11.63	12.78	12.79	11.28	10.55	9.47	9.63	10.14

表4　　历年中蒙俄和沿边各省人均GDP及占全国的比重

人均GDP（美元/人）								
年份 地区	2005	2006	2007	2008	2009	2010	2011	2012
中国	1712.53	2027.86	2487.65	3035.23	3333.04	3805.37	4413.36	4846.19
新疆	1579.72	1837.63	2064.87	2441.56	2489.96	3029.67	3599.68	3987.59
内蒙古	1981.7	2527.53	3268.93	4450.29	5177.61	6030.93	7334.76	8020.03
甘肃	926.69	1101.83	1300.37	1553.75	1695.32	2000.36	2419.02	2707.69
黑龙江	1760.22	1998.2	2269.93	2753.67	2887.31	3378.66	4060.18	4382.86
四省平均	1579.11	1875.11	2226.44	2792.13	3044.33	3583.89	4321.82	4729.16
占比（%）	92.21	92.47	89.50	91.99	91.34	94.18	97.93	97.59
俄罗斯	5342.14	6052.92	7067.92	7490.99	5376.93	5962.96	6438.38	6272.5
阿穆尔州	3160.14	3592.39	4019.84	4060.99	3545.12	3966.2		4139.26
犹太自治州	2762.76	3224.98	4023.76	3488.44	2800.69	3299.12		3546.11
哈巴罗夫斯边疆区	4147	4586.78	5181.84	5159.9	4058.02	4844.54		4674.77

续表

人均 GDP（美元/人）								
地区 \ 年份	2005	2006	2007	2008	2009	2010	2011	2012
滨海边疆区	3291.71	3486.18	3977.61	4161.76	3708.61	4434.56		4119.57
阿尔泰共和国	1543.23	1845.47	2259.44	2362.48	1923.16	1990.63		2038.06
外贝加尔边疆区	2193.51	2613.06	3025.4	3276.34	2652.81	2774.09		2976.12
六省平均	3183.88	3527.51	4024.88	4125.19	3467.3	4010.64		3935.61
占比（%）	59.60	58.28	56.95	55.07	64.48	67.26		62.74
蒙古国	976.28	1145.67	1243.17	1040.8	1008.57	1055.4	1391.9	1340.76
巴彦乌列盖	376.2	395.36	428.34	398.16	325.44	322.77	416.07	448.36
科布多	542.88	572.37	651.94	622.7	461.57	424.27	546.31	570.66
戈壁阿尔泰	462.07	612.41	673.07	567.91	474.5	318.48	395.45	474.78
巴彦洪格尔	502.2	471.24	539.55	563.64	480.39	365.66	521.7	566.07
南戈壁省	806.02	1227.26	1282.15	829.33	999.79	1251.32	1747.08	1419.38
东戈壁省	463.41	326.97	377.95	397.96	396.92	359.28	585.47	644.11
苏赫巴托尔省	690.76	1909.62	1945.63	946.57	898.33	896.76	1078.83	1182.54
东方省	476.66	445.18	603.07	486.83	460.41	371.7	505.03	571.54
八省平均	518.56	675.92	742.87	582.41	536.87	515.03	697.29	708.04
占比（%）	53.12	59.00	59.76	55.96	53.23	48.80	50.10	52.81

表 5　历年中蒙俄以及沿边各省地均 GDP 及占比

地均 GDP（美元/平方公里）								
地区 \ 年份	2005	2006	2007	2008	2009	2010	2011	2012
中国	232429.24	276683.56	341176.08	418395.48	461689.1	529647.63	617220.69	681118.4
新疆	19131.21	22693.63	26061.98	31340.41	32378.97	39816.01	47895.54	53635.06
内蒙古	40255.53	51599.6	67113.9	91951.28	107587.42	126032.71	153868.7	168800.35
甘肃	55390.14	65902.26	77820.41	93081.71	101723.62	120265.24	145674.78	163907.84
黑龙江	147845.74	167966.52	190857.96	231591.44	242894.94	284779.02	342276.67	369478.63
四省平均	45709.92	54561.74	65151.13	82115.54	89915.01	106326.59	128700.46	141410.42
占比（%）	19.67	19.72	19.10	19.63	19.48	20.07	20.85	20.76
俄罗斯	44741.72	50553.1	59030.27	62519.86	44938.79	49836.61	53868.78	52587.65
阿穆尔州	7518.32	8437.5	9374.81	9414.67	8267.7	9085.32		9344.5
犹太自治州	13851.83	15902.81	19841.7	17105.86	13810.56	15995.72		16900.19

续表

地均 GDP（美元/平方公里）								
地区 \ 年份	2005	2006	2007	2008	2009	2010	2011	2012
哈巴罗夫斯边疆区	7245.13	7920.29	8914.92	8850.96	6960.87	8260.81		7965.4
滨海边疆区	40112.05	42100.83	47745.87	49779.37	44359.17	52584.72		48699.43
阿尔泰共和国	39965.69	47792.9	58803.34	62090.76	50544.57	52828.16		54870.91
外贝加尔边疆区	5708.51	6745.91	7789.39	8412.74	6811.69	7103.83		7545.39
六省平均	10229.95	11221.75	12747.76	13024	10958.53	12577.22		12275.97
占比（%）	22.86	22.20	21.60	20.83	24.39	25.24		23.34
蒙古国	1599.4	1900.63	2094.5	1774.04	1751.53	1863.02	2502.06	2458.22
巴彦乌列盖	823.19	865.98	944.8	784.13	635.92	622.95	808.47	887.89
科布多	627.06	665.63	759.03	643.97	471.88	428.17	554.21	587.16
戈壁阿尔泰	197.38	261.16	286.55	224.52	184.57	120.5	148.22	180.31
巴彦洪格尔	361.93	340.43	391.64	378.51	320.12	240.2	344.95	379.66
南戈壁省	224.65	345.03	363.56	282.8	356.03	466.03	669.68	561.23
东戈壁省	225.57	162.74	191.91	206.07	209.15	193.26	321.88	360.58
苏赫巴托尔省	470.02	1290.1	1302.61	598.08	564.32	560.06	679.02	755.79
东方省	283.06	265.09	355.7	276.89	260.38	209.31	286.84	329.7
八省平均	338.09	442.41	487.45	364.28	335.6	321.12	438.89	453.56
占比（%）	21.14	23.28	23.27	20.53	19.16	17.24	17.54	18.45

（二）中蒙俄贸易对边境经济的影响

进出口活跃会促进经济增长，本部分研究中蒙俄贸易额对三国经济以及边境地区在经济总量、人均 GDP、地均 GDP 的影响。

从表 6、表 7、表 8 可知，中国对俄蒙贸易整体上促进了经济增长，提高了收入水平，改善了土地利用效率，但在统计上不显著。特别是对俄蒙贸易对中国总体的影响超过对沿边主要省份的影响。这可能与中国对俄蒙贸易总量较低，且双边贸易基于互补性经济结构基础上有关。而沿边各省区与蒙古国、俄罗斯的资源禀赋、产业结构较为相似。

表 6　　中国与俄蒙贸易对中国和沿边各省 GDP 的影响

因变量	GDP（亿美元）				
自变量	中国	内蒙古	新疆	甘肃	黑龙江
对俄进出口总额	6.85 （6.64）	-0.09 （0.34）	0.14 （0.15）	0.06 （0.12）	0.15 （0.25）
对蒙进出口总额	68.82 （90.73）	6.19 （4.67）	4.37 （2.08 *）	3.09 （1.63）	7.38 （3.43 *）
年份	5446.66 （452.82）	190.23 （23.31）	45.12 （10.37）	42.24 （8.12）	91.43 （17.09）
常数项	13168 （1755.49）	206.71 （90.38）	171.37 （40.20）	130.37 （31.48）	432.56 （66.27）
F 值	593.62	290.7	194.44	206	234.03
R - squared	0.9961	0.992	0.9881	0.9887	0.9901

表 7　　中国与俄蒙贸易对中国和沿边各省人均 GDP 的影响

因变量	人均 GDP（美元/人）				
自变量	中国	内蒙古	新疆	甘肃	黑龙江
对俄进出口总额	0.53 （0.46）	-0.22 （1.39）	0.65 （0.63）	0.24 （0.43）	0.4 （0.65）
对蒙进出口总额	3.73 （6.27）	20.98 （18.96）	19.04 （8.56）	11.77 （5.87）	18.94 （8.94）
年份	401.42 （31.27）	772.68 （94.60）	183.4 （42.70）	164.65 （29.32）	238.79 （44.64）
常数项	1044.4 （121.21）	979.47 （366.75）	959.02 （165.53）	523.96 （113.67）	1134.31 （173.06）
F 值	655.35	279.47	203.31	235.75	232.1
R - squared	0.9964	0.9917	0.9886	0.9902	0.99

表 8　　中国与俄蒙贸易对中国和沿边各省地均 GDP 的影响

因变量	地均 GDP（美元/平方公里）				
自变量	中国	内蒙古	新疆	甘肃	黑龙江
对俄进出口总额	71.12 （68.93）	-6.33 （29.85）	8.71 （9.16）	15.12 （27.97）	33.25 （55.12）
对蒙进出口总额	714.54 941.85	497.04 （407.89）	263.43 （125.19 *）	726.42 （382.17）	1622.2 （753.08 *）
年份	56534.78 （4700.36）	16214.69 （2035.62）	2717.83 （624.77）	9920.63 （1907.26）	20101.86 （3758.30）
常数项	136680.6 （18222.45）	16812.92 （7891.75）	10323.57 （2422.11）	30616.79 （7394.11）	95111.21 （14570.25）
F 值	593.58	273.71	194.42	206	234.05
R - squared	0.9961	0.9915	0.9881	0.9887	0.9901

表 9　蒙古国与中俄贸易对蒙古国和沿边各省 GDP 的影响（按 2005 年不变价）

因变量	GDP（亿美元）								
自变量	蒙古国	巴彦乌列盖	科布多	戈壁阿尔泰	巴彦洪格尔	南戈壁省	东戈壁省	苏赫巴托尔省	东方省
对中进出口总额	0.81 (0.2 * *)	0.009 (0.005)	0.011 (0.006)	0.005 (0.01)	0.007 (0.01)	0.03 (0.03 * *)	0.01 (0.01)	0.03 (0.03)	0.006 (0.01)
年份	-0.25 (0.60)	-0.03 (0.01)	-0.04 (0.02)	-0.03 (0.02)	-0.02 (0.02)	0.03 (0.020)	0.01 (0.02)	-0.10 (0.08)	-0.01 (0.02)
常数项	18.91 (2.26)	0.33 (0.05)	0.46 (0.06)	0.35 (0.07)	0.38 (0.06)	0.11 (0.09)	0.12 (0.06)	0.58 (0.28)	0.31 (0.06)
F 值	16.89	2.16	3.31	2.03	0.83	26.77	3.76	0.91	0.47
R - squared	0.8195	0.2488	0.3975	0.2272	-0.0507	0.8804	0.4412	-0.0269	-0.1767

表 10　蒙古国与中俄贸易对蒙古国和沿边各省人均 GDP 的影响（按 2005 年不变价）

因变量	人均 GDP（美元/人）								
自变量	蒙古国	巴彦乌列盖	科布多	戈壁阿尔泰	巴彦洪格尔	南戈壁省	东戈壁省	苏赫巴托尔省	东方省
对中进出口总额	29.33 (7.91 * *)	8.33 (3.92 * *)	11.72 (6.92)	6.59 (6.59)	6.41 (7.26)	50.59 (17.66 *)	9.21 (9.57)	53.84 (49.82)	7.73 (7.93)
年份	-27.02 (21.27)	-15.83 (10.54)	-35.25 (18.59)	-40.23 (30.32)	-13.06 (19.51)	-29.05 (47.46)	9.38 (25.71)	-165.73 (133.88)	-14.22 (21.30)
常数项	787.77 (79.87)	322.63 (39.57)	514.21 (69.83)	569.56 (113.85)	454.35 (73.28)	491.03 (178.25)	249.86 (96.57)	1050.80 (502.81)	426.51 (79.99)
F 值	11.83	2.35	1.82	1.28	0.39	8.87	2.55	0.77	0.50
R - squared	0.7557	0.2785	0.1906	0.0752	-0.2092	0.6920	0.3071	-0.0697	-0.1651

表 11　蒙古国与中俄贸易对蒙古国和沿边各省地均 GDP 的影响（按 2005 年不变价）

因变量	地均 GDP（美元/平方公里）								
自变量	蒙古国	巴彦乌列盖	科布多	戈壁阿尔泰	巴彦洪格尔	南戈壁省	东戈壁省	苏赫巴托尔省	东方省
对中进出口总额	51.96 (14.30 * *)	19.82 (9.98)	15.06 (8.37)	3.23 (4.87)	5.25 (5.15)	16.56 (5.25 *)	5.20 (5.15)	37.19 (34.17)	4.92 (4.84)
年份	-16.24 (38.42)	-55.19 (26.83)	-57.17 (22.49)	-21.70 (13.10)	-15.98 (13.85)	15.24 (14.12)	9.30 (13.84)	-121.84 (91.82)	-11.15 (13.02)
常数项	1208.37 (144.30)	717.84 (100.75)	600.86 (84.45)	244.76 (49.19)	329.96 (52.02)	66.79 (53.02)	106.27 (51.98)	711.95 (344.83)	252.27 (48.89)
F 值	16.91	2.25	3.37	2.14	0.67	26.02	4.03	0.88	0.52
R - squared	0.8197	0.2627	0.4036	0.2462	-0.1031	0.8773	0.4641	-0.0353	-0.1600

表9～11显示，与中国不同，对中国进出口显著提高了蒙古国经济增长，提高了人均GDP，并改善了地均效率；与中国相同的是，沿边境各省份虽然受益于对中国贸易，但在显著性和数量上均低于全国水平。

表12～14显示，与中国、蒙古国相似，对中国贸易提高经济增长，改善居民生活并提高了土地使用效率。俄罗斯对中国贸易显著提高了俄罗斯经济总量，但对边境个州区的GDP总量增加不显著，见表12。表13显示对华贸易显著提高俄罗斯总体和边境州区人均GDP水平，但对边境州区的影响水平低于全国。对华贸易显著提升俄罗斯平均以及边境州区土地产出效率，但边境州区土地产出效率增量低于全国平均水平，见表14。

表12　俄罗斯与中蒙贸易对俄罗斯和沿边各省GDP的影响（按2005年不变价）

因变量	GDP（亿美元）						
自变量	俄罗斯	阿穆尔州	犹太自治州	哈巴罗夫斯克边疆区	滨海边疆区	阿尔泰共和国	外贝加尔边疆区
对中进出口总额	23.06 (4.39＊＊＊)	0.04 (0.01＊＊)	0.01 (0.005＊＊)	0.26 (1.60)	0.07 (0.04)	0.01 (0.004＊)	0.06 (0.02＊＊)
年份	－506.54 (130.70)	－0.26 (0.33)	－0.28 (0.15)	0.26 (1.60)	0.84 (1.28)	－0.07 (0.11)	－0.65 (0.66)
常数项	4008.88 (969.78)	20.33 (2.35)	2.94 (1.10)	57.65 (11.35)	51.74 (9.09)	1.82 (0.80)	15.22 (4.68)
F值	14.07	13.63	3.92	0.37	6.17	4.47	6.02
R－squared	0.7887	0.8081	0.4935	－0.2645	0.6326	0.5365	0.6260

表13　俄罗斯与中蒙贸易对俄罗斯和沿边各省人均GDP的影响（按2005年不变价）

因变量	人均GDP（美元/人）						
自变量	俄罗斯	阿穆尔州	犹太自治州	哈巴罗夫斯克边疆区	滨海边疆区	阿尔泰共和国	外贝加尔边疆区
对中进出口总额	16.21 (3.13＊＊＊)	5.34 (1.15＊＊＊)	7.91 (2.71＊＊)	8.74 (2.21＊＊)	3.76 (2.09)	4.12 (1.83＊)	5.61 (1.86＊＊)
年份	－357.95 (93.29)	－12.85 (36.43)	－143.36 (85.61)	－173.82 (69.94)	57.06 (66.18)	－46.94 (57.80)	－51.84 (58.78)
常数项	2795.53 (692.15)	2234.29 (258.43)	1508.72 (607.30)	2740.92 (496.14)	2527.71 (469.45)	948.23 (409.99)	1314.03 (416.96)
F值	13.62	22.26	4.60	8.09	7.34	3.46	6.82
R－squared	0.7829	0.8764	0.5452	0.7026	0.6789	0.4502	0.6597

表 14 俄罗斯与中蒙贸易对俄罗斯和沿边各省地均 GDP 的影响（按 2005 年不变价）

因变量	地均 GDP（美元/平方公里）						
自变量	俄罗斯	阿穆尔州	犹太自治州	哈巴罗夫斯克边疆区	滨海边疆区	阿尔泰共和国	外贝加尔边疆区
对中进出口总额	134.8552 (25.65＊＊)	11.51 (2.89＊＊)	37.35 (13.51＊)	14.76 (3.65＊＊)	43.46 (24.62)	109.55 (45.40＊)	14.15 (4.84＊＊)
年份	-2962.57 (764.44)	-72.33 (91.36)	-773.72 (427.09)	-320.63 (115.21)	510.71 (778.06)	-952.99 (1434.51)	-150.33 (153.04)
常数项	23446.55 (5671.87)	5618.26 (648.04)	8104.41 (3029.57)	4876.63 (817.25)	31419.63 (5519.21)	23403.96 (10175.80)	3520.78 (1085.63)
F 值	14.07	13.64	3.91	8.29	6.16	4.47	6.02
R - squared	0.7887	0.8082	0.4923	0.7083	0.6326	0.5366	0.6258

四、建议

（1）在国家层次水平上，充分发挥中蒙、中俄的经济互补性，扩大贸易量，提升经济交往水平。

（2）交通走廊建设。参照“渝新欧”模式，建设“呼和浩特—乌拉巴托—莫斯科”和“北京—哈尔滨—莫斯科”航空运输，在中蒙俄三国形成水陆空三个国家级的枢纽、三个一类口岸、三个保税区的“三个三合一”。当然，节点不一定在中国，通过谈判确定。积极推动沿线口岸自由贸易区建设，重点加强口岸基础设施建设、通关能力建设和铁路、公路、港口建设方面的合作，简化通关手续，提高通关效率，拓展陆海联运、公铁联运发展空间，积极推进国际贸易、国际物流便利化进程。共同推动二连浩特机场开通国际航线，合力打造“空中合作走廊”。

（3）发挥口岸城市的支点作用。加强口岸城市的对外开放程度，对于发挥毗邻国家资源要素的优势互补、促进各国经济共同增长尤为重要。如中蒙边境的口岸城市二连浩特面临蒙古、俄罗斯及欧洲市场，背靠中国京津唐环渤海经济圈和呼包鄂经济带，是距离中国北京最近的陆路口岸，是陆路连同欧亚最便捷的通道。

（4）充分利用天时、地利、人和的外部有利环境，通过“中蒙俄经济走廊”建设，建设边境经济带，促进资源的就地产业化，打造边境产业集聚区。

参考文献

[1] 方华. 中蒙经贸关系的现状及前景［J］. 现代国际关系，2010，(06)

[2] 李慧. 中蒙经贸合作现状及对策［J］. 国际经贸，2008，(03)

[3] 杨希燕，王笛. 中俄贸易互补性分析［J］. 世界经济研究，2005，(07)

[4] 董锐. 中蒙贸易互补性分析［J］. 中国商贸 2010，(06)

[5] 叶菁菁. 中俄双边贸易的国际贸易理论实证分析［J］. 国际贸易问题，2006，(08)

[6] 宋志刚，韩丽丽，魏浩. 中国与俄罗斯双边贸易关系的实证研究［J］. 中央财经大学学报，2010，(05)

[7] 石艾馨，李娇. 中俄贸易结构及发展趋势分析［J］. 当代经济，2008，(04)

[8] 吴学军. 中国和俄罗斯农产品贸易：动态及展望［J］. 经济经纬，2010，(02)

[9] 喻志军，姜万军. 中俄产业内贸易的发展［J］. 经济理论与经济管理，2007，(12)

[10] 丁振辉. 中俄贸易的比较优势与互补性［J］. 俄罗斯中亚东欧市场，2010，(09)

[11] Enkhtuul. Expectation of land road project and gas pipeline［J］. Mongolian national television Electron page，2014（9）

[12] 于洪洋、［蒙］欧德卡、巴殿君. 试论“中蒙俄经济走廊”的基础与障碍［J］. 东北亚论坛，2015（1）：96－106

[13] 宋兰旗. 亚太区域经济一体化的进程与影响因素［J］. 经济纵横，2012（12）：87

“中蒙俄经济走廊”框架下参与远东跨越式经济发展区建设的构想

高际香（中国社会科学院俄罗斯东欧中亚研究所俄经济室副主任、副研究员）

“中蒙俄经济走廊”的建设为中蒙俄加强战略合作找到了利益契合点。各方都积极参与，俄罗斯《跨越式发展区法》于2014年12月25日经俄罗斯联邦委员会批准，2015年3月底生效，同时建立跨越式发展区。本文基于以上背景对俄罗斯建立跨越式发展区的相关进展、俄罗斯率先在远东建立跨越式发展区的原因进行深入剖析，同时对在“中蒙俄经济走廊”建设框架下参与远东跨越式发展区投资项目提出了相应的建议。

一、俄罗斯建立跨越式发展区的进展

俄罗斯《跨越式发展区法》于2014年12月25日经俄罗斯联邦委员会批准，2015年3月底生效根据该法，入区企业享有的优惠政策包括：入区前5年免缴联邦利润税、财产税和土地税；前10年享受7.6%的保险费率（正常标准是30%）；实行优惠的矿产开采税；简化出口退税审批手续，建立自由关税区，对高技术类进口商品免征增值税；降低投资者的行政风险，跨越式发展区内一站式办理行政审批手续；实行优惠的相关不动产租赁价格；实行特殊的国家和地方监管制度等。在《跨越式发展区法》的框架下，俄罗斯计划10年内吸引超过6000亿卢布（约合93亿美元）的投资，创造约3.7万个就业岗位。

2015年2月俄罗斯远东发展部首批三跨越式发展区：纳捷日金斯卡娅发展区位于滨海边疆区，面积约806公顷，主要项目为交通物流和农业开发；哈巴罗夫斯克发展区和共青城发展区位于哈巴罗夫斯克边疆区。

二、率先在远东建立跨越式发展区的原因分析

（一）建立跨越式发展区的大背景

进入21世纪，俄罗斯积极开发远东是内在压力和外部诉求共同作用的结果。内在压力来自三个方面：一是远东人口大量流失，从1990年到2010年远东人口降幅达22.2%，是全俄罗斯人口平均降幅的4倍以上；二是远东地区在俄罗斯总体经济空间中的影响力日益缩减；三是远东与俄罗斯整体经济与社会的疏离程度日渐加深，而对临近亚太国家的依赖程度越来越强。外部诉求体现在：进入21世纪，随着经济整体状况好转，俄罗斯希望在亚太地区发挥更大的影响力，远东是其发挥影响力的重要平台。基于地区经济平衡、国家安全和国际影响力的考虑，俄罗斯高度关注远东发展问题。2007年以来，俄罗斯联邦政府相继推出三个文件：《2013年前远东和外贝加尔经济和社会发展联邦专项纲要》《2025年前远东和贝加尔地区经济社会发展战略》《2025年前远东和贝加尔地区经济社会发展国家纲要》；设立了远东发展基金和远东发展部；借举办2012年APEC领导人峰会之机提升远东地区形象。普京总统在2013年的国情咨文中表示，西伯利亚和远东地区的振兴是俄罗斯“整个21世纪的优先任务”，远东开发被提到了前所未有的高度。

为配合跨越式发展区吸引投资的需要，俄罗斯筹备2015年8月份的东部经济论坛，并拟在符拉迪沃斯托克设立自由港。此外，为吸引人口到远东生活并从事经营活动，为每位远东居民和想前来远东的人都免费分配1公顷土地的举措也正在实施。阿穆尔州已经发放了35个地块的使用许可证。免费分配给居民的1公顷土地不限制经济活动类型，可以从事农业、经商，也可以建房，但仅分配给俄罗斯公民，二次上市时也不能出售给外国人。如果拿到土地之后5年内弃置不用，则土地应归还给国家。远东可以免费分配的土地约有1.4亿公顷。

（二）跨越式发展区意在吸纳亚太国家来远东投资

俄罗斯建立跨越式发展区利用的机制是国家私人合作伙伴机制。国家负责兴建基础设施，拟用1卢布的预算投资至少吸引7卢布的私人投资，远东发展基金也将参与项目建设。为吸引来自亚太国家的投资，俄罗斯进行了相应的机构设置：一是在经济发展部在投资政策司基础上成立了申诉专员公署，用于解决来自亚太国家投资者遭遇

到的官僚主义问题，为此经济发展部还公布了专门的投诉邮箱：invest@economy.gov.ru；二是俄罗斯工业企业家协会与有关各方成立了发展与亚太国家发展经济关系国家协调中心。

三、建议

目前，俄罗斯远东发展部正着力推进跨越式发展区建设，配套的政策措施会逐渐推出。可以考虑把参与远东跨越式发展区项目作为“中蒙俄经济走廊”建设的先行抓手，积极探索对三方有利的合作方式及合作项目。但应密切追踪相应政策举措，进行实质性投资时宜审慎。理由如下：

一是加强与亚洲国家合作是俄罗斯“向东看”的重要举措。俄罗斯精英层中，始终认为俄罗斯是欧洲国家，秉持欧洲文化，没有所谓的“欧亚神话”，“向东看”。

二是俄罗斯宏观经济前景堪忧。2015 年及今后一段时期，俄罗斯将面临银行盈利下降和资本不足、卢布贬值、通胀加剧、预算赤字扩大、实体经济增长乏力等一系列风险，未来经济前景不容乐观。为提振经济，如何在刺激经济增长和抑制通货膨胀之间，在国防、国家安全、民生、国民经济支出之间做出平衡选择，以及如何通过进口替代推动经济结构转型，将是俄罗斯政府在政策选择时面临的难题。

三是远东的地区投资环境欠佳。远东虽然自然资源极为丰富，但经济结构单一，发展落后，交通欠发达，人力资源、技术资源和自然资源分布不均衡，地区创新动力和创新潜力不足，金融体系不发达，对联邦预算资金依赖程度较高，且严酷自然条件造成生活和生产成本较高，投资吸引力差。

四是经济特区建设鲜有成效的“前车之鉴”。苏联解体后，俄罗斯“自由经济区”“经济特区”建设均未取得明显成效。当然，与“经济特区”相比，“跨越式发展区”具有一定的优势：一是没有经营种类限制，二是提供的税收优惠更多，三是地方政府的主观能动性有较多的发挥空间，四是能设身处地为投资者利益着想。但跨越式发展区能否真正吸引投资，尚待观察。

共建“中蒙俄经济走廊”：架构、挑战与应对

王海燕（中国华东师范大学国际关系与地区发展研究院上海合作组织研究院、
教育部人文社会科学重点研究基地俄罗斯研究中心副研究员）

本文首先梳理中蒙俄共建经济走廊的进程，探讨中蒙俄共建经济走廊的出发点。其次，从区域和次区域合作机制相结合、三国发展战略相结合等角度探讨了中蒙俄共建经济走廊的架构。在此基础上，分析了中蒙俄通过交通运输和基础设施建设的互联互通共建经济走廊的路径选择。最后，探讨分析了中蒙俄共建经济走廊面对的机遇和挑战，并提出了应对措施建议。

一、共建“中蒙俄经济走廊”的出发点

2013 年 9 月，中国国家主席习近平提出与亚欧国家共建“丝绸之路经济带”倡议以来，该倡议得到了有关国家的积极响应，中蒙俄三国共建经济走廊的倡议形成新亮点。

2014 年 9 月 11 日，中蒙俄三国元首首次会晤时，中国国家主席习近平首倡，把“丝绸之路经济带”同俄罗斯跨欧亚大铁路、蒙古国“草原之路”倡议进行对接，打造“中蒙俄经济走廊”。2015 年 4 月，中蒙俄三国就对接各自发展战略、启动“中蒙俄经济走廊”建设达成共识；同年 7 月 9 日，中蒙俄元首第二次会晤，三国元首批准了《中蒙俄发展三方合作中期路线图》，三国有关部门分别签署了《关于编制建设中蒙俄经济走廊规划纲要的谅解备忘录》《关于创建便利条件促进中蒙俄三国贸易发展的合作框架协定》以及《关于中蒙俄边境口岸发展领域合作的框架协定》。这一蓝图将三方发展战略对接落实到具体合作领域和项目上来，将有力推动三方务实合作的深入发展。

“中蒙俄经济走廊”将以我国太平洋沿岸的环渤海、长三角和珠三角经济圈为起

点，分别途经中国东北地区、新疆维吾尔自治区等西北地区，中国内蒙古自治区、蒙古国和俄罗斯等国家和地区，抵达波罗的海、大西洋和地中海沿岸。在我国境内的核心区应为与俄罗斯、蒙古国交界的内蒙古自治区、新疆维吾尔自治区和黑龙江等沿边省区；在我国境外的核心区应为与我国毗邻的蒙古国和俄罗斯的西伯利亚、远东地区。

中蒙俄共建经济走廊是为了在世界经济全球化、区域化、一体化和中国倡导“丝绸之路经济带”的大背景下，中国本着周边是首要的原则，积极开展与周边国家的区域经济合作，“共同发展、共同繁荣”，以期为同是发展中国家、转型国家、新兴经济体国家的三国在世界市场上获得更多的市场份额，争取更多的国际规则制定权和话语权，在世界多极化趋势下利益再分配中赢得与自身实力相匹配的份额。一是推进亚欧基础设施互联互通；二是共建东北亚区域统一大市场；三是重构区域产业分工体系，促进中蒙俄三国产业升级换代；四是重塑国际金融体系，促进区域投融资便利化。

可以说，“丝绸之路经济带”的提出是时代的需求，而处于“丝绸之路经济带”沿线的“中蒙俄经济走廊”更是这条生命线的一条主动脉，将促进中国与东北亚区域的经济一体化进程。

二、共建“中蒙俄经济走廊”的架构

“中蒙俄经济走廊”的建设可秉持开放的地区主义原则，充分发挥国家级、地方级和延边地区多层次的作用，鼓励构建区域和次区域合作机制相结合，多边与双边合作相结合，三国发展战略相结合，自上而下与自下而上相结合，政府、企业和学界共同参与和促进的多机制、多模式、多路径、多领域、多层次的合作架构。

（一）区域和次区域合作机制相结合

上海合作组织是中蒙俄所在的东北亚地区最重要的区域合作机制，中国和俄罗斯是创始成员国，蒙古国是重要的观察员国，可在“中蒙俄经济走廊”的建设中发挥重要的协调、沟通和促进作用。“中蒙俄经济走廊”是上合组织区域经济合作的重要组成部分，正好可在上合组织框架下开展务实合作。

中蒙俄三国首脑会晤机制将为“中蒙俄经济走廊”的建设发挥重要的顶层设计和实质性推动作用。通过“中蒙俄经济走廊”将三国的战略利益紧紧结合在一起，更标志着“丝绸之路经济带”正从理想迈向现实。

中蒙俄区域经贸合作论坛、中蒙俄工商论坛、中蒙俄三国五地旅游联席会议、中俄哈蒙四国六方机制、二连浩特论坛等国家级和沿边地区举办的次区域合作机制将促进“中蒙俄经济走廊”的建设落到实处，这些区域和次区域合作机制将对“中蒙俄经济走廊”的建设发挥实质性推动作用。

（二）三国发展战略相结合

“中蒙俄经济走廊”建设中，经济合作是三方合作优先和重点领域。

2014年8月习近平主席访问蒙古国前，蒙古国政府结合自身国情提出“草原之路”倡议与中国“一带一路”倡议对接；在就“中蒙俄经济走廊”达成共识的基础上，2015年5月，中俄两国发表《中华人民共和国与俄罗斯联邦关于丝绸之路经济带建设和欧亚经济联盟建设对接合作的联合声明》，为中方“丝绸之路经济带”建设、俄方跨欧亚大通道建设、蒙方“草原之路”倡议更加紧密对接奠定了坚实的基础。

“草原之路”是蒙古国提出的希望通过运输贸易振兴本国经济的倡议，由5个项目组成，总投资约500亿美元。项目包括：连接中俄的997公里高速公路、1100公里电气化铁路、扩展跨蒙古国铁路以及天然气和石油管道等。蒙古国希望利用地处中俄之间的地理位置优势，搭上中国经济发展的列车，利用跨境运输贸易振兴蒙古国经济。

俄罗斯提出的“跨欧亚发展带”，可以说是欧亚经济联盟框架内一体化的重要组成部分，尤其对俄罗斯的西伯利亚和远东地区、蒙古国和中国毗邻的内蒙古、新疆和东北地区关系重大。

“中蒙俄经济走廊”建设正好将三方未来发展战略对接，将对东北亚、大中亚乃至亚欧地区的地缘经济格局产生积极而深远的影响。

三、共建“中蒙俄经济走廊”的路径选择

中蒙俄共建经济走廊的主要路径包括铁路、公路、航空、管道运输和水运，电子商务、电子口岸等信息领域和物流基础设施等在内的立体交叉互补网络。

（一）交通大通道

铁路——是“中蒙俄经济走廊”的重要领域。最重要的是西伯利亚大铁路，也称第一欧亚大陆桥。是横贯俄罗斯东西的铁路干线，是目前世界上最长的铁路之一，也是俄罗斯“跨欧亚发展带”构想的核心干道。其中，很有前景的是将扩建、改造西伯利亚大铁路的北线、中线和南线，贝加尔—阿穆尔铁路和环湖铁路等多条线路，将扩展俄罗斯、蒙古国商品向东北亚和东南亚运输的通道和中国商品对欧转运的通道。

其次是第二欧亚大陆桥、第三亚欧大陆桥等，在第二、第三欧亚大陆桥基础上开

通的郑欧班列、渝新欧、蓉欧快铁和汉新欧等横跨亚欧的多条铁路干线和支线还在不断建设和完善中。

第四亚欧大陆桥则是从满洲里分出支线，属于分流滨洲铁路和滨绥铁路的支线，连接两伊铁路与白阿铁路和平齐铁路接轨，连接兴安盟、通辽市、赤峰和北京，为一个支路，另外通过复线建设长白铁路可以接轨长图铁路与朝鲜铁路线连接，现正审批中。是设计中的连接中蒙俄的重要线路。

高铁——2009 年，中国已设计规划中亚高铁、欧亚高铁和泛亚高铁三条线路，其中有两条与俄蒙相关，辐射到欧洲；2015 年 5 月中俄两国签署了莫斯科—喀山高铁项目协议。

油气管道——双方合作最有前景的领域。包括中俄原油管道和中俄天然气管道等，双方还可合作将俄罗斯油气通过蒙古国输入中国。

公路——“中蒙俄经济走廊”的重要组成部分。高速公路带来新的发展机会：2015 年 5 月，“扎门乌德—乌兰巴托—阿勒坦布拉格”高速公路项目启动仪式举行。这是“丝绸之路经济带”与“草原之路”倡议对接的首个项目，也是蒙古国第一条高速公路。这条贯穿南北的高速公路将打通中国和俄罗斯的公路通道，推进中蒙俄三国过境运输合作，带动沿线地区经济发展。

航空——主要便利人员往来。如北京、上海到莫斯科等多条线路，还可开辟多条新线路，如圣彼得堡、乌兰巴托等到北京、上海、广州的新航线。

水运——双方亟待合作的领域。如中国协助俄罗斯、蒙古国从上海、连云港、广州延伸到东南亚的海上丝绸之路通道，俄罗斯协助中国经波罗的海延伸到欧洲。

（二）物流基础设施建设

随着交通线路延伸，物流服务的优质化和全球化要求越来越高，物流园区建设要跟上。

包括保税物流区/特色商品口岸、多式联运集疏中心、国际陆港联检中心、物流信息中心、国际商品展示交易中心、国际陆港商务中心等建设，如蓉欧快线将在成都建欧洲货物转运中心、在波兰罗兹建中国货物转运中心，如美欧一些大型物流企业那样，跨越国境合作与建立战略联盟等。

（三）信息建设

信息建设包括海关、进出境检验检疫、金融等功能领域的信息互通，如电子口岸等。

另外，企业间的电子商务合作极富前景：中国2013年10月出台的《电子商务“十二五”发展规划》提出，到2015年，中国电子商务交易额将翻两番，突破约3万亿美元；其中，企业间电子商务交易规模超过2.5万亿美元。

一些跨境贸易企业开始新的布局：阿里巴巴进入俄罗斯和蒙古国；内蒙古塔宁电子商务有限公司在蒙古国开通了首个跨中蒙俄电子商务平台，目前蒙古国民众可以在该平台购买中国商品；随着跨境贸易便利化的推进，未来公司将拓展其电商平台在中国销售蒙古国和俄罗斯商品；新疆的兄弟联盟公司与圣彼得堡俄罗斯最大的电子商务公司之一Megagroup联手开拓中国市场等。

上述都需要国家政府、企业、学者的通力合作，由市场主导、企业实施、政府服务，企业的主体作用非常重要。

四、共建“中蒙俄经济走廊”面临的机遇和挑战

中蒙俄共建经济走廊面临以下机遇：

一是各国纷纷加入世贸组织，优化了区域贸易投资环境。

二是欧亚经济联盟、上合组织等使得沿途各国关系更加紧密，统一的区域合作空间正在形成。

三是以开放、包容为准则的“丝绸之路经济带”倡议极具建设性，给沿线国家带来更大的发展空间和选择机会，俄蒙等沿线国家都可以自己认可的方式参与。

四是亚洲基础设施投资银行、丝路基金、中国－欧亚经济合作基金等金融平台，可解决丝路沿线国家投资需求。

五是中蒙俄合作更加密切，相互贸易投资合作的质量和数量不断提高。2013年、2014年，中俄贸易额分别为892.1亿美元、884.0亿美元，中国为俄罗斯第二大出口市场、第一大进口来源地，中俄设定的2015年实现1000亿美元、2020年实现2000亿美元贸易额有望实现。

自1990年以来，中国一直是蒙古国第一大贸易伙伴和第一大投资国。中蒙经贸规模20年间增长50倍，从1994年仅有1.2亿美元增长到2013年的60亿美元，占蒙古国对外贸易总额的一半以上，在蒙外企近一半为中国企业；这得益于中蒙双边互补性极强的产业结构；习近平主席提出2020年实现双边贸易额100亿美元的目标，未来跨境铁路的建成也将为双边经贸合作再添“双翼”。

六是跨境铁路建设将成合作新热点。中俄、中欧间多条铁路开通运行，节约更多的时间和运输成本。郑欧国际铁路比海运节约20天，比空运节约资金80%，每集装箱

比公路运输节省2000～3000元。

长达4710公里的中蒙边境线上分布着14个边境口岸，其中内蒙古就有9个陆路口岸；中蒙边境线上只有一条通过二连浩特和蒙古国扎门乌德的跨境铁路；在2013年10月签订的《中蒙战略伙伴关系中长期发展纲要》就明确，双方支持中国企业根据市场原则积极参与蒙古国新铁路建设的投资和承建工作，双方将加快策克—西伯库伦、甘其毛都—嘎舒苏海图、珠恩嘎达布其—毕其格图、阿尔山—松贝尔等铁路口岸及其跨境铁路通道建设。

中蒙俄共建经济走廊面临以下挑战：

一是沿线区域安全的挑战，中蒙俄都面临三股势力更加严峻以及乌克兰危机长期化的挑战。

二是交通运输标准不一致、手续烦琐等带来的过境、通关、时间、效率等成本较高。

三是物流基础设施建设相对滞后，缺少具有丰富跨国经验的大型物流企业。

四是通关、过境运输壁垒并未完全消除，价格偏高；轨距不同带来换装的时间、成本居高不下。

五是国家间、部门间沟通不畅，沿线国家的交通运输便利化机制和协议有待健全和完善。

六是对沿边地区间的次区域合作重视不够，亟待加强。

七是发达地区对后发达地区的支持机制尚未全面建立。

八是缺乏既懂交通又懂物流的复合型人才，人员签证耗时较长。

五、建议

就中蒙俄合作共建经济走廊，加快建设欧亚物流大通道提出以下具体措施建议。

一是做好亚欧陆路、水路和陆水联运通道的布局研究，完善亚欧综合运输网规划。

二是资金、技术等多领域相互支持，积极推进亚欧路网中跨境骨干通道重点项目的建设，如研究各方共同融资及技术参与蒙古国境内新的铁路线建设项目和乌兰巴托铁路现代化改造问题和改建西伯利亚大铁路。

三是继续推进国际运输便利化，在联合国亚太经社会框架内，继续推动制定并签署《中蒙俄国际道路运输发展政府间协定（草案）》，研究依托蒙古国乌兰巴托“赫希格特”国际机场建设区域航空枢纽的前景。

四是推动运输标准一致化和电子海关建设，通关信息共享，改善通关环境，开展三方海关合作，举行三国海关总署级会晤，探讨建立经贸主管部门合作机制。

五是鼓励物流企业开展国际合作，如在连云港、包头、呼和浩特、乌鲁木齐、阿拉山口、乌兰巴托、西伯利亚、圣彼得堡、莫斯科等重要城市推进国际物流节点建设，研究提高经乌兰巴托铁路过境运输量的一揽子措施，包括加强与沿线国家在物流信息系统、交通安全、绿色物流等方面合作。

六是建立健全与沿线国家的交通运输合作机制，有针对性地合作培养交通物流人才；鼓励建立发达地区对后发达地区的长效支持机制；简化签证手续。

七是促进三方交通运输企业和物流企业的密切合作，政府通过政策优惠、资金支持等方式扶持和引导建立像日本、美国的跨国物流企业那样更具规模、更具国际竞争力的企业，探讨组建中蒙俄铁路运输物流联合公司的可能性。

八是促进经济走廊的双向和多向流动，中蒙俄互助，通过水路和陆路、地上、地下与空中物流大通道走向亚太地区和欧洲地区更广阔的区域，中国愿意帮助俄罗斯和蒙古国打开通往东南亚的通道和市场，中国需要俄、蒙帮助进入欧洲市场。

展望未来，中蒙俄可以开展多渠道、多形式的交通物流合作，共同推进欧亚互联互通，共同做大欧亚地区这块蛋糕，提升各国经济水平、改善民生，扩大新兴经济体、发展中国家和转型国家在世界经济的比重和话语权。

“中蒙俄经济走廊”建设面临的机遇、挑战及应对策略

蔡振伟（中国南海研究院助理研究员）
林勇新（中国南海研究院海上丝绸之路研究所副所长、博士）

2014年9月在出席中蒙俄三国元首会晤时，习近平提出共建“丝绸之路经济带”，把“丝绸之路经济带”同俄罗斯跨欧亚大通道、蒙古国“草原之路”倡议进行对接，打造“中蒙俄经济走廊”，获得俄方和蒙方积极响应。① 经过三方的积极筹备，在2015年7月举行的中蒙俄元首第二次会晤期间，三国元首批准了《中蒙俄发展三方合作中期路线图》，正式签署了《关于编制建设“中蒙俄经济走廊”规划纲要的谅解备忘录》，明确了三方联合编制《建设“中蒙俄经济走廊”规划纲要》的总体框架和主要内容，这标志着“中蒙俄经济走廊”建设将从战略对接层面转移到具体合作领域和项目层面。②

“中蒙俄经济走廊”作为中国“一带一路”、蒙古国“草原之路”和俄罗斯跨欧亚大通道建设等三大倡议战略对接和落实的载体，为三方充分利用各自比较优势和经济结构的互补性，打造跨区域经济合作范例，推进落实三国共同利益诉求和发展意愿提供了重要平台。“中蒙俄经济走廊”建设的推进将为三国自身发展带来极大机遇，也为整个东北亚区域经济合作注入新的活力。

① “中蒙俄共绘发展蓝图”，《人民日报》，2015年7月7日03版。
② “中蒙俄就经济走廊签署谅解备忘录”，《中国经济导报》，2015年7月15日A1版。

一、“中蒙俄经济走廊”的基础和面临的机遇

中蒙俄三国都面临加快发展的历史任务，尤其是2008年国际金融危机以来，都面临着经济增长速度放缓的压力，有着强烈的经济转型和加快发展诉求。根据国际和地区形势变化，结合国内发展的新特点，分别提出了“一带一路”“草原之路”和跨欧亚大通道的发展战略。“中蒙俄经济走廊”建设不仅是相依相邻地缘优势的结合，也是三国新时期国家发展战略高度契合的产物，是三方顺应区域经济一体化发展和经济全球化挑战，达到共同发展的重要举措。

（一）政治层面

从政治层面来看，中蒙俄三国地理上相依相邻，有着传统睦邻友好合作关系，在中蒙俄三国高层的推动下，三国间关系都向纵深、全面的方向发展。中蒙两国于2014年建立了全面战略伙伴关系，中俄两国也于2013年将战略协作伙伴关系提升到全面战略协作伙伴关系，俄蒙两国也一直保持传统友好关系。2014年9月和2015年7月中蒙俄三国先后举行首脑会晤，进一步提升三方政治互信和合作关系。再加之三国加强区域合作和追求合作共赢的目标相近，彼此间政治关系都处在历史最好阶段，三方开展合作不存在政治障碍。

（二）战略层面

蒙古国矿产资源丰富，是一个没有出海口的内陆国家，但蒙古国连接着中俄之间的商路，是重要的地理中枢。通过“草原之路”建设可以有效对接中国的“丝绸之路经济带”建设和俄罗斯的欧亚大通道战略，使蒙古国获得宝贵的出海口和外贸大通道，从而将地处内陆国家的地理条件劣势，转化为经济发展的优势。

对俄罗斯而言，乌克兰危机后，经济受到西方制裁，加之国际原油价格大跌，对于依靠能源经济的俄罗斯更是雪上加霜，经济发展遭遇重大挫折。通过与中蒙的合作，可以加强其远东地区的能源出口和经济发展，减轻西方制裁带来的沉重压力。

对中国而言，在国际上面临美日等国的海上围堵，国内近年来经济增长速度回落，经济发展进入“新常态”，面临调整经济发展方式和经济结构的压力。通过与蒙俄加强合作，可以让中国获得了稳定可靠的能源供给，同时带动周边国家的发展，塑造良好的周边环境，减轻地缘政治压力。

（三）经贸合作层面

从经济层面来看，三国都处于历史发展的重要阶段，谋求共同发展是摆在三国面前的重要课题。在经济合作方面，三方经贸合作的基础良好，潜力巨大，前景广阔，而且都有升级的强烈意愿。2014 年，中俄双边贸易额达 953 亿美元，中蒙双边贸易额达 73.1 亿美元，中国已成为俄第一大贸易国和第三大投资国，已成为蒙第一大贸易国和第一大投资国。俄蒙也互为重要经贸合作伙伴，俄罗斯是蒙古国仅次于中国的第二大贸易伙伴。

在产业互补性方面，中国与俄蒙的优势产业互补优势明显，相互重叠部分很少，基本呈现中国的相对优势产业即为俄蒙的相对劣势产业，而俄蒙的相对优势产业又恰恰是中国的相对薄弱环节，这为将来三国开展进一步贸易一体化提供基础条件。[①] 受全球煤炭、石油、铁矿石、铜等大宗商品价格下跌影响，俄罗斯和蒙古的经济发展都受到了较大影响，急需基础设施建设、国外投资和发展加工业。而中国经济当前对能源和资源仍有庞大需求，在基础设施建设方面也积累了足够的能力和经验，三方的优势和需求可以通过“中蒙俄经济走廊”建设得到充分释放，进而助力三方经济发展。

二、“中蒙俄经济走廊”建设可能面临的挑战

“中蒙俄经济走廊”建设有良好的合作基础，但由于受国际地缘政治、各方经济发展程度不一、基础设施缺乏等因素的影响，未来的“中蒙俄经济走廊”建设将不可避免面临诸多挑战。

（一）政治层面的不稳定和变动可能影响合作的推进

一是国内政治环境稳定性的因素。20 世纪 90 年代后，蒙古国的政治体制由一党制过渡到多党制，政党轮替将不可避免地造成一定程度的政策变化和更替。此外，俄罗斯国内政治环境的变化，也可能影响三国合作的推进。

二是域内外国家介入也可能从政治层面影响合作的推进。蒙古国由于地处中俄之间的特殊地理位置，成为中国“一带一路”倡议和俄罗斯“欧亚经济联盟”对接合作的必经之处和重要节点。乌克兰危机爆发以来，俄罗斯与西方国家爆发了冷战结束后最激烈的碰撞，加剧了地缘政治尤其是美俄两国间的博弈，也牵动了中美俄三角关系

---

① 王明昊：“中俄蒙贸易互补性的实证分析”，载于《外国问题研究》，2015 年第 1 期。

的深刻调整。在可以预见的将来，随着中美、美俄之间战略博弈的继续和加深，美国对蒙古国的影响可能会继续加强。如何处理新形势下的中蒙俄三角关系，在加强中蒙俄政治经济合作的同时有效应对大国间的博弈，[①] 显然成为“中蒙俄经济走廊”建设在政治层面面临的一大挑战。

（二）基础设施建设周期和投资回收周期较长，制约经贸的快速发展

基础设施建设滞后是当前制约中蒙俄经贸合作进一步深入发展的重要因素，因而铁路、油气管道等基础设施建设具有紧迫性，也是“中蒙俄经济走廊”建设的优先项目。但大型基建项目都有建设周期长、投入大、投资回收周期长的特点，如何处理两者间的矛盾成为三方合作必须解决的问题。

目前连接中、蒙、俄三国，担负着对中俄出口运输的主要铁路蒙古中央铁路已超负荷运行，无法满足日益增加的货运量的需要。蒙古国提出的连接中俄的997公里高速公路、1100公里电气化铁路、天然气和石油管道等在内的基础建设计划，总投资预计达500亿美元。能否建立共赢的合作模式，在建设过程中如何解决资金、技术等方面的难题，都成为“中蒙俄经济走廊”建设的挑战因素。

（三）贸易结构单一和不平衡，影响合作的深入

目前中国与俄罗斯、蒙古国之间的贸易往来除了能源和原材料之外，商品贸易结构比较单一，贸易合作形式和模式也缺乏创新。

中国连续多年成为蒙古国最大的贸易伙伴及投资来源国，但中蒙间投资与贸易主要集中在能源和矿产资源领域。由于两国经济体量差异较大、蒙古国的经济发展水平和经济结构等原因，中国占蒙古国产品出口的比重达90%，造成其对外贸易结构的单一和不平衡；尽管中俄年贸易俄超过900亿美元，但双向投资规模与两国实际需求和经济体量不符。中俄经济融合度较低，且贸易主要集中在能源领域，俄罗斯一直在中国的第十大贸易伙伴前后徘徊。中国与俄蒙现有的不对称贸易关系制约贸易规模的扩大，可能影响未来合作的深入。

（四）关税、法律、技术标准等差异和不统一，增大投资成本、降低贸易效率

通过三方的积极协商，制约三国铁路运输扩大的铁路轨距不统一问题，已经达成

① 富景筠：“中蒙俄三角关系与中国的战略选择”，载于《世界经济与政治》，2010年第2期上旬刊。

了共识，但三方市场发展成熟度不同，在法律、监管体系、技术标准方面都存在许多差异。经贸合作面临着关税、许可证管理、法律不健全等诸多瓶颈制约，[1] 在进出口管理、海关通关、边检、跨境运输、检疫等方面都还存在管理制度不一致的情况，在各个行业内也不同程度存在技术标准壁垒，这些差异和不统一都制约着三方今后合作的深入。

三、推进“中蒙俄经济走廊”建设的对策建议

为确保“中蒙俄经济走廊”建设的顺利推进应加强政治互信，做好三方各层面的磋商和对接，以增进共识，减少合作过程中的障碍。

（一）加强战略层面和沟通，建立多层次的对话磋商机制

首先，充分利用中蒙俄三国渐已形成的“元首会晤”机制，加强政治沟通和相互信任，强化双边关系和三国关系的政治基础。中蒙俄三方会晤从 2014 年首次开始就采取了最高级别，由三国国家元首共同谋划、共同推动，无疑显示出三国的互信程度和合作潜力。三国元首会晤机制化和定期举行，可以从战略、顶层设计层面起到引领作用，有利于向外界展示三方合作的坚固性和稳定性，降低外来因素可能带来的政治层面的不利影响，推动三国经贸关系在高水平得到快速健康发展。

其次，建立定期、多领域的对话磋商机制，及时处理合作过程中可能出现的问题。在已经建立的三方副外长磋商机制的基础上，建立和完善包括铁路运输、贸易、旅游等多部门对话管道和机制，加强与两国的贸易争端解决机制建设，从执行和技术层面保持密切沟通协商，从而推动“中蒙俄经济走廊”建设的进度。

最后，三方要保持广泛政治对话和高层定期交往，推动立法机关、政党、社会团体和非政府组织开展交流和沟通。

（二）建立对接机制，做好宏观战略、产业项目和技术标准的对接

中蒙俄三方应该以联合编制《建设中蒙俄经济走廊规划纲要》为契机，发掘各自的优势和需求，在做好宏观层面科学规划的同时，加强技术层面的对接工作。

一是发展战略层面的对接。实现蒙古国“矿业兴国”计划、俄罗斯的远东开发计划与中国的中国西部大开发、振兴东北老工业基地计划对接，把蒙古、俄罗斯的

---

① 于洪洋等：“试论中蒙俄经济走廊的基础与障碍”，载于《东北亚论坛》，2015 年第 1 期。

资源优势与中国的生产力、产能优势相结合，把三方合作的潜力转化为现实的发展成果。

二是产业和项目的对接。在完善基础设施规划的同时，加强在资源开采、制造业、基础设施配套、金融等产业的对接，确定一批符合三方未来发展方向的项目。

三是技术和标准的对接。通过三方技术和业务部门的协商，消除在海关体制、行业标准、法律体系等方面存在的障碍，建立更高效、便利的海关通关和贸易机制，为今后合作营造良好的投资环境。

（三）拓宽合作的层次和领域，创新合作方式，尽快启动一批重点项目

在能源和资源贸易的基础上，拓宽贸易合作的领域，以达到调整贸易结构，提高中、俄、蒙三国的贸易广度和深度，促进贸易结构向合理化方向发展。

首先，拓宽合作领域。，并不能达到“中蒙俄经济走廊”建设的目的和意义，应该在铁路、油气管道等基础设施互联互通的基础上，推动新兴产业、科技、金融、电子商务、跨国旅游等领域的产业合作。

其次，创新合作方式。通过工业园区、产业聚集区的建设，增加直接投资，完善基础设施配套产业，带动当地就业。为解决铁路、油气管道基础设施建设的庞大资金投入和投资风险，可以考虑采用 PPP 模式，积极利用亚投行机制或丝路基金，申请低息贷款。通过政府共同出资、国家主权财富基金以及私营企业等社会资本联合投入，实现风险共担、收益共享，最大限度地激活各种资源和资金参与建设。

最后，先期启动一批示范性、带动性强的项目。加快连接中蒙俄的国际运输通道、天然气管道等基础设施建设，以此为其他领域的合作创造条件，为其他领域的贸易合作起到示范和带动作用。

（四）加强人员往来、文化沟通和智库合作，以增进了解，减少分歧

民心相通是互联互通和经贸合作顺利开展的基石，人文领域的交流和合作有助于增进民众了解和减少疑虑，推动三国建立更深层次的互信关系。

首先，应借助三国外交磋商平台，尽快出台针对三国公民的签证便利措施，尽量简化手续，方便人员往来和跨境旅。

其次，加强人文合作，通过建立政府间的人文合作委员会、互派留学生、文化交流活动、建设中蒙俄文化创意产业园平台和共同举办文化节等方式，加强三国对彼此文化差异的了解和理解。

此外，要加强智库间的交流，构建三国智库二轨交流平台。通过充分发挥智库的智力支撑和民间外交功能，利用智库开展的政策性、前瞻性研究，增进三国间政策沟通，为各国政府决策提供建议和指导方案，对企业到国外投资提供指导和建议，同时智库还可以利用自身的影响力及时向民间传递理性的思考和信息，增进民众间的了解和友好感情。

政策沟通与推进“龙江丝路带”建设

刘国会（中国黑龙江省人民政府发展研究中心副主任）
高玉海（中国黑龙江省人民政府发展研究中心外经处处长、研究员）

黑龙江省是我国对俄经贸合作的重要省份，又是“中蒙俄经济走廊”建设的重要板块，加强对俄研究和政策沟通，对于推进“中蒙俄经济走廊”龙江陆海“丝绸之路经济带”（以下简称“龙江丝路带”）建设具有非常重要意义。

一、加强对俄研究的主要方面

加强对俄研究是做好政策沟通的基础，只有对俄罗斯全面、深入的研究，才能更好地把握俄罗斯的政策，才能更好地进行沟通。目前，在欧美制裁、俄罗斯经济不景气的前提下，应重点关注和研究以下方面：

（一）加强对俄罗斯经济发展前景的研究

2014 年俄罗斯 GDP 增幅仅为 0. 8%。据俄经济发展部 2015 年 4 月份的预测，2015 年 GDP 将下降 2. 8%。根据世界银行的预测，2015 年俄罗斯 GDP 增长预期为下降 2. 7%，2016 年预期为增长 0. 7%，2017 年将增长 2. 5%。目前，俄罗斯已经意识到严重依赖能源和原材料出口的发展模式需要调整，但什么时间能够调整到合理的结构，需要跟踪研究。

（二）跟踪研究欧美对俄罗斯外部环境变化

受乌克兰东事件的影响，欧美对俄罗斯能源、金融、军工等主要领域进行了多轮经济制裁。欧美制裁的效应是双方面的，一方面对俄罗斯经济、外交产生了较大影响，一方面激发了俄罗斯人民的爱国热情，有利于俄政府凝聚人心，加强国内团结和稳定。普京总统表示，俄罗斯不怕西方制裁，制裁只会使俄罗斯更加强大。为了摆脱欧美制裁背景下的外交窘境，俄罗斯主动积极地开展与亚洲国家合作。中俄合作持续升温，关系更加紧密；普京总统2015年将访问日本，俄日关系可能回暖；俄罗斯将对韩关系视为俄亚太政策的优先方向，经贸合作在俄韩关系中占据显著的位置；俄蒙关系发展迅速，经贸合作成效显著；俄朝政治对话日益紧密，经济合作提速。欧美制裁不仅对俄罗斯经济产生较大影响，也会对俄罗斯欧亚联盟战略的实施产生影响，需要跟踪研究。

（三）研究俄罗斯对“一带一路”的认知变化

俄罗斯曾提出建立以俄罗斯为中心的欧亚联盟，谋求在原苏联地区建立经贸联盟，发展和壮大经贸往来，以此促进经济发展，摆脱长期依靠出口石油、天然气的发展经济的困局。由于中国倡导的“一带一路”倡议与俄罗斯提出的欧亚联盟构思有重叠之处，俄罗斯对中国“一带一路”既欢迎又担心。中国政府公布《推动共建丝绸之路经济带和21世纪海上丝绸之路的愿景与行动》之后，俄罗斯表示将全力支持中国的“一带一路”计划。2015年5月，习近平主席与普京总统共同签署了《中华人民共和国与俄罗斯联邦关于丝绸之路经济带建设和欧亚经济联盟建设对接合作的联合声明》，声明提出：“俄方支持丝绸之路经济带建设，愿与中方密切合作，推动落实该倡议。”俄高官已表示要积极探索欧亚经济联盟与“丝绸之路经济带”对接的可能性，加紧准备双方对接的合作项目清单，重点部署在铁路、管道、公路、民航等基础设施领域的合作。俄罗斯政府、智库、民众对“一带一路”与欧亚联盟对接的态度变化，需要跟踪研究。

（四）加强俄罗斯政策调整研究

俄罗斯多措并举刺激经济发展。一是扩大预算赤字。2015年4月国家杜马将预算赤字从此前预计占GDP的0.6%增加至3.7%。二是增加信贷规模。通过对选定项目提供货币担保，发售公债扩充流动性，主权财富基金增加向商业银行拨付资金数量等方式，扩大向实体经济放贷规模。三是激发投资活力。通过税收优惠和专项资金支持刺激企业投资开发，扩大产能和建立新项目。四是实行海外资本大赦。财产申报人在2015年底前向政府申报2014年之前的违法所得，将不再追责，使“灰色地带”资产合法化，并通过政策优惠鼓励海外资本回流。五是加息应对资本外流。到2014年底俄央行共5次加息，使基准利率从5.5%升至17%。此外，俄政府还要求一些大型外贸企业出售所持有的外汇收益。俄罗斯政策变化对“中蒙俄经济走廊”建设将会产生影响，需要跟踪研究。

二、加强政策沟通的路径选择

在政策沟通方面，中俄两国元首多次在双边和多边场合就此积极而深入地探讨，并责成双方有关部门认真研究与落实。在中俄国家层面沟通的基础上，毗邻地区的沟通对于促进“龙江丝路带”建设尤为必要。

（一）通过地方协商机制进行政策沟通

完善省区（州）定期会晤机制，用好中俄博览会、东方经济论坛等平台，使两地协调沟通更加顺畅，在增进共识、深化合作上迈出实质性步伐。充分借助中俄边境和地方经贸合作协调委员会平台，在此框架内研究解决地方经贸合作中的具体问题。建立双方对应部门及地市、口岸之间的交流合作机制，了解中俄政策调整变化，在贸易加工区开发、建设、管理等方面加强合作。

（二）通过中俄智库合作进行政策沟通

智库合作可以解读、传递政策信息，释疑解惑，增进理解和沟通，了解中俄两国政策出台的背景、实施路径与将要达到的目的，进而自定互利共赢的政策，尤其是中俄都实施重大政策调整时，通过中俄合作沟通政策更为必要。尽管黑龙江省对俄经贸合作取得了较好成效，但还有诸如中俄能源合作、沿边通道建设、境内外园区协调发展、对俄电子商务及肉类和果蔬出口等问题需要中俄双方协调解决，更需要由中俄双方智库进行共同研究。通过中俄智库之间的合作，进一步研究中俄两国政府、地方政府关注的问题，了解彼此的政策需求，分别报送各自国家政府，为中俄两国政府决策提供咨询服务和政策依据。按照国家加强新型智库建设的要求，通过与俄罗斯相关研究机构共同开展课题研究、召开国际学术会议、互派访问学者、共同培养学术科研人才等方式构建中俄智库常态化的合作机制。推动黑龙江省重点智库与俄罗斯知名智库合作，建立信息交流机制，加强信息分享与沟通，努力促进中俄智库的交流合作。

（三）通过企业之间的合作进行政策沟通

中俄由于文化、历史的差异，政策、法规的不同，国内企业在俄罗斯的生存和发展环境与国内有很大的差异，从事经贸合作可能会遇到各种各样难题。对俄经贸合作企业既要了解贸易规则、按国际通行规则办事，又要了解俄罗斯的特殊国情，以此来保护企业发展壮大。尽管俄罗斯官方利用各种方式介绍俄罗斯的投资环境，但仅仅从官方的介绍中是了解不到当地的“潜规则”“潜文化”的。传递给国内有意愿开展对俄投资合作企业，使企业少走弯路，减少投资风险。企业是中俄经贸合作的主体，置身对俄合作的前沿，中俄双方的政策变化对于企业的发展至关重要，企业最先了解各自国家的政策调整以及由此带来的影响，也迫切需要得到国家的支持。因此，通过中俄企业之间的合作来沟通政策更加准确及时，对于政府的应对措施而言能够更加具有可操作性和针对性。

（四）通过驻外机构的合作进行政策沟通

政府驻外机构熟悉俄罗斯政策法规和政府办事程序等情况，完全可以利用这一有利条件，为黑龙江省对俄经贸合作发挥平台作用和对接作用。依托我国驻俄使馆和驻哈巴罗夫斯克领事馆，建立信息站，掌握市场最新动态、外贸政策及法律规定，从中捕捉商机。帮助对投资伙伴的资信情况进行调查，协助企业对拟投资项目进行可行性研究。

（五）通过华侨、华人进行政策沟通

旅俄华侨、华人既了解中国，也熟悉俄罗斯经济政治相关政策动向，在俄罗斯成功运作的中资企业中，最初的市场调查、风俗习惯的掌握、法律法规的不断熟悉很多都得到了当地华侨、华人的帮助。按照俄罗斯的法规，企业需要“属地化”管理，即要聘用懂当地语言的员工，尤其是要在管理层吸收了解当地市场情况的本土人士。俄罗斯华侨、华人长期在俄罗斯从事经贸、文化交流活动，对俄罗斯政策变化感知最敏感、反应最快，是我国对俄经贸合作企业全面了解俄罗斯政治、经济、文化具有独特优势的前沿平台。当前要发挥莫斯科黑龙江商会等在俄华人社团的桥梁和纽带作用，支持毗邻州区黑龙江商会的组建工作，借助旅俄华侨、华人及其开设的媒体，宣传介绍中国经济发展取得的成绩、对外开放政策以及“一带一路”倡议构想等，增强俄罗斯对“中蒙俄经济走廊”以及“龙江丝路带”建设的了解和认同；与此同时，通过华侨、华人向中国对俄经贸合作企业传递俄罗斯政策信息。

三、推进“龙江丝路带”建设的思路措施

（一）对接俄罗斯远东开发战略

在贯彻“一带一路”同俄方正在推进的跨欧亚大通道建设有机结合的前提下，紧

密结合黑龙江省对俄经贸合作实际，深入研究俄罗斯远东开发的政策措施，抓住机遇对接“龙江丝路带”与远东开发战略，推动互利合作，将《推动共建丝绸之路经济带和21世纪海上丝绸之路的愿景与行动》中涉及黑龙江的相关内容，细化成更加具体、可操作性强的举措。抓住“龙江丝路带”与俄罗斯实施远东大开发、建设远东自由港、滨海1号国际大通道和超前发展区等规划高度契合的难得发展合作机遇，密切关注中俄国家政策取向、产业导向和投资方向，搞好政策、项目对接，高效推进通道建设、境外园区、资源能源及多领域合作。

（二）强化基础设施的互联互通

推进“中蒙俄经济走廊”之“龙江丝路带”建设，关键在于加强毗邻地区基础设施的互联互通。俄罗斯远东发展规划优先发展交通等基础设施建设，希望在中俄边界地区开通更多通商口岸，改善交通基础设施，提高运输能力。为此，黑龙江省应在加快建设同江跨境铁路大桥的同时，努力将黑龙江和蒙东地区沿边铁路建设及口岸通道设施建设纳入国家规划；积极推动黑河跨境公路大桥及东宁—波尔塔夫卡界河公路大桥项目；以投资、长期租赁、合资经营等多种方式参与符拉迪沃斯托克港建设和运营，早日实现陆海联运、江海联运的常态化和机制化；推动黑瞎子岛陆路口岸共同规划开发，在有条件的地区争取开工建设浮箱固冰通道。

（三）加快推进外向型产业发展

依托通道节点城市布局建设各类外向型产业园区，大力发展进出口加工和优势制造业，形成外向型产业集群和跨境产业链，加快构建开放型现代产业体系。加快构建以哈尔滨都市圈为“一核”，哈大齐、哈牡绥东、哈绥北黑、哈佳双同产业聚集带为“四带”，沿边环形开放带为“一环”，境外产业园区为“一外”的产业发展空间格局。此外，哈尔滨经开区、利民经济开发区、大庆高新区、肇东经开区、安达高新化工材料产业园等功能完善的产业园区，可发挥其地处通道沿线优势，主动承接产业转移。

（四）扩大对俄投资合作

为加快远东地区的发展，俄罗斯远东发展部正在制定政策，根据投资人的具体要求量身定制实际投资项目和税收优惠政策，相应简化审批程序和手续，降低对投资的限制，超过50%以上的股权将给投资者更大的经营权力，为黑龙江省扩大对俄投资合作，推进“龙江丝路带”建设提供了新机遇。一是鼓励黑龙江省大企业与央企合作，通过跨国并购方式开展对俄投资；二是根据俄罗斯跨越式发展区的区位、不同定位和招商特点，引导黑龙江省企业有选择的考察项目，加强在林业、农业、石油化工、装备制造、旅游、跨境电子商务等领域的投资合作；三是积极引导和鼓励省内成熟技术和剩余产能企业到境外园区投资建厂，扩大产品在俄罗斯市场的覆盖率，并向欧美日韩等国出口；四是尽快建设具有示范意义的标志性早期收获项目，建成为增进沟通了解的重点工程。

（五）大力发展国际物流业

以哈欧国际货运班列双向开通为契机，进一步探讨黑龙江省与班列途经国家省州建立友好关系，加快商贸物流业发展。以哈铁局为牵动，加快推动大连港、长久集团等国内物流企业；加快建设哈尔滨华南城、空港物流园，以及双鸭山中俄国际文化物流经贸产业园、宁安源丰果蔬国际物流园等现代化物流产业园。加快推进铁路集装箱中心等物流集散基地建设，打造“龙江丝路带”的重要枢纽及核心节点。组织好出口货源和回程货源，协调好出境后同相关国家的关系，避免国内出口货物在境外竞争，肥水外流。积极开展招商引企，广泛组织国内外货源，吸引大连港、营口港、天津港、华南城、义乌小商品城等国内外大型商贸物流、货运企业通过龙江陆海丝绸之路进行跨境运输。

（六）进一步扩大能源资源合作

俄罗斯开放远东地区的资源类项目的控股权，表明俄方能源和矿产开发方面的政策开始调整，放宽了对远东地区内能源和矿产开发政策，政策风险进一步缩小，有利于黑龙江省投资远东地区的矿产和能源特别是木材、油气以及农业。利用跨境输变电线路、运输管道、公铁联运、江海联运等立体运输方式，扩大对俄电、油、气、煤等合作。积极参与俄方电站和电源设施建设，进一步扩大对俄电力合作规模。配合中石油公司做好中俄东部天然气管道建设，尽早谋划配套项目。加快阿穆尔—黑河边境油品储运与炼化综合体项目建设，争取到2018年形成500万吨俄罗斯油品经跨境输油管道回运中国的能力。通过开展中俄东线管道天然气配套建设，发展关联产业。

推进“中蒙俄经济走廊”新通道建设

毕德利（中国辽宁省社会科学院低碳发展研究所所长、助理研究员）

目前，存在两条“中蒙俄经济走廊”大通道，分别是经满洲里和二连浩特入境，连接中蒙俄的铁路运输通道。这两条通道，有着较强的时代背景，已不能满足“一带一路”倡议下亚洲互联互通的现实需要。为加快“丝绸之路经济带”建设步伐，加强中蒙俄三国战略合作，有必要打造一条符合中蒙俄利益的经济走廊新通道。对此，中蒙两国不但具有得天独厚的地理优势，还将在新通道建设上取得早期成果。

一、“中蒙俄经济走廊”新通道蓝图初现

所谓“中蒙俄经济走廊”新通道，即从连接俄罗斯第一亚欧大陆桥的蒙古国乔巴山—额仁查布（蒙俄边界蒙方口岸）铁路开始，新建一条乔巴山—霍特—毕其格图（蒙中边界蒙方口岸）的蒙古国新铁路。在此基础之上，将蒙古国铁路在毕其格图和珠恩嘎达布其（中蒙边界中方口岸）与中国境内的巴珠铁路（巴彦乌拉—珠恩嘎达布其）、巴新铁路（巴彦乌拉—阜新新邱）、阜盘铁路（阜新—盘锦港）相连后出海，开辟一条“中蒙俄经济走廊”新通道。

（一）新通道建设符合蒙古国国家利益诉求

蒙古国修建连接中国铁路的利益诉求，是通过中国找到一条最为便捷的出海通道。2014 年 10 月 24 日，蒙古国大呼拉尔（议会），通过了《关于执行蒙古国铁路运输政策的确保措施》的 64 号决议。决议内容包括：修建毕其格图—霍特—乔巴山新铁路。目前，从乔巴山—额仁查布，已有连接到俄罗斯的第一亚欧大陆桥铁路。

（二）新通道建设可使国内路网互联互通

中国修建连接蒙俄铁路的利益诉求，是以“一带一路”建设为远景，以“中蒙俄经济走廊”建设为桥梁，实现亚洲互联互通的目的。中国与蒙古国毕其格图相对应的口岸，是内蒙古自治区锡林郭勒盟东乌珠穆沁旗的珠恩嘎达布其镇。目前，从珠恩嘎达布其到辽宁的锦州港、盘锦港铁路网已初具雏形。

从纵向看，巴珠铁路正在建设之中；巴新铁路已实现部分通车运行；阜盘铁路已完成前期准备工作。

从横向看，霍通铁路（霍林河—通辽）货运专线，已开通到珠恩嘎达布其，具备与巴珠铁路接轨条件；集通铁路（集宁—通辽）、赤大白（赤峰—大板—白音华）铁路，已与巴新铁路接轨，实现了互连互通，可以通过国家铁路网，连接到其他陆海港口。

（三）新通道建设具有比较优势

“中蒙俄经济走廊”新通道建设，在实现国家“一带一路”建设远景基础上，必须经得起国内外各通道利用方，在运输距离等经济效益方面考量（见下表）。

中蒙俄铁路出海里程对比

单位：千米

起讫国	俄罗斯	蒙古国	中国口岸	出海港口	里程	径路对比
中国			珠恩嘎达布其	盘锦港	929	√
			二连浩特	天津港	1021	+92
			满洲里	营口港	1598	+669
			满洲里	大连港	1812	+883
蒙中		乔巴山	珠恩嘎达布其	盘锦港	1279	√
		乌兰巴托	二连浩特	天津港	1740	+461
俄蒙中	博尔集亚	乔巴山	珠恩嘎达布其	盘锦港	1505	√
	博尔集亚		满洲里	营口港	1748	+243
	博尔集亚		满洲里	大连港	1962	+457
	乌兰乌德	乌兰巴托	二连浩特	天津港	2394	+889

通过比较，可以看出，从盘锦港出海，是最为便捷的“中蒙俄经济走廊”新通道。如果这条经济走廊能够尽快建成，预示着一条纵贯蒙古国南北、连接俄罗斯第一亚欧大陆桥的出海新通道即将诞生，一条实现亚洲互联互通的“中蒙俄经济走廊”新通道蓝图初现，习近平总书记在中央财经领导小组第八次会议上强调的“标志性工程”“尽

早开花结果”和“早期收获”得到有效落实。

二、“中蒙俄经济走廊”新通道建设现状

总体看，“中蒙俄经济走廊”建设进展顺利成绩斐然。纵向看，蒙古国毕其格图—霍特新铁路，能按标准轨（1435厘米）修建①，是中、蒙两国政府，发展新型战略合作伙伴关系的硕果，是中国开展务实外交的重大成果；横向看，该铁路已与内蒙古集通铁路、赤大白铁路实现了互连互通，并基本达到与国铁新义线接轨条件。

（一）阜盘铁路建设获得政府批准

阜新—盘锦铁路（由巴新铁路沙扎兰站，经锦州市北镇，到盘锦荣兴港），线路全长176公里，由辽宁巴新铁路股份有限公司投资修建。阜盘铁路已于2013年9月、10月，分别获得辽宁省发展和改革委员会关于“同意新建阜盘铁路一、二期工程开展前期工作的通知”。目前，已完成项目预可研评审工作。

（二）巴新铁路实现部分开通运行

巴彦乌拉—新邱铁路，线路全长487公里，由辽宁巴新铁路股份有限公司等投资方修建。巴新铁路已于2014年11月10日，实现大板—新邱开通运营（330公里），并与内蒙古集通铁路、赤大白铁路实现互联互通。剩余的大板—巴彦乌拉157公里路段，已完成全部路基和所有控制工程，待规划中的重点项目，位于西乌珠穆沁旗的吉林郭勒2号露天煤矿投入生产，即可铺轨运行。

（三）巴珠铁路部分工程已经完工

巴彦乌拉—珠恩嘎达布其铁路（南起巴新铁路终点巴彦乌拉站，途经额合宝力格和五间房等煤矿地区，终至珠恩嘎达布其口岸），线路全长266公里，由内蒙古集通铁路公司投资修建。巴珠铁路分四期进行建设，目前，一期（伊和吉林至松根山段）、二期（松根山至东乌旗段）130公里工程已经建成。三期、四期工程，计划2015年开工建设。

① 《蒙古国南部两条铁路将采用标准轨距》，新华网，2014年10月25日，http：//www. ditiezu. com/thread - 387128 - 1 - 1. html。

（四）蒙古国着手修建毕霍及霍乔铁路

蒙古国与中国毗邻的南戈壁、东戈壁、苏和巴托和东方省，蕴藏丰富的能源及矿产资源，已探明有 80 多种矿产和 3000 多个矿点。主要有煤、铜、铁、锰、铬、钨、钼、铝、铅、锌、汞、铋、锡、砂金矿、岩金矿、磷矿、萤石、石棉、石墨、云母、水晶、绿宝石、紫晶、绿松石、石油、油页岩等矿产资源。已开采并具有相当规模的矿产资源，有有色金属、黄金、煤和萤石等。

蒙古国为使上述资源销往国际市场，计划近期修建塔本陶勒盖矿区—赛因山达、赛因山达—霍特煤矿、霍特煤矿—乔巴山、霍特煤矿—诺木日格、霍特煤矿—毕其格图口岸（与我国珠恩嘎达布其口岸对应）、塔本陶勒盖煤矿—嘎顺苏海图、那林素海图煤矿—西伯库伦等八条计 1900 余公里，通往出海港口的铁路运输通道。其中，毕其格图—霍特—乔巴山铁路，即是联通中国阜盘、巴新、巴珠铁路和俄罗斯第一亚欧大陆桥的重要通道。

2015 年 3 月，蒙古国交通部与相关利益方，就修建毕其格图—霍特—乔巴山新铁路，达成合作共识。这是我国“一带一路”及“中蒙俄经济走廊”新通道建设的重大机遇。

三、“中蒙俄经济走廊”新通道面临的困难

（一）境外铁路建设存在轨距标准问题

2013 年 12 月 18 日，“中蒙俄三国跨境铁路运输‘北方走廊’三方会议”在蒙古国乌兰巴托召开。其间，蒙古国国有新铁路公司与辽宁巴新铁路股份有限公司，签署了《蒙古国新铁路项目投资框架协议》。该协议的签订，标志着“丝绸之路经济带”及“中蒙俄经济走廊”新通道，迈出了向北发展的重要一步，具有重要的里程碑式意义。但在境外铁路建设方面，还存在如下问题。

（1）毕其格图—霍特铁路。2014 年 10 月 24 日，蒙古国大呼拉尔批准毕其格图—霍特铁路按 1435 厘米标准轨修建，但在议会讨论时，对将中蒙两国铁路换轨地点设在蒙古国腹地，也存在不同见解。因此，双方应在蒙古国现政府换届前（2017 年），积极促成该段铁路开工建设，并争取下届政府对此保持政策的连贯性。

（2）霍特—乔巴山铁路。该段铁路的轨距问题，尚需中蒙双方从“中蒙俄经济走廊”新通道建设的大局出发，按标准轨修建（蒙古国国家铁路标准是 1520 厘米的宽

轨，中国国家铁路标准是1435厘米的标准轨）。

（3）毕其格图—霍特铁路项目，预计将投资额约数亿美元，该铁路建设需要国际融资，从“一带一路”大局出发，理应得到丝路基金及亚投行的鼎力支持。毕其格图—霍特融资项目，分别符合习近平主席于2014年9月11日、11月8日，“中蒙俄三国首脑会晤”和“加强互联互通伙伴关系对话会”提出的，“可以把丝绸之路经济带同俄罗斯欧亚铁路、蒙古国草原之路倡议进行对接，打造‘中蒙俄经济走廊’”及“中国将出资400亿美元成立丝路基金，为‘一带一路’沿线国家基础设施、资源开发、产业合作和金融合作等与互联互通有关的项目提供投融资支持”的主张。

（二）境内铁路建设需要体制机制创新

“中蒙俄经济走廊”新通道建设，存在着一定的历史机缘。该通道的重要组成部分巴新铁路，是辽宁巴新铁路股份有限公司修建的一条民营铁路。建设该铁路的原意，一是将内蒙古吉林郭勒2号露天矿的煤炭，输送到阜新市大唐煤制气项目，为资源型城市经济转型服务，二是为蒙东能源外运服务。2013年，习近平主席提出“一带一路”倡议后，为巴新铁路赋予了“中蒙俄经济走廊”新通道的历史使命。目前，这条新通道的境内部分，存在如下问题。

（1）巴珠铁路。因建设资金缺口，致使剩余136公里铁路建设进度缓慢。

（2）巴新铁路。目前存在两个问题：一是从巴彦乌拉—大板段（157公里）尚未铺轨，具体原因涉及吉林郭勒2号煤矿的开采审批和地方政府政策。但2号矿不开采作业，巴新铁路就形不成运力，铁路运行就不可持续。二是，巴新铁路与国家铁路新义线，在辽宁省阜新市新邱已实现轨道连接，但由于国有铁路与民营铁路还没能达成合作经营的共识，导致目前只实现物理接轨，而实际不能互联互通的现状。

（3）阜盘铁路。民营性质的阜盘铁路建设，构成了市场经济的竞争格局，导致阜盘铁路在修建过程中，需要化解许多前所未有的困难。

四、建设“中蒙俄经济走廊”新通道的政策建议

（一）将新通道建设作为中蒙俄三国合作典范

应将“中蒙俄经济走廊”新通道项目，作为今后中蒙俄首脑会谈的重要议题。目前，蒙方正积极着手合作修建蒙古国新铁路项目。鉴于俄罗斯目前正在积极开发远东地区，“中蒙俄经济走廊”新通道项目，也符合俄罗斯的国家利益诉求。建议三国政府

以此为契机，在今后的中蒙俄首脑会谈时，本着互利互惠的原则，携手推进“中蒙俄经济走廊”新通道建设，实现欧亚互联互通。

（二）建议中国建立高规格的部际联席协调机制

鉴于新通道建设涉及蒙古国、俄罗斯及中国相关部委及地方政府，涉及许多条块利益，还涉及一些不适应社会发展及“一带一路”和“中蒙俄经济走廊”建设的政策法规。建议成立一个由中央“一带一路”工作领导小组和全面深化改革领导小组牵头的，由发改委、外交部、商务部及国土资源部、财政部、交通部、国家铁路总局和辽宁省、内蒙古自治区政府等组成的“中蒙俄经济走廊”新通道建设联席协调机构，统筹推进“中蒙俄经济走廊”新通道建设相关事宜。

（三）以深化改革推动中国境内经济走廊新通道建设

以全面深化改革为统领，推动“中蒙俄经济走廊”新通道境内铁路建设。目前，所有相关工作都应为“一带一路”和“中蒙俄经济走廊”新通道建设服务，局部利益必须服从整体利益，地方利益必须服从国家利益。建议国务院相关部委，推动巴珠铁路尽快全面完工；建议相关地方政府，积极支持吉林郭勒2号矿开工生产；建议政府相关部门及国有企业，从扶持民营铁路发展的角度，允许巴新铁路与国铁新义线互联互通，全力支持阜盘铁路建设项目，为亚洲互联互通创造条件做出贡献。

中国新疆参与“中蒙俄经济走廊”建设的思考

刘文哲（中国新疆维吾尔自治区发展研究中心调研员、行政管理学会办公室副主任）

建设“中蒙俄经济走廊”具有重大意义。“中蒙俄经济走廊”建设是促进全球经济繁荣的战略举措，是维护国家战略安全和促进区域经济合作的战略选择，是新疆扩大对内对外开放、推进经济可持续发展的战略机遇。新疆参与“中蒙俄经济走廊”建设的现实基础包括三个方面。一是区位地缘优势。新疆是“丝绸之路经济带”建设北、中、南三条大通道的交汇之地，处于东西两大经济圈的重要节点和枢纽，是东西方文化的融合点，与俄罗斯、蒙古国山水相连、人文相近，有着独特的区位地缘优势。二是政治历史基础。中蒙俄三国间不存在悬而未决的政治和历史遗留问题。三方发展战略高度契合，有相同的发展经历，政治互信进一步加深，中蒙俄三国双边关系均处于历史最好时期。三是经贸合作基础。新疆抓住共建“丝绸之路经济带”的重大历史机遇，深化改革创新、聚力长治久安，各项工作都取得了显著成效，为参与共建“中蒙俄经济走廊”奠定了坚实的经贸合作基础。新疆参与“中蒙俄经济走廊”建设的几点建议：一要加强大通道和交通枢纽中心建设，促进互联互通；二要加强区域性商贸物流中心建设，拓展物流合作；三要加强区域金融中心建设，打造投融资平台；四要推进人文领域合作，促进与蒙、俄两国“民心相通”。

2014 年，习总书记在中蒙俄元首会晤时讲，中蒙俄三国发展战略高度契合。中方提出共建“丝绸之路经济带”倡议，获得俄方和蒙方积极响应。我们可以把“丝绸之路经济带”同俄罗斯跨欧亚大铁路、蒙古国“草原之路”倡议进行对接，打造“中蒙俄经济走廊”。据此，国家丝路规划在“战略布局”上增加了“中蒙俄经济走廊”。新疆与蒙古、俄罗斯山水相连、人文相近，是中国与俄罗斯欧洲部分最近的地区，同时又与西西伯利亚相连，经过多年的探索发展，新疆与蒙、俄形成了广泛的区域合作基础，充分利用这一区位地缘优势，积极参与“中蒙俄经济走廊”建设，对推动“一带一路”倡议构想、亚欧经济一体化和新疆“丝绸之路经济带”核心区建设具有重大的现实意义。

一、建设“中蒙俄经济走廊”的重大意义

（一）“中蒙俄经济走廊”建设是促进全球经济繁荣的战略举措

大力推进“中蒙俄经济走廊”建设，通过构建横跨亚欧的经济带，形成我国同周边国家“政治关系更加友好、经济纽带更加牢固、安全合作更加深化、人文联系更加紧密”的合作新格局，可以有效促进区域互动、实现各国之间的互利共赢，将对世界经济版图产生重要影响，是促进全球经济繁荣的战略举措。

（二）“中蒙俄经济走廊”建设是维护国家战略安全和促进区域经济合作的战略选择

通过发展周边外交，找准深化互利合作的战略契合点，积极推动区域经济合作，加强文化交流，扩大国际影响，有利于拓展我国战略发展空间，可以更加从容应对日趋复杂的国际形势。打造“中蒙俄经济走廊”，不仅在东北亚促成一个新的发展区域，实现三国经济一体化，还必将大大促进区域经济合作的加速发展，为中蒙俄经济社会发展提供机会。

（三）参与“中蒙俄经济走廊”建设，是新疆扩大对内对外开放、推进经济可持续发展的战略机遇

推动“中蒙俄经济走廊”建设，有利于发挥新疆地缘和人文等独特优势，打通东联西出的国际国内大通道，扩大进出口，提升对内对外开放水平，形成新的经济增长极；有利于加快优势资源转换进程，把资源优势转换为经济优势；有利于转变发展方式，优化经济结构，培育壮大特色优势产业，不断提升经济发展的质量和效益，使发展成果惠及各族群众；有利于高起点谋划实施一批打基础、利长远、对全局有引领作用的重大项目，为新疆可持续发展提供强劲动力；有利于吸引各类资本参与新疆经济发展、基础设施建设和资源开发利用，积极承接东部产业转移，促进新疆经济社会可持续发展。

二、新疆在“中蒙俄经济走廊”建设中的现实基础

（一）区位地缘优势

“丝绸之路经济带”国内段的空间布局主要是北、中、南三条大通道，分别从我国东部经济最发达的三大经济圈出发，依托国内交通干线，自东向西贯穿沿线重要节点城市，经新疆通向中亚、西亚、南亚和俄罗斯等地。在“丝绸之路经济带”的总体空间格局上，新疆是北、中、南三条大通道的交汇之地，又处于东西两大经济圈的重要节点和枢纽，是东西方多元文化的融合点，有着独特的地缘优势、资源优势和人文优势，奠定了新疆在“丝绸之路经济带”建设中的核心区的战略地位。第二次中央新疆工作座谈会明确提出着力打造新疆“丝绸之路经济带”核心区。新疆与蒙古国、俄罗斯山水相连，人文相近，是中国与俄罗斯的欧洲部分最近的地区，同时又与西西伯利亚相连，区位优势十分明显。新疆应充分利用这一区位优势，以“丝绸之路经济带”核心区建设为依托，共建“中蒙俄经济走廊”，推动区域经济快速发展，切实当好建设“丝绸之路经济带”的主力军和排头兵。

（二）政治、历史基础

在国家关系上，中蒙俄三国间不存在悬而未决的政治和历史遗留问题。三方发展战略的高度契合，中蒙俄三国的经济发展结构具有很强的互补性，三方不仅在能源输出、资金与技术支持等方面具有高度的利益需求，“中蒙俄经济走廊”也是基于三国经济发展战略需要的产物。中蒙俄三国有着相同的发展经历，曾经都是社会主义计划经济转型国家，有发展经济、维护国家主权安全的共同需求。政治互信不断加深。经过20多年的探索与发展，中俄关系已形成广泛的政治、经济和社会基础，建立了多层级的密切交流机制。2014年8月，习近平主席访问蒙古国，将中蒙关系提升为全面战略伙伴关系，中蒙两国在军事、文化等广泛领域开展合作达成共识。中蒙俄首次举行的三国首脑会晤，以及三国副外长级磋商机制的建立，进一步深化了三方政治互信。目前，中蒙俄三国双边关系均处于历史最好时期，为推动“中蒙俄经济走廊”建设奠定了基础。

（三）经贸合作基础

近年来，新疆抓住共建“丝绸之路经济带”的重大历史机遇，深化改革创新、聚

力长治久安，各项工作都取得了显著成效。一是对外开放成效显著。重点建设了上海合作组织、中国—亚欧博览会、喀什、霍尔果斯经济开发区三大平台。现有国家级产业园区22家。初步形成以17个一类口岸及铁路、公路、航空、管道为依托，面向中西南亚、俄罗斯、蒙古及欧洲的开放通道。2014年新疆各口岸过货量达4665万吨，中哈第二条铁路试运行，管道原油累计进口达7542万吨、天然气累计进口6874万吨。铁路运营里程达5760公里，客运量达2355万人次，货运量达7529万吨。

二是区域合作不断加强。已成功举办四届中国—亚欧博览会，实现对外经济贸易成交234亿美元。每年举办哈萨克斯坦、吉尔吉斯斯坦、塔吉克斯坦、格鲁吉亚、蒙古、乌兹别克斯坦中国商品展览会等七个境外展会，组织企业参加境外知名展会，有效促进中外企业直接交流合作。已与中亚国家建立起地方政府间的交流合作机制。积极拓展与俄罗斯鞑靼斯坦共和国、鄂木斯克州、新西伯利亚州的经贸、科技、旅游、教育、文化、资源开发等领域的互利合作。

三是产业园区建设取得重大进展。设立和升格了一批国家级产业聚集园区。喀什、霍尔果斯经济开发区规划编制已获国家批准，基础设施建设、招商引资和承接产业转移取得新进展。一批面向国际市场的出口加工基地正在形成，产业聚集效应初显成效。

四是对外贸易快速增长。2000~2014年进出口额年均增长19.6%。2014年，实现进出口276.76亿美元，列全国第21位、西部地区第5位。贸易国别达186个；私营企业进出口额超217.3亿美元，占全区进出口总值的78.5%；边境贸易连续11年位列全国9个陆路边境省区之首。

五是对外投资合作迈出新的步伐。2000~2014年，全区境外投资年均递增36.6%，境外承包工程营业额年均递增47.8%。2014年，完成对外工程承包营业额21.73亿美元，增长9.2%。新疆企业以总包、分包方式积极参与中亚国家电网改造，原油、天然气管道，公路、铁路等重点基础设施建设项目，赢得了声誉、锻炼了队伍。所有这些都为参与“中蒙俄经济走廊”建设打下了坚实的基础。

三、共建“中蒙俄经济走廊”的几点建议

（一）加强能源大通道和交通枢纽中心建设，促进互联互通

基础设施建设是“中蒙俄经济走廊”建设的优先领域。通过深化与俄罗斯、蒙古国的能源合作，依托中亚进口石油、天然气，新疆油气开发、石油加工和煤制气、煤制油等产业发展，加快疆内及出疆油气管道建设。充分发挥新疆区位优势，进一步加

快交通建设。提升中通道功能，加快南、北两条关键通道建设。加快推进乌鲁木齐新机场建设，完善西部门户枢纽机场功能，强化乌鲁木齐作为铁路、公路、航空三大枢纽中心的地位。加快北通道建设。以将军庙（准东）至哈密（三塘湖、淖毛湖）至额济纳资源开发性铁路为主，向东抵达渤海湾，向西经吉木乃、塔克什肯口岸通往哈萨克斯坦、蒙古国以及俄罗斯，形成新疆第二条出疆通道，成为欧洲及中亚地区通往我国渤海湾最便捷的陆路通道。加快南通道建设。向西经伊尔克什坦、吐尔尕特口岸到达吉尔吉斯斯坦；经喀什地区通过红旗拉甫口岸到达巴基斯坦首都伊斯兰堡以南的瓜达尔港，最终形成我国通往西亚、地中海和印度洋地区的陆路运输通道。

（二）加强区域性商贸物流中心建设，拓展物流合作

投资贸易合作是“中蒙俄经济走廊”建设的重点。建立现代国际商贸物流体系。加快建设和形成面向国内和中、西、南亚，俄罗斯，蒙古国的现代商贸物流服务体系。在乌鲁木齐等重点城市建立一批国际商贸集散地、大型边境贸易市场、储运中心和铁路物流园区。建设和完善信息大通道，健全物流信息网络。加快信息基础设施建设，构建乌鲁木齐连接亚欧非的国际通信、信息传输和光缆大通道。积极推进物联网、云计算等新技术在商贸物流中的应用，建设以先进信息技术平台为支撑、线上线下深度融合的乌鲁木齐陆路港项目。建成覆盖周边国家和内地、功能齐全的物流信息网络和电子商务交易平台。办好中国—亚欧博览会、喀什中亚商品交易会等，搭建新的国际经贸合作交流平台。

（三）加强区域金融中心建设，打造投融资平台

资金融通是“中蒙俄经济走廊”建设的重要支撑。加速推进金融对外开放平台建设。进一步扩大新疆金融对外开放，推进国际区域间的金融对话机制、组织机构合作、投融资市场、支付清算机制等领域的建设，加速推进“丝绸之路经济带”融资、清算、金融市场、外汇交易等金融平台建设，形成“丝绸之路经济带”区域金融中心。建立完善的金融机构体系。推动全国性银行业金融机构来疆设立分支机构，支持外资银行机构来疆设立独资银行和中外合资银行，鼓励中资银行在政策允许的前提下在境外设立分支机构，推动金融服务业对符合条件的民营资本开放，支持以合作、合资、独资方式设立金融机构。加快建设金融信息和后台服务产业。完善人民币交易和结算中心，完善和推广出口信用保险，支持新疆债务性融资工具发展，支持新疆在资源开发型、资产增值收益型债券运用方面的先行先试。构建多层次的金融市场。成立新疆金融综合交易平台，完善银行、证券和保险市场，提供基金、债券、股票、保险、金融租赁

以及金融衍生品等多元化的金融服务。构建区域性金融风险监测体系和金融风险预警体系。加强与国际性金融组织，周边国家央行、金融机构的沟通交流，建设更高层次的金融合作对话机制。

（四）推进人文领域合作，促进与蒙俄“民心相通”

人文领域的交流与合作是“中蒙俄经济走廊”建设的重要基础。深化“丝绸之路经济带”中亚问题研究、环阿尔泰山“四国六方”国际经济合作示范区的研究工作。推进与蒙、俄政府间的文化交流项目，举办丝绸之路国际文化产业博览交易会，引进民间资本开发新疆文化产品。加强科技交流，联合内地省市加强与蒙、俄的科技合作，利用上海合作组织科技领域合作机制等平台发展双边与多边、官方与民间等多种形式的科技合作与交流。加强气象科技交流和合作，提高防灾减灾能力。实施一批科技援助项目与科技合作项目，吸引先进实用技术和管理经验的推广应用。加强教育交流。定期举办国际教育论坛和大学校长论坛；鼓励新疆学校与蒙、俄学校开展交流活动；扩大“自治区人民政府接收周边国家留学生奖学金项目”规模，鼓励国有大型外向型企业面向周边国家留学生设立企业奖学金；实施“丝绸之路经济带”国际合作人才培养工程。与周边国家开展友好省市间、城市间的实质性合作。建立与周边国家旅游信息交流共享机制，联合打造具有丝绸之路特色的国际精品旅游线路和旅游产品。简化人员往来手续，充分依托口岸优势，研究允许利用边境通行证等形式开展边境旅游。

参考文献

[1] 罗雨泽．“一带一路”政策支持体系．国务院发展研究中心调查研究报告．2015，第 74 号（总 4759）

[2] 张秀杰．东北亚区域经济合作下的“中蒙俄经济走廊”建设研究．学习与探索，2015－07－07

[3] 于洪洋，欧德卡，巴殿君．试论“中蒙俄经济走廊”的基础与障碍［J］．东北亚论坛，2015，(1)：96－106

共建“中蒙俄经济走廊”与中国辽宁的路径选择

毛泽（中国辽宁省人民政府发展研究中心主任、党组书记、税务师、会计师）
朱军（中国辽宁省人民政府发展研究中心副主任、研究员）
曾兆勇（中国辽宁省人民政府发展研究中心区域发展研究处副处长）
耿殿贺（中国辽宁省人民政府发展研究中心技术经济研究处）

《关于编制建设中蒙俄经济走廊规划纲要的谅解备忘录》的签署，标志着“中蒙俄经济走廊”建设步入了实质性实施阶段。作为一条经济潜力巨大的国际经济通道，“中蒙俄经济走廊”的建设必将对东北亚乃至全球经济格局产生重大影响。实现携手共建，是三国面临的新课题、新考验。从中蒙俄三国发展现状出发，我们认为，实现携手共建的工作重点在于：构建共谋、协商的组织架构，以合作机制引领经济走廊建设；落实同步、共建的空间格局，建立科学合理的空间关系；制定同审、同编的规划体系，以规划共同编制指导区域协同发展；建设联通、联运的交通体系，实现区域间运输的高效便捷；建立联防、联控的环保机制，协同控制和治理环境污染；建立联盟、共享的创新体系，共同打造创新发展高地；推进共建、共管的口岸管理，促进港口、口岸城市与腹地的深度融合；谋划联合、互通的政策体系，推动区域投资贸易便利化。辽宁是“一带一路”的重点省区，是“中蒙俄经济走廊”的重要节点，是连接亚欧通道的重要出海口。当前，应充分发挥区位优势和产业优势，重点做好以下几项工作：构建信息合作平台，促进地方政府间的合作交流；以沿海港口城市为支点，建设陆海综合交通通道；积极开展境外工程承包，参与“中蒙俄经济走廊”基础设施建设；推动产业合作区建设，促进国际产能合作；推进人文科技交流，深度融入“中蒙俄经济走廊”；构建三国智库联盟，促进经济走廊建设的政策共识。

“中蒙俄经济走廊”建设不仅是国家“一带一路”倡议中建设向北开放的重要窗

口的物质载体，作为一条经济潜力巨大的国际经济通道，它又为新一轮东北老工业基地全面振兴赋予了新的内涵和发展空间。而且从更高的战略层面分析，广义上的“中蒙俄经济走廊”建设更是覆盖东北亚战略，必将对未来全球格局产生重大影响。因此，能否实现“中蒙俄经济走廊”的携手共建，完成国家的战略使命，是新常态下对东北三省一区的一次新考验。

一、共建“中蒙俄经济走廊”是实现国家战略的最优选择

目前，东北地区参与东北亚经济合作仍处于一种“散兵游勇”、各自为战的状态。这一方式虽然调动了各省的积极性、形成了独具特色的外经贸格局，但从长远看，这种模式会影响我国在东北亚合作中的战略纵深。所以，我们必须树立整体意识，抱团携手共同推进“中蒙俄经济走廊”建设，这不仅顺应了全球化、区域一体化的发展趋势，也是再造东北对外开放新优势的必然选择，特别是有助于东北地区的全面振兴。

（一）东北区域协同发展的总体思路

目前，东北地区尚未形成一盘棋、有协商、有合作、协同推进的局面。未来，三省一区应抓住“中蒙俄经济走廊”建设的机遇，遵照国家“协同发展、协调发展、共同发展”的统筹区域发展总体方针，着力加强顶层设计，明确三省一区功能定位、产业分工、城市布局、设施配套、综合交通体系等重大问题；着力加大对协同发展的推动，自觉打破自家“一亩三分地”的思维定式；着力加快推进产业对接协作，理顺三省一区产业发展链条，形成区域间产业合理分布和上下游联动机制；着力调整优化城市布局和空间结构，促进城市分工协作；着力扩大环境容量生态空间，加强生态环境保护合作；着力构建现代化交通网络系统，把交通一体化作为先行领域，加快构建快速、便捷、高效、安全、大容量、低成本的互联互通综合交通网络；着力加快推进市场一体化进程，破除障碍，推动要素按照市场规律在区域内自由流动和优化配置。

（二）深入推进东北区域协同发展的战略举措

构建共谋、协商的组织架构，以合作机制引领区域协同发展。在东北振兴办和东北四城市定期会议制度两大协商机制基础上，抓紧建立政府联席会制度和城际联席会制度等，定期和不定期地召开联席会，沟通情况，协商合作中的重大问题，形成对各方具有约束力的合作协议，协调政府间的利益，统一行使跨界职能。

落实同布、共建的空间格局，建立布局合理的空间关系。未来东北地区在空间上

要形成“四核驱动、一轴两翼五带带动、多点辐射”的空间格局，即沈阳、大连、哈尔滨、长春为四核，哈大（哈大高铁、高速）为支撑轴、漠河—大庆—白城—通辽—锦州、佳木斯—绥芬河—通化—丹东为两翼，满洲里—哈尔滨—绥芬河、长春—吉林—图们江、丹东—沈阳—通辽、大连—营口—锦州—赤峰和辽宁沿海经济带为五条传动带，各市、各园区为多点辐射。将沈阳打造为国家中心城市，东北区域交通枢纽、区域创新中心、区域服务中心、区域文化中心；将大连打造为东北亚航运中心，东北地区对外开放前沿；将长春、哈尔滨打造成区域性中心城市，辐射带动周边城市发展；将满洲里、漠河、黑河、绥芬河、延吉、丹东、锡林浩特等沿边城市打造为“中蒙俄经济走廊”的窗口。加大哈大高铁沿线城市建设和人口集聚力度，提高城市化水平，构建哈大城市群，将其打造为世界级城市群。

制定同审、同编的规划体系，以规划联袂指导协同发展。目前，各省正在编制“十三五”发展规划，近期应加强四地的规划对接，共同研究区域性重大问题，修改完善四地相关规划。未来，四地应共同研究东北地区的城镇空间布局、生态廊道划定和区域重要基础设施，并达成规划共识。积极探索建立四地交界地区城乡规划共同审查机制。同时，适时启动四地共同编制东北地区协同发展规划。

建设联通、联运的交通体系，力争实现高效便捷的运输体系。协同发展，交通为先。要着力统筹四地交通发展规划，共同有序建设区域轨道网、公路网和客货运枢纽，同时建立沟通衔接机制，构建安全、快速、便捷、大运量、低成本、互联互通的现代化综合交通网络系统，为推进人流、物流、信息流一体化提供交通先决条件。

狠抓联防、联治的环境保护，协同控制和治理环境污染。建立生态保护规划协调机制；共同推进区域重污染天气预警、会商及应急联动；开展区域联动执法，共同治理重点污染源。统筹东北地区水源保护和风沙治理，并实施严格保护。探索建立生态补偿机制。建议由辽宁、吉林、黑龙江三省合作，将长白山山脉建设为国家生态经济示范区，探索生态环境保护与经济社会协调发展的新路子。

搭建联盟、共享的创新体系，共同打造发展高地。整合东北地区的大学、科研院所、企业研发平台等创新资源，建立协同创新的体制机制。创立东北地区与国际科技创新合作沟通与协调机制，携手开展对俄技术合作。建立四地高新技术园区协商沟通机制。引导大型企业牵头成立战略性新兴产业、装备制造业等产业技术联盟。

推进共建、共管的口岸管理，促进港口、口岸城市与腹地的深度融合。目前，东北地区已经实现了海关通关一体化。大连、营口等港口要梳理对内陆服务若干事项，强化为内陆服务功能；同时，鼓励沿海港口和沿边口岸与内陆城市合作，共同申请设立综合保税区，并向关联城市延伸设立保税仓库。大胆探索港口城市与内陆城市合作共建港口的机制。鼓励口岸城市与内陆城市合作以“园外园”“飞地经济”等模式，共建出口加工区；探索以行业或企业为主体的园区开发模式，促进园区建设管理的市场化、企业化。

谋划联合、互通的政策体系，推动区域投资贸易便利化。加强区域政策统筹，推动优惠政策叠加、区域互认和延伸。建立四地政策创新组织协调推进工作小组，探索推进区域投资和贸易便利化创新试验。同时，四地还要联合向国家争取政策、联合争取境外承包项目、联合争取合作资金、基金支持。

二、辽宁参与“中蒙俄经济走廊”建设的路径选择

（一）建议在国家层面建立统筹协调机制，主动与其他省区建立联动机制

建议国家层面组织东北三省一区与蒙俄中央政府、有关部门和地方政府建立合作机制。尽早启动中蒙双边谈判，就新出海通道建设涉及的相关工作内容、标准、时机进行统筹谋划。建议国家尽快研究制订中蒙俄区域合作规划，早日签署中蒙俄三边合作鼓励和保护相互投资协定以及中蒙俄过境费率优惠协议，在国家级设计资质相互认可、开通国际货物专列、开设开关绿色通道、放宽劳动配额限制等领域实现实质性进展。

（二）创新经济合作交流机制，促进合作顺利高效开展

加强与蒙古国、俄罗斯的行业协会及蒙俄驻华机构、组织、企业的联系，及时获取合作信息。承接中蒙俄高层经贸会议及官产学研交流会，创办经贸合作论坛，举办各类产品博览会，推动辽宁逐步成为中蒙俄多层次、多领域经贸合作交流活动的重要举办地。探索建立与蒙古、俄罗斯接轨的外商投资管理制度。放宽对蒙古国、俄罗斯投资领域限制，对蒙古国、俄罗斯建立“负面清单”，对于清单之外的领域，将投资项目由核准制改为备案制，将投资企业设立、变更合同章程审批制改为备案制。积极探索并与蒙俄两国签署《政府采购协议》，在合作成立的工业园区内，产品列入政府采购清单。

（三）加强理论研究和准备工作，筹划共建智库联盟

“中蒙俄经济走廊”涉及三个国家及我国“三省一区”，合作内容广泛，且形势变

化较快。建议辽宁主动与其他两省一区建立智库联盟，以辽宁省发展研究中心、社科院和研究室等部门为主体，对三省一区如何抱团参与“中蒙俄经济走廊”建设进行系统研究和规划。

（四）加强陆海综合交通枢纽建设，打造欧亚大通道

以沿海港口地区为支点，加快“辽满欧”“辽蒙欧”和“辽海欧”国际通道建设，提高承南启北、互联互通的综合交通运输能力。一是加快建设以大连港等为海上起点，过南海经印尼、辐射南太平洋区域和经白令海峡到欧洲北极东北航道（辽海欧）的海上大通道。二是重点建设以大连港、营口港为起点，连接辽鲁陆海甩挂运输航线，经满洲里、俄罗斯到欧洲（辽满欧）的物流大通道。三是积极争取建设以锦州港、丹东港为起点，至蒙古国乔巴山的铁路出海通道，并最终到达欧洲（辽蒙欧）的蒙古国出海大通道。

（五）积极开展境外工程承包，参与“中蒙俄经济走廊”基础设施建设

鼓励辽宁优势企业，积极承揽国际工程设计和施工项目，提升对外工程承包质量和水平。当前，俄罗斯基础设施有待升级，尤其是在俄远东等边远地区，道路、住房和输电网都相对陈旧老化，辽宁可利用自身技术和地理优势，承揽俄远东地区油气输送管道、公路、桥梁、港口、机场和电力等工程总承包项目，扩大与俄的互利合作。抓住西方资金从俄罗斯流失的时机，加大对俄投资力度。利用自身技术和地理优势，参与西伯利亚大铁路和贝阿铁路改造、哈巴罗夫斯克—符拉迪沃斯托克高铁项目建设，带动辽宁大型成套设备出口。

（六）推进能源和矿业领域合作，鼓励辽宁优势产业走出去

充分发挥辽宁在能源和矿业领域的技术、装备和工程优势，积极参与到蒙古国和俄罗斯的管道建设、勘探开采和资源深加工，深化能源资源开发和加工合作。积极参与建设俄罗斯石油输入管道东线、西线工程，努力争取参与中俄东线天然气管道、俄罗斯东西伯利亚及远东油气合作带、扎舒兰煤田综合一体化、俄远东金铁成矿区开发合作。参与蒙古煤制天然气、铀矿合作开发等项目建设。鼓励有条件的企业就地建立矿产开发及深加工生产基地，形成勘探、开采、深加工产业链。

（七）建立跨境贸易电子商务平台，形成“中蒙俄经济走廊”信息网络

建立多点、多语种跨境贸易电子商务平台，形成商务综合网络，推进辽宁产品出

口，收集贸易信息，发挥产业新优势，开创贸易新方式。引导各类型企业用第三方贸易平台开展与蒙俄的商品交易，实现外贸电子商务企业与口岸管理相关部门的业务协同与数据共享，优化中蒙俄跨境贸易电子商务涉及的通关、结汇和退税流程。

（八）推动产业合作园区建设，搭建“中蒙俄经济走廊”的合作载体

借鉴国内其他合作园区的模式，依托各市经济开发，设立“中俄产业园”“中蒙产业园”，形成“中蒙俄经济走廊”产业合作的示范基地。积极吸引企业参与产业园区规划建设。以推进境外产业园区为突破，引导企业走出去。依托辽宁石化、轻工、建材、机电等行业的产品优势和技术优势，推进俄罗斯巴什科尔托斯坦石化工业园和中俄尼古拉商贸物流保税园区的建设。加快推进辽宁在蒙古苏赫巴托省建立霍特工业园区项目。

（九）推进人文交流合作，深度融入“中蒙俄经济走廊”

推进中俄职业技术学校、俄罗斯产品展示中心等项目建设，促进文化、旅游等相关产业融合发展，实现多元化、多领域的交流合作。探索建立中俄两国大学、科研院所合作平台和合作机制。同时，加强在教育、科技、人文领域合作，促进青少年交流。创新旅游发展的合作模式，加强旅游合作，在政府层面，利用友好城市等合作平台，率先进行全方位旅游合作；在民间层面，利用节庆、会展、文体等多种载体，加强民间交流；在技术层面，简化出入境手续，加快建立国际化旅游标准，建立统一的旅游信息化平台。

创新媒体交流与合作
营造“中蒙俄经济走廊”建设的良好舆论环境

乌兰图雅（中国内蒙古自治区人民政府新闻办公室调研员）

一要充分认识和理解“携手推进‘中蒙俄经济走廊’建设”战略的国际影响力及重要意义，认识和防范国际舆论对于“携手推进草原经济走廊建设”战略的误解及噪音，在三方政府的正确合作与引导下，充分发挥媒体，包括传统媒体和新媒体特别是互联网的传播能力，营造一个良好国际舆论环境。二要围绕着“旨在共同推动中蒙俄智库务实合作，有效发挥智库作为政策沟通协调的桥梁作用”方面的议题，中蒙俄三方政府已达成共识。客观上还需要得到外部环境的理解和支持，需要国际社会、民间、民众的理解、信任和支持。三要媒体做好国际舆论的传播和引导作用。中方为积极“携手推进中蒙俄经济走廊建设”的战略，保驾护航，从长计议，在本次论坛上提出具有建设性的建议：一是充分发挥中蒙俄三方媒体的传播作用，通过报纸，电视、广播、杂志、网络媒体的交流与合作，向国际社会，民间、民众传播好，讲述好“携手推进中蒙俄经济走廊建设”的重要战略意义，讲述好中蒙俄经济命运共同体，利益共享、风险共担，走和平发展道路，造福于本国人民一项惠民工程的理念。消除误解、赢得共识。二是建立健全中蒙俄三方媒体沟通，交流与合作的机制。适时邀请蒙俄媒体记者到中方进行实地考察、采访，加强中方与蒙俄媒体之间的互访，在稿件互换、节目制作、技术支持、新媒体运用等方面，为“携手推进中蒙俄经济走廊建设”战略共同发声，传播和营造良好的舆论氛围。三是有效地发挥智库作为政策沟通协调的桥梁作用，为智库提供一手，鲜活、相似的新闻素材。继续做大做强中蒙两国政府举办的“中蒙新闻论坛”工作，今年将在中国举办第六届“中蒙新闻论坛”，并为今后推动与俄罗斯媒体合作交流机制化提供有力平台。

一、中蒙俄媒体在推进“中蒙俄经济走廊”建设中的地位与作用

（一）“中蒙俄经济走廊”建设的重大意义

2014年9月，在上合组织杜尚别峰会期间，习近平提议建立“中蒙俄经济走廊”，将俄罗斯跨欧亚大铁路、蒙古国提倡的“草原之路”进行对接。“中蒙俄经济走廊”建设与“一带一路”倡议构想是一个整体，作为“一带一路”倡议构想的起点，不仅能够“稳疆兴疆”，改善民生、调整国内经济结构、维护周边地区的稳定，同时，对于推动“一带一路”的倡议目标、推动欧亚地区经济一体化具有重大意义。建立“中蒙俄经济走廊”构想具有战略价值、经济价值和文化价值。在国际上，或者说在欧亚地区具有重大的国际影响力。

一是经济意义：“中蒙俄经济走廊”的建立，将会给三方带来实实惠惠的经济利益，获得俄方和蒙方积极的响应。可以把“丝绸之路经济带”，同俄罗斯跨欧亚大铁路、蒙古国“草原之路”倡议进行对接；打造“中蒙俄经济走廊”，加强铁路、公路等互联互通建设；推进通关和运输便利化，促进过境运输合作，研究三方跨境运输电网建设；开展旅游，智库、媒体、环保、减灾救灾等领域的务实合作。所以说，建设“中蒙俄经济走廊”的倡议，是中蒙俄三国发展战略的高度契合，不仅为三国合作提供了新的重要的机遇，而且可以实现参与三方长期的政治，战略、安全的利益，为经济发展提供了可靠、安全的周边保障。

二是文化意义：“中蒙俄经济走廊”计划实际上是丝绸之路的延续，它体现了对古丝绸之路精神的继承和发扬，2000多年的交往历史证明，只要坚持丝绸之路精神，不同种族、不同信仰、不同文化背景的国家完全可以共享和平、共同发展。

（二）加强中蒙俄媒体的交流合作，营造良好的国际舆论环境

习主席提出的“一带一路”和建立“中蒙俄经济走廊”的倡议，充分体现了互信和互利的精神，贯穿着“亲、诚、惠、容”的周边外交理念，以经济和人文作为主线，不搞封闭性集团，不妨碍既有的多边机制，具有深厚内涵与重要战略意义；它展示出中国将自身发展的宏伟愿景与相关国家和地区的发展远景相结合，将”中国梦”和“亚洲梦”“欧洲梦”相连接，支持相关国家改善民生，增加就业工业化的努力，积极为沿线地区提供国际公共产品，让相关国家广大民众过得安心，舒心、开心；“中蒙俄经济走廊”建设的提出，就是用和平合作，开放包容、互联互通、互赢互利的精神纽

带将三方连接起来。

因而，为推进国际舆论对“中蒙俄经济走廊”建设传播和引导，在三方政府的正确引导下，通过中蒙俄媒体的交流与合作，防范和消除国际上存在的误解和杂音。充分发挥中蒙俄媒体的作用，特别是互联网的传播力量，营造一个良好的外部舆论环境，显得尤为重要。

一是发挥报纸、广播、电视、网络等新闻媒体的作用，向周边国家的广大民众，传播讲解“中蒙俄经济走廊”建设丰富内涵与战略意义。

二是实现对蒙俄新闻信息播出的落地率。采取“请进来、走出去”的方式，邀请蒙俄媒体记者来内蒙古交流采访，我方媒体记者到对方国进行交流采访；集中时间、全方位滚动式地做好对携手推进“中蒙俄经济走廊”建设的传播。

三是通过三方媒体的交流与合作，有效发挥媒体解疑释惑作用，消除疑虑。让国际社会，三方各个阶层、广大民众，对推进“中蒙俄经济走廊”建设的意图、设计、远景规划有进一步的认识，理解和认同，从而得到各个方面的关注、支持和参与。

二、中蒙俄媒体交流与合作的现状及机遇

围绕着“旨在共同推动中蒙俄智库务实合作，有效发挥智库作为政策沟通协调的桥梁作用”方面议题，中蒙俄三方已达成共识。此次首届中蒙俄三方智库论坛，旨在为政府提供政策咨询、理论依据、国情区情、旅游文化、环保建设、减灾救灾等方面的最佳理论、策略和方案，出谋划策，更好地为“中蒙俄经济走廊”建设提供服务。面对机遇和挑战，我们将围绕着中蒙俄三方媒体的交流与合作，做出有效的研究与探讨。近年来，做了以下几项工作：

（一）讲好“中蒙俄经济走廊”建设的故事，以获得国际社会的理解、关注和认同

按照习近平总书记提出的“讲好中国故事，传播好中国声音”的理念，讲好内蒙古故事，当前就是讲好“中蒙俄经济走廊”建设的故事，这是实现“中国梦”的一个重要组成部分。对于国际社会的不理解和质疑，用事实、数据，注重挖掘亮点，注重贴近民心，生动鲜活地讲好“中蒙俄经济走廊”建设的故事；让国际社会，民间、民众了解“中国梦”指的是实现建设一个更加繁荣的社会、一个更加文明的社会、一个更加民主法治的社会、一个更加清洁的社会。环境得到更好的保护，年轻人可以更加自由的创业等。中国是一个坚持“以和为贵，与人为善，已所不欲，勿施于人”传统

观念的国家，中国坚持合作共赢和包容性外交的态度，在携手推进“中蒙俄经济走廊”建设中，中方的态度是真诚的，是中国与相关国家更多分享发展机遇，共享更多发展成果。

（二）加强与蒙俄新闻媒体交流与合作，共同打造好国际传播的平台

重视对蒙俄传播渠道的建设，依托报纸、广播、电视和网络等媒体平台，加强与蒙古和俄罗斯媒体的交流和合作，实现与蒙俄媒体共同打造的国际传播平台。内蒙古日报与蒙古国《商报》合作创办《索伦嘎报》，内蒙古蒙古语卫视与蒙古国乌兰巴托电视台合作拍摄《边走边看》栏目；《索伦嘎》杂志在乌兰巴托设立驻蒙古国工作站；索伦嘎网移动客户端实行试运行；新华集团创办的乌兰巴托塔鸽塔书店销售我图书2万多册。不断提升我在蒙俄传播能力。让国际社会、周边国家各阶层与广大民众，能够更多地客观、全面、准确了解中国及内蒙古经济发展、社会进步、文化繁荣、民族团结和人民幸福安定生活的真实情况。

（三）共同建立口岸地区与蒙俄媒体交流与合作的长效机制

内蒙古各口岸出入大厅都设立了宣传栏，LED电子屏、陈列架、报看陈列架等对外传播设施，让更多的出入境的蒙俄商人、学生、游客等民众了解中国、内蒙古的国情区情；满洲里、二连浩特、新巴尔虎右旗、额尔古纳市、乌拉特中旗等口岸地区与毗邻地区都开展了新闻、经贸、文化等内容丰富的合作交流活动。

近年来，口岸城市满洲里市与俄罗斯远东地区新媒体合作与交流的范围不断增加，新闻覆盖面日益扩大。俄文报纸《满洲里报·俄文版》在俄远东地区发行4000多份；满洲里电台开办《俄文一刻钟》栏目、满洲里电视台开播《满洲里俄文新闻》栏目；开通《满洲里信息港·俄文版》门户网站。新闻中心还与俄罗斯赤塔电视台、广播电台，红石市、乌兰乌德市、伊尔库斯科州等十余家媒体建立了交流和合作关系，实现了信息互换、定期交流合作机制。

（四）实现与蒙俄媒体交流与合作活动的新突破

在蒙古国连续成功举办五届中蒙新闻论坛，中蒙新闻论坛首次列入中蒙中长期发展纲要，同时列入中蒙友好交流年；与布里亚特共和国总统办公厅签署了《关于开展新闻交流合作的意向书》，开辟了对俄罗斯新闻外宣工作新局面；成功开展“百名外国记者看内蒙古”集中采访活动，先后邀请接待蒙古国、俄罗斯、日本、韩国、印度等周边国家和港澳地区的9批110名媒体记者到内蒙古进行集中采访。

（五）实现与蒙俄人文领域交流合作的新拓展

文化交流是民心工程、未来工程，潜移默化、润物无声。在携手推进“中蒙俄经济走廊”建设中，我们要高度重视国家形象、内蒙古形象的塑造，特别是文化软实力的运用，用文化力量塑造中国、内蒙古形象。近年来，开展了中蒙俄系列文化交流活动，如“乌兰巴托·中国内蒙古文化周”“俄罗斯·中国内蒙古文化周”等；更重要的是通过文化交流这一桥梁和纽带，让中蒙俄更多的民众特别是年青一代参与进来，拉近心灵上的距离。

三、建议

在媒介化时代今天，人们已经须臾离不开手机信息、微信、微博、电视等新闻信息传播工具。因此，做好国际舆论的传播和引导工作非常重要，我方要积极携手推进“中蒙俄经济走廊”建设的战略，与蒙俄媒体实现联手互动，主动积极引导国际舆论，讲好“中蒙俄经济走廊”建设的故事，不断拓展与蒙俄媒体的交流与合作机制。

一是充分发挥中蒙俄三方媒体的传播作用。通过报纸，广播、电视、杂志、网络媒体的合作与交流，向国际社会，民间、民众传播好，讲述好“携手推进中蒙俄经济走廊建设”的内涵与重要意义，讲述好中蒙俄经济命运共同体，利益共享、风险共担，走和平发展道路，造福于本国人民一项惠民工程的理念。消除误解、赢得共识。

二是建立健全中蒙俄媒体交流与合作的机制。适时邀请蒙俄媒体记者到中方进行实地考察、采访，加强中方与蒙俄媒体之间的互访，在稿件互换、节目制作、技术支持、新媒体运用等方面，为“携手推进中蒙俄经济走廊建设”倡议共同发声，传播和营造良好的舆论氛围。

三是有效地发挥智库作为政策沟通协调的桥梁作用，为智库提供一手，鲜活、相似的新闻素材。继续做大做强中蒙两国政府举办的“中蒙新闻论坛”，今年将在中国内蒙古举办第六届“中蒙新闻论坛”，并为今后推动与俄罗斯媒体交流合作机制化提供有力平台。

“中蒙俄经济走廊”基础设施建设引入PPP模式的探讨

高国清（中国发展研究基金会办公室主任、高级工程师）
都静（中国发展研究基金会研究三部副主任、助理研究员）
纪超（中国北京交通大学在读博士）

“中蒙俄经济走廊”依三国经济发展战略对接而成，旨在加强铁路、公路、管道等跨境通道的“互联互通”，促进区域经济发展。基础设施建设作为“互联互通”的关键，在“中蒙俄经济走廊”建设中具有重要的先行性，也存在着巨大的资金缺口，这使“PPP模式”在“中蒙俄经济走廊”基础设施建设中的应用成为一种可能。基础设施建设采用PPP模式能够降低政府财政压力、减少建设成本、提高运营效率，实现三国在政治、经济上的互利共赢。本文在分析“中蒙俄经济走廊”基础设施建设引入PPP模式的可行性的基础上，提出运作PPP模式的基本思路和难点，并提出相应的建议。

一、背景

（一）“中蒙俄经济走廊”的战略背景

中蒙俄三国地理相邻，经济发展结构具有很强的互补性，在能源、资金与技术支持等方面，具有高度的利益共同点。“中蒙俄经济走廊”便是基于三国经济发展和战略合作需求，由中国“丝绸之路经济带”、蒙古国“草原之路”、俄罗斯跨欧亚大铁路对接而成的战略构想。

2012年，蒙古国政府提出建设“草原之路”计划，将俄罗斯与中国的过境运输公路连接到一起，并将这个项目纳入国家发展战略计划之中。2013 年 9 月与 10 月，中国领导人分别提出“丝绸之路经济带”与“海上丝绸之路”的战略构想。2014 年 3 月，俄罗斯提出“跨欧亚发展带”构想，作为开发西伯利亚和远东的重要手段与目标。

2014 年 9 月，习近平主席在中俄蒙三国元首会晤时提出共建“丝绸之路经济带”，倡议把“丝绸之路经济带”同蒙古国“草原之路”、俄罗斯跨欧亚大铁路进行对接，打造“中蒙俄经济走廊”，加强铁路、公路等跨境通道互联互通建设，推进通关和运输便利化，促进过境运输合作，研究三方跨境运输通道、输电网建设，开展旅游、智库、媒体、环保、减灾救灾等领域务实合作，促进共同发展。

（二）日趋紧密的中蒙俄经贸关系

中蒙俄三方经济各有优长，发展互利共赢的经贸合作具有独特的地缘优势。中蒙两国正积极推动铁路、公路、口岸、房地产等基础设施和矿能资源项目的投资合作，全面提升合作的规模、质量和水平。中俄双方着重于互补性经贸合作，在航空、航天、能源、电子、化工等领域深入拓展合作空间。

近年来，中国对蒙、俄贸易均实现较快速的增长。2014 年与蒙古国贸易额为 73.1 亿美元，占其外贸总额的 52%；与俄罗斯贸易额为 953 亿美元，占其外贸总额的 12%。中国已成为蒙、俄两国最大的贸易伙伴。

（三）“中蒙俄经济走廊”基础设施建设的先行性

目前，中国正积极致力于“丝绸之路经济带”与蒙古国“草原之路”和俄罗斯跨欧亚大铁路发展战略的对接，在国家层面规划的推进项目清单中，增加了中蒙铁路等重大基础设施建设项目，积极推进“中蒙俄经济走廊”建设。

“中蒙俄经济走廊”覆盖区域广大，三国国力、经济水平有差异，部分落后的基础设施已成为发展的瓶颈。如公路、铁路及输油气管道的运输能力低下、效率不高、仓储规模严重不足、信息管理技术滞后等等。因此促进三国基础设施发展规划的对接，推动基础设施建设先行，已成为“中蒙俄经济走廊”建设的关键环节。

（四）“中蒙俄经济走廊”基础设施建设投资缺口巨大

“中蒙俄经济走廊”基础设施建设将面临巨大的资金缺口。2015 年 3 月 28 日中国国家发展改革委、商务部、外交部联合发布《推动共建“一带一路”的愿景与行动》，指出“共同打造中蒙俄国际经济合作走廊”，规划建设中蒙跨境经济合作区、中蒙俄跨境铁路双幅电气化改造、中蒙俄跨境高速公路中线工程等项目。目前，中国已启动核心区现有设施迁建以及外围道路建设等工程。

俄罗斯为开发西伯利亚和远东，计划到2025年，实施92项基础设施建设工程，其中包括：建设开发北极油气资源配套设施、贝阿铁路和西伯利亚大铁路的现代化改造、远东石油天然气产业集群等大型投资项目，需要总投资5876万亿卢布（折合1960亿美元）。

蒙古国“草原之路”计划由5个项目组成，具体包括：连接中俄的997公里高速公路，1100公里电气线路，扩展跨蒙古铁路，天然气管道和石油管道，总投资需求约为500亿美元。

由此可见，“中蒙俄经济走廊”区域基础设施建设存在巨大资金需求，仅靠国家主导投资或借贷难以满足项目建设的进度。引入PPP模式，吸引社会资本参与基础设施建设，对于缓解政府资金压力，提升建设、运营绩效和培育市场主体，实现三国政府、企业、公众的互利共赢，将具有重大意义。

二、引入PPP模式的可行性分析

（一）PPP模式的定义及内涵

PPP模式（即公私合作伙伴关系机制，或“政府与社会资本、企业合作机制”）是以特许权协议为基础，为建设基础设施项目或者提供某种公共物品和服务，由公共部门和社会共同承担责任和融资风险的伙伴式合作模式。

PPP模式是个完整的、系统的项目融资概念，是一种能够在各参与方之间实现“共赢”的现代融资模式。政府与社会建立合作关系，通过私营化运作，将市场竞争机制引入到基础设施建设中。在PPP模式下，政府和社会资本都能获得比单独行动更为有利的结果。

PPP模式的外延较广，由于各国经济发展程度、意识形态、定义的角度有所不同，PPP的内涵是在实际应用过程中逐步产生、发展和充实的，它不是运用既有的理论去指导实践，而是源于项目实践。因此，随着实践的发展和认知的深化，PPP模式将是一个动态的、不断发展和完善的概念范畴。

（二）PPP模式在全球和中国推广应用的现状

目前，PPP模式作为一种政府缓解财政压力、降低风险的有效融资方式，在越来越多的国家得到推广并在基础设施建设中广泛应用。

1. 全球应用现状

英国世界领先，已逐步建立起一套成熟的 PPP 模式管理制度，形成了完整的社会资本参与公共基础设施建设的推动机制。美国积极促进，成立了 PPP 国家委员会，积极宣传与促进 PPP 模式，各州颁布专门法律促进 PPP 模式在基础设施项目中的应用。加拿大基金支持，成立 PPP 加拿大，统一监管全国 PPP 项目，设立“加拿大 P3 基金”支持 PPP 项目的应用。澳大利亚广泛应用，建立澳大利亚基础设施局管理 PPP 项目，建立严格的审计和绩效评价机制，广泛应用于基础设施和公益事业领域。

2. PPP 在中国的实施现状

2013 年以来，中央政府密集出台了数十项有关推广 PPP 模式的政策文件，进一步完善 PPP 法制环境，为 PPP 在中国的发展创造良好的氛围。

2015 年 5 月 25 日，国家发展改革委公布 PPP 项目库，共计 1043 个项目，总计投资 1.97 万亿人民币，涵盖水利设施、市政设施、交通设施、公共服务、资源环境等多个领域。6、7 月份已批复项目达到 7000 亿元。此外，34 个省市区地方政府推出总额约 1.6 万亿元的 PPP 项目，已成功签约并吸引社会资本超过 2000 亿元。

（三）跨国基础设施建设中 PPP 模式的运用实践

国际上已有采取 PPP 模式解决跨国基础设施建设资金缺口的先例。例如，法国—西班牙跨国铁路 PPP 项目。1995 年，欧洲各国达成协议，在欧洲 TEN－T 铁路连接网建设中引入 PPP 模式。在该协议下，法国和西班牙建设了从法国佩皮尼昂至西班牙菲格拉斯的跨国铁路，铁路全长 50 公里，总投资 10 亿欧元。这条铁路可以使法国至西班牙的货运时间缩短 10～12 小时，客运时间缩短 2 小时。项目 2003 年 5 月开始招标，采取特许经营权模式，特许经营期为 50 年，到期后项目移交给两国政府。项目建设过程中法国、西班牙和欧盟共提供了 5.4 亿欧元的补助，这些补助分 10 次支付，每半年支付一次，以确保项目建成后的运营维护质量。该项目是跨国基础设施建设 PPP 模式的成功实践，通过引入社会资本参与跨国铁路建设，填补了建设资金缺口，同时，有效推动了两国之间、政府与企业之间的合作，促进了区域经济发展。

（四）“中蒙俄经济走廊”基础设施建设引入 PPP 模式的可行性

1. 形势所趋

在当前国际经济形势下，建设“中蒙俄经济走廊”将有利于发挥区域优势，促进三国的经济发展。据有关机构测算，2015 年，全球 GDP 约为 821465 亿美元，中国约为 110201 亿美元，俄罗斯约为 25443 亿美元，蒙古国约为 156 亿美元。“中蒙俄经济走廊”基础设施建设的近期投入如能达到 300 亿美元，将会为该地区带来 500 多亿美元的附加效益和 30 万个就业岗位，尤其对提升三国长远经济效益将有重大意义。

2. 国际社会存在大量的社会资本

目前全球经济下行压力持续，政府财政收入紧张，但是国际社会包括中国都存在大量的社会资本。有关资料显示，2015 年 1 至 5 月份，中国民间固定资产投资达到 11.2 万亿人民币，占全国固定资产投资的比重为 65.4%。“中蒙俄经济走廊”基础设施建设已是社会资本关注的重要领域，引入 PPP 模式，将为社会资本提供一个可选择的、合理的投资渠道。只要三国政府把握大局，拿出适当的特许资源，吸引融通国际社会资本，将“中蒙俄经济走廊”基础设施项目建设成跨国 PPP 模式合作的典范，也不是没有可能。

3. 应用 PPP 模式的效益

国际经验证明，相对于政府投资而言，社会资本有较高的效率和效益，这也是 PPP 模式得以推广实施的关键所在。具体讲：

一是可以减少项目变更成本。以跨境通道为主的基础设施项目，在初始阶段就融入社会资本并参与前期决策，包括可行性研究和初步设计等，有助于保证项目的经济性和技术可行性，减少施工过程中常见的因设计变更而造成的不必要支出。

二是可以降低项目工期，减少建设成本。与传统模式相比，PPP 项目一旦成功落地，乙方有更大的激励，因而，其施工效率将会显著提高，工程周期也会明显缩短，工期和质量都能有效控制，减少建设成本。

三是有利于政府和社会资本的双赢。在 PPP 模式下，社会资本为了保证其投资回报的最大化，将在项目建设阶段提高建设质量，尽量减少项目运营阶段的维护费用，以便在运营中尽快实现收益。政府部门则通过授予社会资本特许经营权，实现了提高建设质量、缩短项目工期，满足社会需求，达到预定战略目标的要求。

三、运作 PPP 模式的基本思路

（一）PPP 模式应用的政策与经济环境

世界各国 PPP 项目的成功案例证明，PPP 模式只有在国家政策支持并提供良好的应用环境时才能运作成功。

在中国，中央政府先后出台数十个有关文件，据不完全统计，各地落地项目已有5000亿人民币。2015年7月31日，国家发展改革委、财政部、国土资源部、银监会、国家铁路局联合发布了《关于进一步鼓励和扩大社会资本投资建设铁路的事实意见》，提出，全面放开铁路投资与运营市场，推进投融资方式多样化，完善社会资本投资的实施机制，进一步改善社会资本投资环境，加大对社会资本的政策支持。一些地方在PPP模式的实践中也总结出了大量有益的经验，如“过程要公开，投资要盈利，利益要共享，风险要共担”等等。显然，中国具备了将PPP模式应用于“中蒙俄经济走廊”互联互通基础设施建设的条件。

国际上，中蒙俄三国同为地理邻邦，地域广袤，山水相接，在区域经济发展上有共同的需求。三国应该进一步加强全方位的国际合作，为“中蒙俄经济走廊”基础设施建设，创造和谐的制度和政策氛围，统一跨境通道建设标准，减少投资和运营成本，为PPP模式提供良好的投资环境。

（二）运作PPP模式的思路

在“中蒙俄经济走廊”基础设施建设中，将涉及大量的国际工程，其运作过程可考虑为：

（1）根据“中蒙俄经济走廊”建设的核心价值，确定具体的基础设施建设项目，并进行需求分析和项目投资评估，确立投资方案，并提出该项目是否适宜采用PPP模式。

（2）对可采用PPP模式的基础设施建设项目，具体运作形式包括BOT（建设—运营—移交）、TOT（移交—运营—移交）、ROT（重整—运营—移交）等，研究确定后，根据相关法律法规进行公开招标。

（3）通过国际性竞标选择综合实力较强的社会资本或联合体，相关国政府同其协商以一定资金比例组建项目公司（SPV），由项目公司（SPV）代表执行特许经营合同。在“中蒙俄经济走廊”基础设施建设上，也可采取成立三国联合项目公司的方式，以该公司为运作核心，承揽部分可独立运作的基础设施项目，换取在该项目上的特许经营权。可以从配套设施等方面入手，逐步积累跨国PPP模式运作经验，为担当更大更重要的基础设施项目做准备。

（4）特许经营期届满后，项目公司无偿将项目资产移交给相关国政府。

（三）PPP的回报形式

投资回报率是吸引社会资本参与PPP项目投资的主要指标，社会资本可根据PPP

项目实际情况及特点，灵活运用 BOT、TOT、ROT 等多种模式与政府合作，通过特许经营权、政府补贴、政府购买服务或附加收益等方式获得相应回报。

（1）特许经营权。指政府依法选择和社会资本合作，授权社会资本在一定期限和范围内建设或经营特定基础设施或公用设施，提供公共产品或公共服务。在此期间，社会资本可市场化经营、自负盈亏，经营期满后，将项目无偿移交政府。

（2）政府补贴。由于某些特殊领域基础设施的公益性、非竞争性，致使经营收益远小于投资回报。如轨道交通行业，票价收入往往不到运营支出的 50%，此时需要政府为社会资本补充差额，社会资本通过经营加政府补贴来获得收益。

（3）政府购买服务。在公共服务对公众不收费或象征性收费的情况下，政府可以通过公开招标、定向委托、邀标等形式将原本由自身承担的公共服务转交给社会资本履行，并且为社会资本提供一次性或分期的报酬。

（4）附加收益。鉴于一些 PPP 项目的特殊性，如果投资回报率太低，可根据实际情况增加回报方式。如为 PPP 项目提供周边地区商业开发经营许可或连片开发许可，通过商业开发或连片开发的高回报率弥补 PPP 项目自身的不足。

四、应用 PPP 模式的难点

（一）政府间合作机制与责任划分

国际经验证明，跨国 PPP 项目在实施过程中，项目涉及的国家间政府的合作至关重要。如，需要有各国认同的统一、有效、可执行的招标程序和公开透明机制，需要各国认同的跨国招标监管机构，需要各国国内相关政策和审批制度与跨国合作的 PPP 项目的有效对接，需要及时协调有可能出现的中间地带、政策空白甚至矛盾冲突。对“中蒙俄经济走廊”建设而言，既需要有高层的战略共识，又需要有基层的协调机制；既需要有宏观的政策取向，又需要有微观的实操办法。

（二）投资大、盈利难、有风险

客观而言，“中蒙俄经济走廊”沿线地广人稀，商业环境、投资环境、资金安全以及地缘政治都有一定风险。再加上大幅度跨区域基础设施建设投资规模大、周期长、风险高，短期回报率往往达不到社会资本的盈利要求，如何创造盈利点，吸引以逐利为特征的社会资本投入也是难点之一。

（三）PPP 模式应用的局限性

“中蒙俄经济走廊”基础设施建设涉及跨境运输通道、天然气管道、电力等项目，关乎国家经济命脉，这类基础设施项目的特殊性决定了社会资本目前只能参与 PPP 模式的投资和建设部分，而运营部分则可能牢牢地被国家所掌控，可能导致不能完全释放出 PPP 模式的优点。

五、应用 PPP 模式的建议

一是加强政治与安全合作，降低投资风险。政府间合作 PPP 项目的成功实施离不开相关国家政府间的通力合作，国家的政策支持和政治承诺在推进 PPP 模式时具有重要作用。中蒙俄三国应增强三国间的政治互信，推进“利益共同体”建设。“互联互通”不只是局限于基础设施建设，还要做好国与国、企业与企业、个人与个人的“互联互通”。加强政治合作，降低项目投资的政治风险，不断增加对社会资本的吸引力。

二是加大力度，加快立法，营造良好的制度环境。三国政府应该加大 PPP 模式推广力度，出台基础设施建设相关优惠政策，吸引国内外社会资本进入。虽然 PPP 模式在大多数国家还没有专门立法，中国近来已经密集出台多种 PPP 指南，相关立法进程正在加快。PPP 立法一方面能够为 PPP 合同提供执法依据和力度，另一方面也能减少政治风险。

三是鼓励企业调整结构，积极转型。在推动“中蒙俄经济走廊”基础设施建设中，应采取有效措施鼓励中国企业“走出去”，调整企业结构，由传统的施工承包商向 PPP 模式下的投资商、开发商和运营商转型，以社会资本的方式参与“中蒙俄经济走廊”基础设施建设。同时，注重相关人才的培养，投入一个项目，完成一套规范、培养一批人才，再开发新的项目，形成良性大循环。

四是注重吸引国际资本。相对中蒙俄三国而言，PPP 模式还是在逐步探索的阶段，国际社会尤其是一些发达国家，在应用 PPP 模式方面，不仅有资本，而且有经验。向国际社会开放“中蒙俄经济走廊”基础设施建设市场，并寻求多边开发机构（如亚投行、丝路基金等）的支持，在引入社会资本的同时，促进相关软硬环境建设，对“中蒙俄经济走廊”的建设也是非常重要的。

六、结论

“中蒙俄经济走廊”建设，实现互联互通将成为大势所趋，引入 PPP 模式已成为可能。中蒙俄三国应加强协调机制建设，共同推广 PPP 模式，拓展基础设施建设的融资渠道，加快战略规划向具体项目的实施，降低政府财政压力、减少项目建设成本、提高项目运营效率，真正实现三国政府、企业和大众的互利共赢，将“中蒙俄经济走廊”建设成“丝绸之路经济带”跨国合作的成功典范。

参考文献

[1] 毛晓威等 . 1994 年世界发展报告：为发展提供基础设施 . 北京：中国财政经济出版社，1994
[2] 何春丽 . 基础设施公私合作（含跨国 PPP）的法律保障 . 北京：法律出版社，2015
[3] 贾康 . “一带一路”建设中的多元筹资机制 PPP 创新 . 人民政协报，2014，10，13 - 006
[4] 周嵩毅 . 基础设施建设 PPP 模式全球发展态势研究 . 现在商贸工业 . 2009，18，8 - 9
[5] 于洪洋、欧德卡、巴殿君 . 试论“中蒙俄经济走廊”的基础与障碍 . 东北亚论坛 . 2015，1，96 - 106
[6] 左凤荣 . 共建“丝绸之路经济带”面临的机遇与挑战 . 当代世界 . 2014 - 05 - 13
[7] 钟雄 . 海外油气管道 PPP 项目运作模式研究与设计 . 西南石油大学 . 2013，6
[8] 孟春、郭上 . 法西铁路 PPP 项目：跨国铁路建设的一个样板 . 中国经济导报 . 2015 - 02 - 26
[9] 文风 . 内蒙古参与中俄蒙经济走廊建设几个问题的研究 . 北方经济 . 2015. 5
[10] 林雪丹、霍文 . 中俄蒙共绘发展蓝图 . 人民日报 . 2015 - 07 - 07

蒙中俄三国旅游发展前景

巴特其其格（蒙古国科学院国际关系研究所高级研究员，博士）

如今，蒙中俄三国元首会晤频繁已经成为邻国关系迅速发展的新动力，并开启了相互信任、互利合作的美好前景，也为这些国家提供了战略发展内外新因素和很多新机遇。例如，蒙古国提倡的“草原丝绸之路”，中国提倡的“一带一路”及“中蒙俄经济走廊”，俄罗斯提出的欧亚大陆桥等实施大型经济项目问题摆在各国面前，如何与发展政策相结合和准确对接问题摆在了我们面前。众所周知，上述大型项目的实施，随着基础设施建设的向前推进邻国之间旅游领域合作、文化人文关系得到强化是可以理解的。

当前旅游业是世界范围增长速度最快的领域。世界各国发展国内外旅游对经济社会政治具有十分重要的意义。旅游业也称为“民间外交”。蒙中俄三国间旅游发展，尤其是地区传统合作的重要组成部分，并且现在进行的活动和进一步强化加深项目短期内见效的领域。三国间旅游业的迅速发展推动有关各国经济的同时对巩固和加深民间相互信任和理解具有重要意义。

世界旅游组织《2014 年度世界旅游业报告》的研究显示，2014 年国际旅客人数为 1134800 万，同比上一年年底指标相比增长 4.7% 或与 2013 年相比超 5100 万人。上述组织预测，2015 年国际旅游业增长率为 3% ~4%，将会推动世界经济复苏。游客人数按地区划分，亚太地区（增长 5%）增加游客 1300 万人，达到 26300 万人。游客市场火爆国家来看，中国、俄罗斯、巴西、韩国、美国、日本占据前列。世界旅游潮指向亚太地区对蒙古国有利。

一、蒙古国旅游发展现状

蒙古国对外旅游发展奠定基础之后，已经经历了60年。旅游业业已成为蒙古国经济支柱产业之一。蒙古国家大呼拉尔于2008年通过了基于蒙古国千年发展目标国家发展总体政策第五条第二款、第一条第五款阐明了2007～2021年旅游业发展规划，蒙古国政府2008年第83号决定阐明旅游部门是国民经济优先发展方向之一。该政策框架内规定发展旅游所需的基础设施，建设大型旅游综合体，旅游按地区分类发展途径，到2015年外来游客数量达到100万。2016～2021年加强旅游业的发展，服务质量达到国际标准，将来蒙游客数量增加到相当于蒙古国人口数量的目标。其间，蒙古国为了增加外国游客数量，一直参加世界各类大型旅游博览会和活动。例如，自1999年起正式参加德国首都柏林举办的“ITB Berlin”博览会。其中，2011年以“文化伙伴”国身份参加，2015年“ITB Berlin”博览会蒙古国第一次正式伙伴国身份参加。对此，“ITB Berlin”公司经理大卫卢特慈总结发言时说，15万多名40岁以下青年人决定赴蒙古国旅游。世界旅游组织测算，以伙伴国身份参加，使得来蒙游客数量平均增加8%～20%。

第十一届东北亚旅游论坛于2015年8月在乌兰巴托举行。在“会展旅游”主题下举办的这次会议，中国、俄罗斯、日本、韩国等国的100多位专业人士代表参加，蒙方也有同样数量的代表参加。2008年起每年举办的这类活动，讨论地区旅游业面临的严峻问题，联合拟制对如何克服出路，对旅游业领域进一步巩固与各地区、各国家间的关系，具有经验、信息交流等多方面意义。目前旅游业发展方面，蒙古国排在亚太地区25个国家中第19个。

从世界经济论坛做出的2015年“旅游领域竞争力指数-15”文章来看，蒙古国在旅游领域竞争指数7个指数中获得3.3个指数，在141个国家中排在第99位。另一方面，蒙古国在未经旅游准备经济国家中排在第42位，商业环境、基础设施指数滞后。该报告称，蒙古国多内总产值达到1150亿美元，其中人均国内总产值3976.86美元。蒙古国旅游领域目前占国内总产值的5.3%，近几年大概接待45万名游客。同时在世界经济论坛2014～2015年世界经济竞争力指数中，与蒙古国游客有关的犯罪率，宾馆、旅游业领域发展等指数，不友好或不受游客青睐的10个国家中，排第10位；在141个国家中，排131位。

目前，蒙古国政府把旅游业放在国家优先发展领域，在国家和私营领域里发展。到2020年的具体目标是，将竞争力指数提升到80%，占国内总产值的14%左右。在蒙古国建立旅游区域，建立国内外游客舒适领域休息的基础设施，发展基于服务管理组织和接近国际水平的原生态自然、游牧习俗、传统文化旅游，将旅游业当作经济领域优先发展的一个领域，计划将蒙古国发展成为主要的旅游业国家之一。即，通过蒙古国“绿色发展政策”，制定了“国家旅游业发展纲要”“旅游业持续计划”“特色旅游业计划”等等。同时，根据乌兰巴托市2020年发展总体规划，首都公民代表呼拉尔为了将首都建设成东北亚地区商务旅游枢纽、蒙古族文化旅游中心，旅游商品和多元服务的游客青睐的安全城市，2020年和2030年接待外国游客能力分别达到200万和500万人次，于2014年09月22日颁布并开始实施了“友好乌兰巴托”纲要。值得一提的是，蒙古国定期并积极参加周边国家接壤地区每年举办的中蒙俄三国旅游展会、旅游节等活动。

二、中蒙俄三国旅游业合作的特点

中蒙俄三国之间的旅游业主要在边境地区、地方范围内广泛发展起来。

目前，中国走在世界旅游业的前列，中国公民属于世界上最爱旅游的人群之一。据中华人民共和国旅游研究院每年的报告，2014年统计，中国到国外旅游的游客数增长1100万，达到了1.09亿人次。2014年前三个季度，游客支出增长17%，这是个重要明显的结果。据世界经济论坛2014～2015年世界竞争力实数，中国旅游业竞争力列第17位。这样，中国在2012年对外旅游支出达到1020亿美元，成为旅游大市场，支出增长指数达到了26%，2014年则达到1290亿美元。

对俄罗斯来说，2012年首次被列入世界前十位，2013年达到25%，增长540亿美元，成为对外旅游的第四大市场。2014年下降6%，与2013年相比，2015年初由于经济危机下降了15%。

在蒙古国、中国之间全面战略伙伴关系的过程中，长期发展纲要指出：“更加深化旅游业领域合作，两国人民通过旅游业，鼓励和支持相互了解对方的经济、文化、自然景观、历史遗迹和民族传统的工作，支持两国旅游业领域和部门之间建立合作关系，为宣传对方组织的旅游活动提供必要的帮助，推动两国人民到对方国家旅游的工作；支持相互投资旅游业的工作，创造良好的投资环境，为两国之间发展旅游业投资合作提供支持支持和必要的优惠。”中国把蒙古国列入中国公民用自己的费用旅游的国家行列，享有接待中国旅游团体的权利，这个举动推动了旅游业领域的合作关系的发展。例如：2010年到蒙古国旅游的外国人达到557417人次，其中游客为456303人，该数字与往年相比，增加了10%还要多。这些外国游客中，中国游客占多数，达193730人次。但是2013年中国游客为178326人次、2014年157561人次，说明上述指数呈下降趋势。

中国内蒙古自治区旅游业在全国旅游业市场中占领先地位。内蒙古自治区呼伦贝尔市与俄罗斯接壤，2014年接待了1293万名游客，旅游收入达到36亿。蒙俄之间的旅游业合作也在边境接壤地区占优势，如布里亚特、图瓦、阿尔泰等地区。举一个例子，布里亚特旅游生产联合会管理局局长维克多·伊兹迈洛夫在接受记者采访时说，虽然在之前蒙俄互免签证，但是这个对布里亚特旅游业起了负面影响。他说：以前通过办理蒙古国游客签证资料、送往旅游基地、安排住宿、推销纪念品等途径收取费用增加收入。但是，现在蒙俄之间互免签证之后，蒙古国旅游公司组织大量游客在布里亚特境内独立经营活动，对我们无任何利益。

另一方面，之前以“协调中蒙边境地区旅游业会议”的名义组织的会议，在2015年在中华人民共和国内蒙古自治区呼和浩特举行，发展成中蒙俄三国旅游业协调会议，新增了乌兰巴托市、俄罗斯前贝加尔边境地区。会议讨论了开通满洲里—赤塔—乌兰乌德—伊尔库茨克—乌兰巴托—阿尔哈沙特汽车旅游线路，将内蒙古自治区，俄罗斯前贝加尔边境地区青年旅游延伸到乌兰巴托，在三国倡议下组织的“茶道”旅游线路延伸到吸引第四个国家游客、联合宣传等问题。中蒙俄之间的“茶道”项目始于2010年。在项目范围里，2010~2012年试办了“冬季茶道”项目，旅游线路为呼和浩特—二连—扎门乌德—乌兰巴托—阿勒坦布拉格—恰克图—乌兰乌德—伊尔库茨克。会议决定，今后把该项目提升至世界旅游组织（UNWTO）的标准，举办人员把“茶道”项目打造成具有旅游竞争力的产品，把中蒙俄三国人民的历史文化传统、名族习俗提升至世界水平，把中蒙俄三国“茶道”项目打造成世界旅游品牌，吸引众多游客。于是，为了申报联合国教科文组织文化遗产，中蒙俄三国有关项目部门领导在意向书上签字确认。由此可以看出中蒙俄三国地区旅游合作的特点。

三、结论

世界各国在发挥自己的特长和优势发展其旅游业时，认为对吸引外资、发展基础设施、增长国内总产值、增加贸易流通和经费、创造就业岗位、扶贫、环保、巩固社会文化遗产资源、再生恢复具有重要意义。中蒙俄三国旅游业合作空间很大。尤其是，蒙古国的两个邻国处于世界旅游业领先地位，这为蒙古国提供了机遇。因此，学习两个邻国的发展旅游业的经验，实施联合项目，利用前来蒙古国的外国游客的绝大多数经过中国和俄罗斯的机遇，蒙古国在俄罗斯和中国旅游市场上占有自己的一席之地是非常重要的。

另一方面，为了在蒙古国发展旅游业，首先要进行交通和基础设施建设。其中：开通航空线路，解决铁路、公路、嫩远问题，进而解决宾馆、旅游基地、参观服务、组织管理、技术人才问题也很重要。蒙古国同中国、俄罗斯接壤地区的基础设施相对落后，没有必要的铁路、公路，不仅只有土路，甚至有的地方缺电缺水，这些对开展旅游业造成很大困难，并且影响着游客休息、生活的舒适度。出路就是目前讨论的中蒙俄三国项目范围内实施的大型建设和投资。项目范围内，利用两个邻国的投资联结航运、铁路和公路之后，达到中蒙俄三国旅游业发展的初步条件，并且巩固中蒙俄三国人民的互信。

蒙俄中交通运输领域战略合作机遇

B·И·萨玛卢哈（俄罗斯贝加尔经济政法大学教授、经济学博士）
A·达瓦苏荣（国际合作社联盟主席、经济学博士、教授）

在当前全球化进程加速，世界各国经济相互联系、相互依赖的程度日趋加深，国际矿产资源越来越不足，国家之间的竞争加剧，全球气候变暖，环境污染、饥饿、贫困、恐怖主义等不断加重的大环境之下，作为既没出海口又与国际市场相对隔绝，受自然环境和气候条件影响较大，经济发展明显有季节性弊端的蒙古国而言，发展和深化与俄罗斯、中国两大邻国的全面合作，是必然选择。

与邻国及世界各国全面发展经济合作，吸引外资，提高本国在国际市场上的关注度，改变目前科技水平和工业发展迟缓现状，解决对外贸易过度依赖矿产原材料出口以及劳动生产率低、贫困和失业率偏高等严重的社会经济问题，发展畜牧业和矿产资源深加工是蒙古国急需要面对的棘手问题。在此情况下，在中国倡议提出的“一带一路”倡议框架下开展合作，共商共建“中蒙俄经济走廊”更具时代意义。

2013年9月7日，中国国家主席习近平首次访问哈萨克斯坦期间，在纳扎尔巴耶夫大学发表演讲时就提出了“更加紧密联系欧亚各国经济，进一步深化区域合作，共同建设‘丝绸之路经济带’”的构想。同年10月3日，习近平主席在印度尼西亚国会发表重要演讲，表达了中国愿与东盟国家共同建设21世纪“海上丝绸之路”的意愿。因此，现在将“丝绸之路经济带”和“21世纪海上丝绸之路”这两个构想统一概括为“一带一路”。

中国倡议的“一带一路”建设不仅是本国发展的重要战略目标，更是连接西亚、中亚、东亚、东南亚、欧洲、东非和美洲大陆各国，在共同讨论和共同创造、互利互惠的原则下优势互补、深化区域交流合作、统筹发展的重要战略构想。

2014 年 8 月 22 日，中国国家主席习近平在蒙古国国家大呼拉尔发表重要演讲时表达了这一构想，他表示："中方愿同蒙方加强在'丝绸之路经济带'倡议下合作，对蒙方提出的'草原之路'倡议持积极和开放态度。双方可以在亚洲基础设施投资银行等新平台上加强合作，共同发展，共同受益。"

2014 年 9 月 3 日，俄罗斯总统普京访问蒙古国时表示："俄方也非常重视'丝绸之路'项目，可以与俄罗斯相关项目有效对接，开展合作。当然，蒙古国也有'草原之路'项目，我们有意通过蒙古国国境将电力能源输送至中国，如果中蒙两国有兴趣的话，这个项目完全可以实施。"①

随后，2014 年 9 月 11 日，在塔吉克斯坦首都杜尚别举行的中俄蒙三边峰会上，蒙古国总统额勒贝格道尔吉提出定期举行三国首脑峰会的三项原则。即：一是三国首脑每三年在乌兰巴托举行一次高层峰会，每年举行一次三方外交部副部长级会谈；二是高峰会谈为开放式，要符合三国合作基本原则；三是三方峰会要符合三国利益，涉及交通运输、基础设施及地区安全问题等。

额勒贝格道尔吉总统表示，蒙古国对三国铁路建设、俄中天燃气管道途经蒙古西部国境等过境运输项目非常感兴趣，并希望在 2014 年乌兰巴托三方高层峰会期间进行具体商讨。在此次乌兰巴托三方高层峰会上，中国国家主席习近平表示："三方高层峰会为促进和发展三国关系打下坚实基础，俄罗斯和中国领导人将在 2014 年 11 北京亚太经合组织会议上提交吸收蒙古国成员国的提案。"

关于三方合作目标，俄罗斯总统普京提出了建设连接俄蒙中铁路线路，并将俄方跨欧亚大通道建设与中方"丝绸之路经济带"和蒙方"草原之路"更加紧密对接，建设途经蒙古国的输电网等具体内容。而中国国家主席习近平进一步肯定了三国发展战略已达到的新高度，并强调"基于建设'丝绸之路经济带'的构想得到俄蒙两国积极响应，希望能将俄方建设欧亚大通道铁路构想与蒙方'草原之路'项目有效对接，从而建设由中俄蒙共同参与的经济走廊以及连接三国的输电网"②。

由于蒙古国倡议的"草原之路"项目得到两大邻国的大力支持，世界银行负责蒙古国业务的主管伯特 N·伯特·霍夫曼在会见蒙古国经济发展部部长 H·巴特巴雅尔时公开表态将支持该项目 55。③

那么，我们可以想象到，在蒙古国"草原之路"倡议框架内，在蒙古国国土上将建设连接欧亚大陆的 5 条线路（即涵盖公路、铁路、石油和天然气管道、能源领域）。

---

① 《每日新闻报》，2014. 09. 14，№219。

② 马克·科尔曼："俄罗斯、蒙古和中国的三角"，《新东方瞭望》杂志，www. polit. mn。

③ 《世界银行承诺支持"草原之路"项目》，2014 年 9 月 18 日，http：//www. mminfo. mn/。

自2000年以来，蒙古国曾多次向俄中两国呼吁修改天然气管道线路，取道蒙古国。2014年5月，亚信峰会在上海举办期间，中国和俄罗斯签署天然气输送合同，从2018年起，俄罗斯向中国输气量每年增长，总价值4000亿美元、每年向中国供气380亿立方米、期限30年①。如果该管线改道穿过蒙古国境内，长度会从4000公里缩短至1500公里，仅花费1500亿美元（仅占目前总预算的37%）即可完成。考虑到当前国际政治、经济现状及回首中俄两国签署的天然气输送合同，仍觉得三国重新开展合作为时不晚。

“草原之路”项目的初步构想是根据2004年4月联合国亚太经济和社会委员会成员国政府之间达成的协议结果，蒙古国加入亚洲公路网而形成。因此，蒙古国接受了建设AH3、AH32、AH4等公路的任务。为完成任务，蒙古国政府在其《2012－2016年工作纲要》中增加了“建设连接俄罗斯和中国及欧亚大陆的运输走廊，增加贯穿蒙古国国境的跨境运输量”的计划②。并在2014年《蒙古国经济社会发展基本方向》中明确提出“要在建设连接俄罗斯和中国的铁路、高速公路、石油和天然气管道、能源基础设施等方面加强具体实施工作”③。

在亚洲高速公路一体化公路网项目AH3即阿拉坦布拉格—乌兰巴托—扎门乌德高速公路建设国际公开招标会上，成吉思汗土地开发集团—新发展道路国际合作中标，并于2014年3月16日与蒙古国经济发展部签署了阿勒坦布拉格—乌兰巴托—扎门乌德高速公路特许权合同。根据合同，该公司将投资120亿美元建设1000多公里长的高速公路，工期为2～3年，30年后将所有权无偿移交蒙古国政府④。据初步统计，将有1000余家蒙古国公司和30余家国外企业、公司参与建设。蒙古国交通运输发展不仅对本国，对俄罗斯、中国的经济社会发展也将发挥重要作用。

表1　　蒙古国货运总量（%）

年份	铁路	公路	航空
2006	61.7	38.3	0.01
2007	60.4	39.5	0.01
2008	61.3	38.7	0.01
2009	57.3	42.7	0.01

① 《通往中国的煤气管道方案和设计图》，http://fb.ru/article/145635/gazoprovod-v-kitay。

② 蒙古国家大呼拉尔第37号决议通过的《2012－2016年蒙古国经济计划》，http://zasag.mn/uploads/gov_plan2012-2016-1.pdf。

③ 《关于批准2014年蒙古国经济社会发展指导方针》，大呼拉尔第39号法令，2013年5月24日，http://www.legalinfo.mn/law/。

④ 《将启动连接欧亚大陆的“草原之路”项目》，2014年8月26日，http://www.eagle.mn/content/。

续表

年份	铁路	公路	航空
2010	57.1	42.9	0.01
2011	41.8	58.1	0.01
2012	38.3	61.7	0.01
2013	42.3	57.7	0.01
2014	35.9	64.1	0.01

来源：2014年蒙古国交通运输部报道。

根据2014年情况，在蒙古国总货运量中公路运输占64.1%，铁路运输占35.9%，航空运输仅占0.01%；在2006~2014年总货运量中铁路运输下降了25.8%，公路运输量增长25.8%。这一数据表明，近年来公路、铁路成为蒙古国主要的两种运输渠道，其中，公路运输的重要性越发明显。其原因，一是全球经济危机过后铁路货运量大幅下降，公路运输量增加；二是政府加大对城市和地方的公路建设和维护力度，增加了资金投入。

2014年，蒙古国通过公路共运输2230万吨货物，占与中国对外贸易总额的89.6%，占与俄罗斯对外贸易总额的0.6%。其中，总货物量的92.5%为出口货物，7.5%为进口货物；另外，在公路运输货物绝大部分为矿产资源类产品。其中，公路出口货物中中国占90.7%，俄罗斯占0.1%；公路进口货物中中国占75.5%，俄罗斯占6.7%。从这一数据看，中国在蒙古国对外贸易公路运输中所占比例非常大。对于蒙古国的国内外货物运输，公路运输发挥着重要的作用。

1949年11月7日，随着纳乌什基—乌兰巴托铁路的正式运营，蒙古国和苏联政府分别持有50%股份的蒙苏乌兰巴托铁路股份公司宣告成立（有效期为75年）①。随后于1953年至1955年底，又建设完成了713公里铁路，从而使蒙古国拥有了连接南北两大邻国的1115公里长的铁路②。

蒙古国能够通过铁路连接起南北两大邻国，其主要受到当时世界资本主义和社会主义阵营关系、政治局势以及各国战后急于复兴经济和中苏政治气候渐缓等诸多因素的影响。

因此，在蒙古国国内形成了发展铁路运输的历史条件，进而开启俄中两国经蒙古国的跨境运输，并对蒙古国经济发展开始产生了重要作用。例如1959年，在该铁路线路的基础上开通了莫斯科至北京的客运列车；1975年，开通乌兰巴托至北京的客运列车。

---

① 《蒙古国人民漫长的铁路之梦》，http://www.ubtz.mn/。

② 《翻开历史一页》，http://zamynuudds.mn/index.php/introduction/history/。

从铁路货物运输的目的地来看，2014 年通过铁路运送 2110 万吨货物，其中蒙古国国内运输量占 50.1%，进口货运量和出口货运量分别占 10.8% 和 29.3%，而过境货物运输量占 9.8%。与 2004 年相比，国内货物运输量、进口货运量、出口货运量分别增长 1.2%、2%、21.3%。而途经蒙古国的跨境货运量则在最近 10 年中下降了24.5%。

2014 年，总跨境货运量（南北向）达到 2 万吨，其中，俄罗斯至中国方向的货运量从 2004 年的 96.3% 降到 84.1%；中国至俄罗斯方向的货运量从 2004 年的 3.7% 上升至 15.9%。从方向上来看，北向南的货运量所占比例最高。然而，这一货运量未能满足中俄两国的跨境运输需求和蒙古国经济、矿产业发展的需要。专家认为，这主要是受到以下因素影响：

（1）扎门乌德至阿拉坦布拉格的货运时间较长（平均 5 ~ 8 天）；

（2）铁路设施陈旧，未能进行技术更新导致火车速度较慢，平均车速仅为 40 公里/每小时；

（3）机车已超过 20 年的平均预期寿命，侵蚀、磨损量高达 60%；

（4）货运车皮中 52.7% 已超过使用期；

（5）旅客列车中 57% 已超过使用期①。

从过境货物运输结构来看，2014 年，俄罗斯到中国的总货物中木材及木制品占 57.5%、化学品占 22.4%、燃料油占 13.6%、石油产品占 6.5%。中国到俄罗斯的总货物中工业设备占 35.9%、化学品占 19.5%、建材占 15.1%、黑色金属占12.1%、焦炭占 5.2%、木材和木制品占 3.7%、饲料占 1%。

一方面，随着蒙古国大型矿藏开发，丰富的矿产原材料通过铁路运输出口到中国。同时，蒙古国从中国进口的大众消费品、机械设备等进口商品的绝大部分也是通过铁路运输进入蒙古国。

另一方面，随着中俄两国的经济一体化的加快，对蒙古国过境运输容纳量和能力需求明显增加，从而修改更新乌兰巴托铁路国有股份公司 1949 年签订的合同，引进现代化铁路技术、更新机车动力等问题急切地摆在两国面前。

2007 年，乌兰巴托铁路国有股份公司与中国铁路委员会合作，拟制了建设垂直轨道铁路的技术经济论证，但最终因资金投入和股份所有权等问题未能成形。2007 年，蒙古国通过了《铁路运输法》，为乌兰巴托铁路市场转型打下基础。

同时，在 2008 年蒙古国大呼拉尔通过的“千年发展目标”国家发展战略中指出，

---

① N·恩和：“乌兰巴托车站”，《国家邮报》，http：//ub - station. ubtz. mn/。

“将国内统一铁路网建设问题与矿藏开发利用结合，制定最优方案来实施”①。

在这一目标框架内，2010年，蒙古国大呼拉尔第32号决议通过了《国家铁路运输政策》，明确了通过对铁路交通领域进行现代化技术设备更新，增强过境运输能力，建设国内统一铁路网，有效开采大型矿藏并对矿产品进行加工出口，加快经济社会发展，保障未来可持续发展②。

为执行该决议，蒙古国政府出台第283号决议，于2008年3月成立了100%国有制企业—蒙古铁路国有股份公司，获得了达兰扎达嘎德达—赛音山—乔巴山—额仁察布铁路线路的建设权。该铁路的建设计划从国际金融市场上筹集资金，并与矿藏开采紧密结合。

2011年，蒙古国政府决定通过开发银行为蒙古铁路国有股份公司提供5500万美元的首批项目建设资金。但直到2013年这笔资金还是没有到位。不过，为了推进工程建设，蒙古铁路国有股份公司将公司两个俄罗斯机车和一个美国机车作为抵押从私营商业银行获得贷款，并于2011年4月22日在东戈壁省赛音山达正式启动铁路工程项目。还与蒙古国私营企业签订合同，在东方省、苏赫巴特尔省分别剥离50公里的土坝，在赛音山达剥离9公里土坝，并在达楞额日格进行相关工程，共投入2500万美元③。工程建设中，共有35家国内企业参与，其中参与测量工作的有17家、参与地质工作的11家、参与环境评估的有4家企业。新铁路的相关技术经济论证由美国跨国咨询服务公司麦肯锡负责完成。此外，塔温陶鲁盖至嘎顺苏海图267公里路土垒工程由韩国三星公司投入1.73亿美元完成④。

虽然，蒙古国之前没有自筹资金建设铁路的财政力量或从国际资本市场筹集资金来建设铁路的经验，但达兰扎达嘎德—赛音山达—乔巴山铁路建设计划途经赛音山达工业园区并连接蒙古国东部和中地区主要矿区，建成后可向亚太地区各国市场出口矿产原材料，这也是蒙古国重要的战略目标。新建铁路交通对蒙俄中三国而言是重要的地缘政治问题。因此，蒙古国愿与两大邻国及其他国家积极开展合作，以获得更多的财政和技术援助。

自1990年以来，随着全球化进程的加快，各国经济相互联系、相互依赖的程度日趋加深。而在国际能源储量减少、全球经济危机反复或持续时间变长的现实情况下，世界各国已将加强区域合作为重要举措。摆在蒙俄中三国面前的同样是发展全方位合

① 2008年，大呼拉尔第12号决议通过的《国家发展总政策》，http：//www.legalinfo.mn/。
② 2010年6月24日，大呼拉尔第2号决议通过的《政府铁路政策》，http：//www.legalinfo.mn/。
③ 蒙古铁路国有股份制公司CEO B·巴图吉雅主题专访，2012年3月11日，http：//www.mtz.mn/。
④ Зам，тээврийн яам，“Монголын т? м? р зам” Т? ХК－ий мэдэгдэл，http：//mrt.gov.mn/。

作以及将这样的合作提升至新的高度的需求。

为满足这一全球需求，中俄两大邻国推出了各自的具体措施。例如，2007 年 10 月 31 日，中国国务院通过“交通运输网中长期发展规划”，计划将铁路网长度延至 10 万～12 万公里，包括往蒙古国南部边境方向修建 5 条铁路。2008 年 6 月 17 日，俄罗斯政府出台“铁路交通 2030 年前发展战略”，计划到 2015 年建设 9500 公里铁路，2015～2030 年建设 10900 公里铁路，并计划再增加西伯利亚铁路货运量 1 亿吨，对贝加尔地区乌兰乌德至纳乌斯基铁路进行修缮[①]。此外，2009 年 12 月 28 日，俄罗斯总理普京签署第 2094 号俄联邦政府令，批准俄联邦《2025 年前远东和贝加尔地区经济社会发展战略》。落实该战略，需从 2014～2025 年联邦预算中支出 3460 亿卢布来建设连接欧亚大陆的运输走廊（泛西伯利亚、“滨海边疆区－1”“滨海边疆区－2”），进一步提升运输能力和转运量，其中也明确了重新修建“乌兰乌德—恰克图”方向公路事宜[②]。

有专家分析认为，如果蒙古国、俄罗斯和中国能够顺利实施“丝绸之路经济带”“草原之路”项目的话，对三国的经济、社会发展将产生以下积极效果：

（1）蒙古国将充分利用地缘优势成为俄中两大供需国之间的重要经贸桥梁，将大大减少运输成本；

（2）加大蒙古国经济的投资额，大规模的兴建将创造数以千计的固定或短期就业岗位；

（3）加快东北亚区域国家经济一体化进程，为蒙古国、俄罗斯和中国创造更多利润；

（4）在俄罗斯和中国之间，过境蒙古国国土的跨境运输将迅速增加；

（5）在蒙古国中部地区高速公路、公路沿线兴建银行、金融基础设施，各类建筑、城市建设、运输与物流、工厂、服务业、旅游集群等陆续形成；

（6）蒙古国矿藏开发进入经济循环，国内生产总值迅速增长，人均实际收入大幅增加；

（7）俄罗斯和蒙古国的贸易趋于平衡，为恢复两国传统贸易关系创造有利条件；

（8）为蒙古国民族企业参与国际超大型项目提供机会，同时为蒙古国企业创造学习先进的公司管理和现代化技术的机会。

但是，需要提醒的是，按照目前“乌兰巴托铁路”的能力，蒙俄中三国开展合作实施“草原之路”项目必须共同克服以下障碍：

---

① 《2030 年前俄罗斯轨道交通发展战略》，http：//doc. rzd. ru/doc/public/ru。

② 2009 年 12 月 28 日，俄罗斯政府第 2094 号文件的《2025 年前远东和贝加尔地区经济社会发展战略》，http：//www. garant. ru/。

（1）让乌兰巴托铁路变成两条线路的资金储备没有；

（2）乌兰巴托铁路年长失修，无法承担重型、快速火车通行；

（3）苏赫巴特尔和扎门乌德海关不具备大量过境货物通关能力；

（4）虽然蒙俄中三国一直就跨境运输问题进行谈判，但目前为止还没达成有效结果。

虽然蒙中俄三国的经济结构和势力、市场规模有所不同，但蒙古国作为自然资源丰富的国家，具有幅员辽阔、农牧业资源丰富、经济开放、环境友好型传统畜牧业发达等优势。当然，也有无出海口、气候条件恶劣、市场容纳量较小、加工业不发达和基础设施建设落后等问题。而俄罗斯和蒙古国在缺乏财力、受国外市场的影响较大等方面较相同。

乌克兰和叙利亚发生暴乱，受到世界大国政治气氛影响，使他们不得重新思考其外交政策。在这种情况下，我们看到俄罗斯、中国、蒙古国的地缘政治利益完全重叠在一个点上。例如，俄罗斯积极开展与亚太地区国家的政治、经济关系；中国在“一带一路”倡议框架内提出建设“丝绸之路经济带”和“21 世纪海上丝绸之路”构想，与亚洲国家共同实施，积极拓展市场，增加其国际影响；蒙古国在“草原之路”框架内推出乌兰巴托铁路项目，将建设达兰扎达嘎德—赛音山达—霍特—乔巴山—额仁察布和西部地区垂直轴双轨道铁路、阿拉坦布拉格—乌兰巴托—扎门乌德高速公路，并计划将这些铁路、公路线与矿藏区进行连接，将原材料运送到赛音山达工业园区进行加工后出口至国外市场。另外，还将建设“中央热站—V”项目。

“草原之路”经过的蒙古国中部地区集中着蒙古国国内生产总值的78%、基础设施的89%、固定资产的76%、科技资源的100%、人力资源的62.2%、工业总产值的75.3%、农业土地的64.9%、农作物产量的81.4%、畜牧业资源的23.8%、自然资源的48.9%、煤炭储量的28.7%[①]。因此，蒙古国中部区域相较于其他区域在经济社会资源、地理位置、气候条件、基础设施发展等方面较有明显优势，更适宜吸引国内外投资。

当然，要实施这些超级项目，三国都没有现成的资金和财政储备。因此，中国提出了建立“亚洲基础设施投资银行”的倡议。2014 年 10 月 24 日，22 个国家的代表在北京签署了“筹建亚洲基础设施投资银行备忘录”，蒙古国驻中国大使Ц·苏赫巴特尔代表蒙古国签署。

---

① 《蒙古国国家经济空间组织：理论与实践》，由东西伯利亚国立技术与管理大学完成的申请经济学博士的论文。科学顾问：布里亚特共和国经济学博士，萨玛卢哈教授，乌兰乌德市。

按照新签署的备忘录，亚投行总部设在北京，法定资本为1400亿美元，预计将在2015年底投入运作。共有来自五大洲的57个国家成为亚投行意向创始成员国，其中域内国家37个、域外国家20个。专家们认为，“亚洲基础设施投资银行”将弥补亚洲发展中国家在基础设施投资领域存在的巨大缺口，减少亚洲区内资金外流，对亚太区域发展产生重要作用。

对于蒙古国而言，为通过加大在亚洲基础设施投资银行中所占股份来实现相关项目的实施，解决好一切自身问题，须积极想办法来筹集资金。例如，联合国际和区域金融机构（世界银行、欧洲开发银行、亚洲开发银行）、国外政府、跨国公司等参与，通过公开发行股票来募集项目资金，在政府和私营合作伙伴关系范围内可利用与国内企业签署各种形式协议进行合作，以及政府通过在国际金融市场上发行长期国债交易等。

因此，在“一带一路”框架内共同合作建设“中蒙俄经济走廊”，并成功实施“草原之路”项目是时代的需要。三国的合作具有纯粹的经济合作性质和意义。相较于没有出海口的蒙古国以什么方式参与这些超级项目，发展多元经济、改善人民的生活、创造高新技术产业经济以及国家未来发展等问题成为更重要的考量因素。对于蒙俄中三国来说，建设经济走廊是对三方均有利的合作方式。但是，对蒙古国而言，俄罗斯和中国两国是蒙古国永恒不变的邻国。要建立经济走廊，首先要保证国家安全和领土的完整、政权独立，要做到对两大邻国一视同仁，确保利益平衡。

总而言之，蒙古国位于东亚和欧洲之间，是连接亚欧大陆最捷径的通道。因此，其他国家通过蒙古国领土进行跨境运输将大大降低成本，能充分发挥地缘优势。在“一带一路”倡议框架下“丝绸之路经济带”“草原之路”构想在现实中得以落实的时机已来临，蒙俄中全面发展和深化经贸合作关系的政治条件已形成。

众所周知，实施这些项目需要巨额资金投入，而目前所需的资金和经济条件尚未形成。现在，项目的前期规划、预算也还没出炉，且仅靠一家银行之力承担如此巨额资金投入是缺乏说服力的。若要建立“中蒙俄经济走廊”，需对铁路沿线或基础设施相对完备的矿藏区原材料和畜牧业原料进行加工出口，并发展生产家庭消费类金属、木材、陶瓷用具和劳动用具的中小型企业，开发建设城市建筑、金融中心和旅游设施。

参考文献

[1] 大呼拉尔第12号决议通过的《国家发展总政策》，2008年，http：//www. legalinfo. mn/

[2] 大呼拉尔第2号决议通过的《政府铁路政策》，2010年6月24日，http：//www. legalinfo. mn/

[3] 蒙古国家大呼拉尔第37号决议通过的《2012－201年蒙古国经济计划》，http：//zasag. mn/up-

loads/gov_ plan2012 – 2016 – 1. pdf

[4]《关于批准2014年蒙古国经济社会发展指导方针》，大呼拉尔第39号法令，2013年5月24日，http：//www. legalinfo. mn/law/

[5]《2030年前俄罗斯轨道交通发展战略》，http：//doc. rzd. ru/doc/public/ru

[6] 俄罗斯政府第2094号文件的《2025年前远东和贝加尔地区经济社会发展战略》，2009年12月28日，http：//www. garant. ru/

[7] 蒙古国交通运输部，《蒙古铁路》国有股份制公司声明，http：//mrt. gov. mn/

[8] 蒙古国交通运输部2014年工作报告

[9]《蒙古国国家经济空间组织：理论与实践》，由东西伯利亚国立技术与管理大学完成的申请经济学博士的论文。科学顾问：布里亚特共和国经济学博士，萨玛卢哈教授，乌兰乌德市

[10] M·其木德其耶：蒙古国国立大学科技学院副教授，博士。《当代丝绸之路与蒙古国》报告；“亚洲研究”国际学术会议汇总，2015年115期，乌兰巴托

[11]《俄罗斯、蒙古国和中国的三角》，马克·科尔曼在《新东方瞭望》杂志上发表的文章，www. polit. mn

[12] 世界银行承诺支持“草原之路”项目，2014年9月18日，http：//www. mminfo. mn/

[13]《通往中国的煤气管道方案和设计图》，http：//fb. ru/article/145635/gazoprovod

[14]《将启动连接欧亚大陆的“草原之路”项目》，2014年8月26日，http：//www. eagle. mn/content/

[15] N·恩和：“乌兰巴托车站”，《国家邮报》，http：//ub – station. ubtz. mn/

[16]《蒙古国铁路国有股份制公司CEO B·巴图吉雅主题专访》，2012年3月11日，http：//www. mtz. mn/

[17]《每日新闻报》，2014年9月14日，№219版

万里茶道边境上的自然环境变迁①

安德烈耶夫 S. G. （俄罗斯科学院西伯利亚分院贝加尔自然资源利用研究所）
策德波夫 B. Z（俄罗斯科学院西伯利亚分院贝加尔自然资源利用研究所）
阿尤扎纳耶夫 A. A. （俄罗斯科学院西伯利亚分院贝加尔自然资源利用研究所）
阿勒巴耶夫 ZH. B（俄罗斯科学院西伯利亚分院贝加尔自然资源利用研究所）
萨纳摩夫 B. V（俄罗斯科学院西伯利亚分院贝加尔自然资源利用研究所）
邦达策列诺夫 E. A（俄罗斯科学院西伯利亚分院贝加尔自然资源利用研究所）
古扎波夫 B. O（俄罗斯科学院西伯利亚分院贝加尔自然资源利用研究所）
卡尔玛耶夫 E. ZH（俄罗斯科学院西伯利亚分院贝加尔自然资源利用研究所）
齐门多尔吉 Ts（蒙古国国立农业大学）
乌特瓦尔 G（蒙古国畜牧科学研究所）

我们的目标是通过各种现场和远程感应研究反应和分析俄罗斯和蒙古国干燥气候区的植被变化。蒙古国境内大约85%的领土处于干燥气候区。

为研制植被动态模型，我们研究了俄罗斯和蒙古国境内亚湿润干旱区、半干旱区、干旱区和严重干旱区的关键模块。为此，我们借助 TM 和 OLI 光谱仪成像绘制了 NDVI 时间变化和 NDVI 时空动态变化图（分别以 Landsat - 5 和 Landsat - 8 号卫星为基础）。同时，对所选定的 NDVI 区按照原尺寸构建了景观指示图。该指示图的构架基础是耐旱环境组内植被状况的分析。本文对过去 25 年内所选模块内整个区域的植被状况进行了跟踪报告。

① 本论文获得了俄罗斯基础研究基金会第 13 - 05 - 41378 - PГO_ a 号奖励基金“外贝加尔和周边区域自然环境的变化：回顾性分析和现状”的资金支持。

将远程感应与地面研究相结合是进行地面植被研究的关键手法。远程感应方法的基础是收集植被的生物物理学系数，并从时间和空间的角度出发分析其中的差异性，从而快速确定植被覆盖退化和沙漠化对于区域生态强度的影响。

所执行的调查基础是分析常态化差值植生指标（NDVI）的时空差异性，结果表明，我们完全可以对出现退化和沙漠化的地理系统进行良好监控。研究结果表明，植被退化程度日益恶化。

因此急需在确定存在沙漠化趋势的区域采取有效的组织和经济措施，进行植被保护，降低生态压力。

研究人员发现，目标区存在过度畜牧（牛）现象。牧场严重超载，导致植被不断被吞噬。因此畜牧饲养人员及其他土地所有人应确保合理用地，定期改变放牧区，形成轮牧制度。

目前，亚洲中部和外贝加尔山脉地区，气候变化（主要是荒漠化）和人为影响导致不同程度的沙漠化趋势。亚湿润干旱气候区的生态条件存在有利趋势，而其他干旱带则可能导致负面的环境影响。

一、前言

俄罗斯科学院西伯利亚分院和俄罗斯科学院主席团 2008～2014 年规划的科研工作框架内，建立了一系列实际监测地理系统的模型试验场和关键区域，用于研究广阔覆盖干旱气候条件区域的不同纬度带（北纬 51～44°）经线样带（东经 105～107°）土壤退化和沙漠化过程的动态。本工作揭示了贝加尔湖戈壁样带不同气候区土壤退化和沙漠化过程发展的主要因素、动因和趋势。

景观沙漠化作用的最敏感成分是植被。我们重点研究由于劣化现象而发生的植被变化。利用全套实物和远程研究，完成大量工作揭露和分析俄罗斯和蒙古国干旱气候带的植被变化。

二、材料和方法

研究了四个模型试验场，两个在俄罗斯境内，两个在蒙古国境内。蒙古国中部研究两个模型试验场，其中详细研究了：①哈拉格尔河下游、鄂尔浑河右边支流流域（色楞格省和达尔汗乌勒省境内）；②中戈壁省中部。第一个试验场位于杂草生草禾本草原占优势的半干旱气候带，第二个试验场位于干旱气候带，并且在植物地理关系中具有荒漠化草原的特点。为了利用标准差异植被指数 NDVI 研究植被的生物物理参数，选择了两个关键区域：第一个区域位于哈拉阿戈利斯克监测模型试验场，第二个区域位于中戈壁试验场内。

美国地质勘探局的地质门户网站下载了选择试验场 Landsat－5 卫星 TM 分光辐射谱仪不同时间的多光谱图像（俄罗斯境内的两个场：路径＝132，行＝24 和 25；哈拉阿戈利斯克试验场：路径＝132，行＝26；中戈壁试验场：路径＝131，行＝28）。下载图像的必要条件：完全没有云团（CC＝0%）、高质量（Qlty＝9）和足够的图像制备水平（L1T：邻位变换、辐射测量和大气校正）。

野外工作期间获得了区域边界的 GPS 轨迹，后来转换成矢量 shapefile 文件，作为划分区域边界的掩码。根据 1990～2014 年 25 年内 9 月上半月的卫星数据，完成了 NDVI 分布区制图。

俄罗斯科学院宇宙空间研究所建立并不断完善了监测植被状况的“维加”卫星服务。在自动化工艺数据的基础上分析 NDVI 的时间动态。根据俄罗斯科学院宇宙空间研究所地质门户网站的档案资料，估算了 2001～2014 年植被的时间动态。

在鉴定植被物种组成时利用了蒙古和布里亚特的植物检索表。

研究地理系统景观结构时的重要任务之一是分析关键的地貌测量指标。为了地貌测量分析测试区域的地形，在全球地形数字模型 SRTM v. 4. 基础上建立和分析了（结合实物观测数据）等高线图、坡度图和山坡照射图。

三、结果和讨论

（一）干旱亚湿润气候区

贝加尔－戈壁样带俄罗斯部分山间盆地模型试验场和关键区域的调查结果表明，整体上土壤退化和沙漠化发展过程呈现下降的趋势。首先，这由于大量贫瘠土地没有使用降低农业对景观的影响。最明显的是这一趋势发生在干旱亚湿润气候区内，在此气候区内荒废的土地、10～20 年前开垦的土地上进行了天然松树（Pinus sylvestris）分布区的积极森林恢复。这些分布区在开垦前存在森林砍伐。发生在森林草原带的这个过程，促进降低盆地地理系统的干旱化。在干旱半湿润气候带的许多区域，具有 7～8 年前活跃的侵蚀地形和风成地形。

（二）半干旱气候区

我们研究了位于达尔汗市西南 3 公里、哈拉阿戈利斯克监测模型试验场北部面积

19.16 平方公里的 1 号关键区域。大部分区域位于鄂尔浑—哈拉阿戈利斯克河间地低地的切割坡内（绝对标高 810～870 米），特有生长在深棕色粉状碳酸盐石质薄土上的卡拉甘禾本科冷蒿植被。大部分农业用地利用作为放牧场。

根据俄罗斯科学院宇宙空间研究所植被状况监测“维加”卫星服务的档案资料，估算了哈拉阿戈利斯克试验场区域植被的时间动态。计算了 1 号区域 2001～2014 年的 NDVI 值。构建的图表可以跟踪每个日历年植物生长期内植被状况的变化。

NDVI 曲线表明，由于气候条件的优化 NDVI 年度分布不均匀。指出的是，2007 年、2008 年和 2012 年 NDVI 达到足够高的数值，等于 0.6；这是由于这些年份夏季月份中过高的温度值和湿润状况（“维加”服务允许进行 NDVI 值和气象参数的联合分析）。降低的 NDVI 值表明植被的旱生植物化、土壤和其他基岩表层干旱。

25 年差值的 9 月飞行多光谱宇宙图像 Landsat TM 区域 NDVI 计算值，揭示景观实际变化程度，包括植被（最具动态的组成部分）。在划分的区域边界内，进行间距 0.1 的 NDVI 值分布区绘图。

分析同一个星期内不同时间航天器拍摄照片处理结果所得的 NDVI 值，可以发现具有不同植被变化倾向的区域。考察性实地调查结果证明了遥感数据。因此，进行了详细景观调查，评价土壤退化和沙漠化过程的可能发展，完成了耐旱生态群植被组成评价的地植物描述。

NDVI 图像对比直观地揭示主要由于较高载畜量导致的植被劣化。如果 1990 年 9 月大部分区域的 NDVI 值为 0.3～0.4，则 2010 年 9 月 86% 面积的 NDVI 值为 0.2～0.3（表 1）。

表 1　　哈拉阿戈利斯克试验场 1 号区域的 NDVI 等级分类

NDVI	1990 年		1994 年		2001 年		2010 年		2014 年	
	平方公里	%	平方公里	%	平方公里	%	平方公里	%	平方公里	%
0.0～0.1	0	0	0	0	0.00	<1	0.01	<1	0.00	<1
0.1～0.2	0.12	1	0.03	<1	2.19	11	1.58	8	16.73	87
0.2～0.3	5.44	28	1.16	6	15.52	81	16.45	86	2.41	13
0.3～0.4	10.19	53	15.37	80	1.41	7	1.11	6	0.00	<1
0.4～0.5	3.30	17	2.56	13	0.01	<1	0.01	<1	0	0
0.5～0.6	0.10	1	0.02	<1	0	0	0	0	0	0
总计	19.15	100	19.15	100	19.15	100	19.15	100	19.15	100

2012~2014年考察性调查期间完成了不同NDVI值分布区的实物景观指示，研究了变化动态的自然和人为因素。播种收获耕地面积2010年9月8日NDVI值0.1~0.2占8%的面积，处于严重劣化阶段的草原坡地牧场区域由于过度放牧和植被投影覆盖的特点，NDVI值0.1~0.2占小于50%的面积。

目前，9月区域最常见的NDVI值0.2~0.3主要为侵蚀剥蚀切割坡卡拉甘杂草禾本草原景观特有。由于过度放牧，这些景观植被处于中度劣化阶段，大部分占植被投影覆盖的65%~70%。小叶锦鸡儿 Caragana microphylla（Pall.）Lam. 灌木大约占植被总投影覆盖的17%~20%，羊草 Leymus chinensis（Trin.）Tzvelev 占植被总投影覆盖的15%~16%，冷蒿 Artemisia frigida Willd. 占植被总投影覆盖的12%~13%，星毛委陵菜占植被总投影覆盖的10%。

区域6%面积特有的NDVI值0.3~0.4，属于凹地植物群和最西部和高起（绝对标高810~870米）的山坡上部。这些植物群落的植被投影覆盖高达80%~85%。根据物种组成，这里占优势的植物种类为寸草 Carex duriuscula C. A. Mey.（占植被投影覆盖的27%~33%）、羊草 Leymus chinensis（Trin.）Tzvelev（占植被投影覆盖的10%）、块根糙苏 Phlomis tuberose L.（占植被投影覆盖的10%）。

1990年9月位于区域西部的这些植物群落NDVI值为0.4~0.55。看来这些植物群落具有更高的投影覆盖（大约90%），其中份额最高的是苔草、针茅和杂草，包括块根糙苏夏枯草。我们在关键区域的相邻地区进行的调查证明了这一观点。植物群落劣化的原因是过度放牧。

根据21世纪第一个十年蒙古国国家色楞格省和达尔汗乌勒省统计委员会的数据，家畜总数呈现增长的趋势。我们进行的哈拉阿戈利斯克模型试验场区域牧民的快速调查表明，大约一半的牧民在2000年从蒙古国的其他周边省（西戈壁省（大部分）和南戈壁省）带着自己的牲畜群迁移到这里（靠近主要的畜牧产品销售市场）。

（三）干旱气候区

中戈壁省境内自北向南逐渐从荒漠化草原景观转变到半荒漠和贴地矮灌木荒漠景观。调查表明，在极度缺乏湿润的条件下（中戈壁省南部乌尔济特县境内的年度大气降水总量少于100毫米，中戈壁省北部年度大气降水总量最大值为150毫米，完全缺乏地表淡水），戈壁景观易受退化过程的刺激，尤其是物理风化、风蚀和植被退化的刺激。虽然整体上中戈壁省境内由于极低密度畜牧场而不大的载畜量，畜牧场周围0.5~0.7公里半径的地表几乎完全没有植被（投影覆盖0~1%）。

中部曼达勒戈壁省以北占优势的为南干旱草原景观，占据70%~80%的区域，荒漠化草原景观占10% ~20%，盐土和盐碱土景观小于8%。中戈壁模型试验场内曼达勒戈壁以南占优势的为荒漠化草原景观（65% ~75%），南干旱草原景观占20% ~30%，盐土景观小于9%。

中戈壁模型试验场2001 ~2011 年的NDVI平均值等于0.12，这表明植被极其稀少。2012年和2013年的NDVI值远高于平均值，NDVI值达到0.35（2012年）。戈壁2012年夏季异常潮湿，根据当地老住户的估计最近20 ~25年没有出现过类似的情况。因此，我们2012年8月进行的调查显示，戈壁投影覆盖的真旱生植物份额减少。

进行的NDVI时间动态分析显示，与2010年相比2011年8月（0.17 ~0.135）和6月（0.15 ~0.125）的NDVI值降低。将2011 ~2014年我们进行的生态群戈壁区域地植物实地调查结果与2010年的调查结果相比较确认以下结论，证实不同区域投影覆盖中真旱生植物的比例增加12 ~15%，真旱生荒漠植物物种继续向北侵袭。曼达勒戈壁市以南20公里的平原石质荒漠化草原关键区域，投影覆盖的真旱生植物比例从2010年8月的77%提高到2012年8月的96%。

根据1990年和2011年9月份不同时间的图像Landsat TM，分析中戈壁试验场区域的NDVI指数，显示出戈壁植被旱生植物最直观的趋势。如果1990年9月75%的试验场面积NDVI值为0.0 ~0.1，则2011年9月NDVI值等于0 ~0.1的面积已经达到92%。

不同NDVI值分布区进行的实物景观指示表明，优势值（面积的92%）0.0 ~0.1为多根葱 Allium polyrrhizum Turcz. ex Regel（20世纪90年代最南部的戈壁区域特有物种）占优势的石质荒漠化草原所特有。目前占据中戈壁试验场总计8%面积的NDVI值0.1 ~0.2分布区，为盐化细土平原的莎草科山茶科群落。

气象数据分析表明，21世纪夏季的戈壁表现出比20世纪更严重的干旱，我们认为这是戈壁植被劣化趋势的主要因素。

（四）特别干旱气候区

这里沙漠化和荒漠化景观占优势。我们进行的调查表明，与当地居民不合理利用自然资源相比较，土壤退化和沙漠化与这里大部分区域气候严重干旱的相关性更高。监测区域详细的景观描述证实：积极风蚀细土材料、戈壁景观稀疏矮小的植被。

四、结论

（1）利用不同光波波段信道光谱反射率差异的方法，结合野外实地测量进行的研究表明，最近20年被调查的蒙古国试验场植被退化更加严重。俄罗斯流域部分的植被状况更稳定。

（2）基于分析植被生物物理参数时空变化的遥感探测方法，可以迅速发现植被退化和荒漠化引起的环境紧张区域。不同景观区的NDVI值具有不同的特点，因此，为了景观指示，根据远程材料发现的NDVI分布区应当利用直接实物观测材料进行强制性识别。

（3）为了防止显示出最大环境紧张区域土地退化和沙漠化过程的发展，应当采取保护自然植被的紧急组织管理措施（改良土壤、放牧管理等）。被调查的蒙古国区域出现的过度放牧导致牧场过度负荷，也就是主要导致植被的劣化。

（4）目前中亚和外贝加尔的不同气候带发生与气候变动（主要与气候干燥有关）和人为影响相关的不同沙漠化过程的发展趋势。创造良好生态状况的正面趋势发生在干旱的亚湿润气候区，负面趋势导致更加干旱地区其他不良的环境后果。

参考文献

[1] 古宁 P. D.，佐洛托克雷林 A. I.，温诺格拉多娃 V. V.，巴扎 S. N. 根据NDVI数据蒙古南部植被状况动态．干旱生态系统，2004年，第10卷，第24～25期，第29～34页

[2] 图洛洪诺夫 A. K.，齐德波夫 B. Z.，沃洛申 A. L.，芭图叶娃 D. ZH.，奇梅德多尔日 Ц. 基于NDVI植被指数蒙古干旱和半干旱气候区植被的时空特征．干旱生态系统，2004年，第20卷，第2（59）期，第19～29页

[3] 卢皮扬 E. A.，萨温 I. YU.，巴尔塔列夫 S. A.，托尔平 V. A.，巴拉绍夫 I. V.，普洛特尼科夫 D. E. 植被状况卫星监测服务（“维加”）．从空间远距离探测地球的现代问题，2011年，第8卷，第1期，第190～198页

[4] 格鲁博夫 V. I. 蒙古导管植物检索表．彼得格勒：科学，1982年，443页

[5] 安年洪诺夫 O. A.，佩哈洛娃 T. D.，奥西波夫 K. I.，芭德玛叶娃 N. K.，蒙库叶娃 M. S.，克里沃博科夫 L. V.，纳姆扎洛夫 B. B.，塞库利奇 I [. R.，苏特金 A. V.，图班诺娃 D. YA.，图布申诺娃 D. B. 布里亚特植物检索表．乌兰乌德：布里亚特科学中心出版社，2001年，第670页

[6] 蒙古统计年鉴2009. 乌兰巴托：蒙古国家统计局，2010年，第448页

劳动力迁移的调整：效果、障碍

Z. A. 达尼洛瓦[①]（联邦国家预算内科研机构俄罗斯科学院西伯利亚分院
贝加尔自然资源利用研究所高级研究员、社会科学博士、教授）

在发展中国、蒙古国和俄罗斯三个国家之间的经济走廊的条件下，最重要的是调查这些地区发生的迁移过程，因为国家之间劳动力资源的交换相当活跃。中国是全球劳动力资源的供给国，俄罗斯贝加尔地区外国劳动力迁移人员组成中超过80%为中国公民。

西伯利亚和远东地区（包括贝加尔地区）居民的迁移流出量、工作年龄的自然减少量和高死亡率导致劳动力资源的不平衡。地区居民结构中出现工作年龄比重下降和退休年龄公民人数增长。由于缺乏就业生态位、关闭一些工业企业等，以及生产过剩，尤其是人文领域，表现出专业人员的迁移。近年来地区内表现出迁移的逆差，主要为年轻的劳动力（表1）。每年地区迁移出1.1万~2.1万人。

表1　　贝加尔地区迁移逆差

贝加尔地区	2009年	2010年	2011年	2012年	2013年	2014年
布里亚特共和国	2038	3235	4355	4523	3579	1276
伊尔库茨克州	6061	5541	6799	7245	8553	7164
外贝加尔边疆区	2617	4882	9280	7606	8554	6742
总计	10716	13658	20434	19374	20686	15182

资料来源：俄罗斯联邦移民局。

同时，地区需要补充劳动力。组织和企业向国家居民就业服务机关提出的工作人员

① 俄罗斯乌兰乌德市。

需求量在逐年增加。2009～2014 年期间布里亚特共和国每年空缺的工作岗位为4000～6000 个，主要为工人和技术专长的工作岗位。2015 年外贝加尔边疆区空缺的工作岗位为 8446 个，伊尔库茨克州为 4 万个。

依靠国际劳动力迁移部分补充地区的劳动潜力。根据俄联邦伊尔库茨克州移民局的数据，个别年份地区外国劳动力人数约 6 万人，不包括特许外来人员。近几年为了确保俄罗斯公民优先就业，实施缩减劳动力迁移的有针对性政策。外国工作人员平均占地区经济就业总人数的0.5%～2.2%，同时，外部劳动力迁移的临阈值为 15%～20%（全球指标）。

调整外国劳动力，旨在大幅缩减按照配额引进的具有专业技能劳动移民的数量，我们认为这不完全正确。因为，首先，他们主要占据技能和低技能就业生态位，而重体力劳动，当地居民不同意他们从事或他们不具有相应的技能。在居民就业中心这些工作对于外国工作人员大多是关闭的。2012 年超过 40.0% 具有工作许可的外国公民，从事采矿、建筑安装和修建工程。其次，根据雇主和专家的申请，对外国劳动力的需求相当高。布里亚特共和国雇主对外国劳动力申请的人数与获得工作许可的外国公民人数的比值为 11.8%～20.2%（图 1）。尤其不能满足建筑、制造业和农业对外国劳动力的需求。第三，整体上国家及周边地区没有像布里亚特共和国大幅减少外国劳动力配额：个别年份甚至增加外国劳动力人数。伊尔库茨克州 2014 年向 21474 名外国公民签发了工作许可证。以前他们工作在外贝加尔边疆区。2012 年全国外国劳动力配额总计减少 16.4%，同时，布里亚特共和国相比于 2008 年更是大幅度减少。

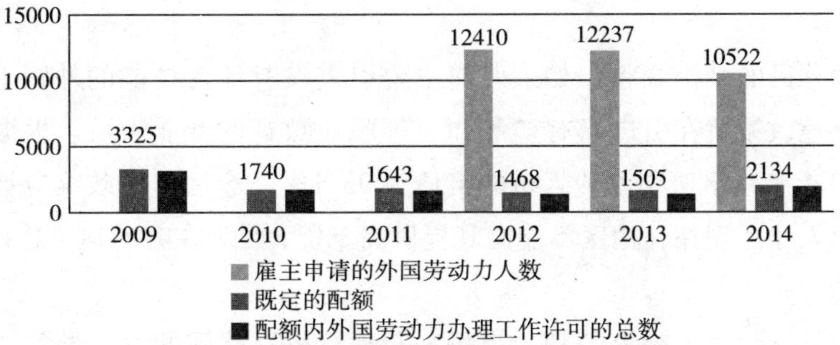

图 1　外国劳动力需求量与发放配额数量的比值

资料来源：俄罗斯联邦共和国就业机构，俄联邦布里亚特共和国移民局。

外国劳动力人数的增长主要为没有劳动技能、自发来自独联体国家的、特许在私人处工作的劳动力（图 2）。由于复杂的情况，降低了移民迁移者完成工作的质量、降低了地区的平均工资。

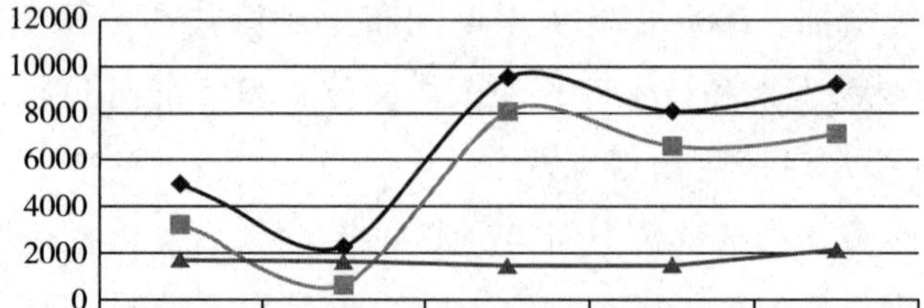

	2010	2011	2012	2013	2014
外国劳动力的总数	4959	2269	9543	8087	9258
按照特许的人数	3219	629	8075	6582	7115
按照配额的人数	1740	1643	1468	1505	2143

图 2　按照特许和配额工作的外国劳动力人数

资料来源：俄罗斯联邦共和国就业机构，俄联邦布里亚特共和国移民局。

此外，地区内显示出使用外国公民劳动的直观效果。

吸引外国劳动力的正面效果

一是劳动移民对地区经济的贡献。2000 年中期和年末劳动移民对商品生产和服务做出的最大贡献，主要体现在建筑行业。劳动移民人数增长与投入使用建筑面积增长之间表现出较高的正相关关系（皮尔逊线性相关系数）。根据我们的计算，2012～2014 年的相关系数为 0.980。

2010 年实施了在自然人处工作的外国工作人员的特许制度，从而补充了地区预算。例如，2013 年列入布里亚特预算的外国公民特许工作税费超过 4000 万卢布，2014 年超过 4700 万卢布。

二是劳动移民的结构调整。如果以前主要引进没有任何技能的外国工作人员，则当今条件下调整政策旨在引进具有初等和中等职业教育的专业人员。根据居民就业机构的数据，2015 年地区吸引专业人员的申请为 93.1%。今后移民政策应旨在引进高技能的外国专业人才。现在，地区不能向其提供高工资，因为在劳动移民总量中这类专业人员很少。

三是依靠外国劳动力补充劳动力市场。劳动、教育移民的发展导致移民向接待社会结构扩散。一小部分劳动移民转为地区的常驻居民，出现补充的劳动力，主要为年轻的劳动能力人员。

吸引外国劳动力的负面效果

一是降低地区的平均工资。使用外国劳动力的条件下，表现出地区平均工资降低。

许多移民已准备从事比土著居民更低工资的工作。2015 年外国工作人员和地区工作人员的月均工资之比为50% ~60%。如果具有初等和中等职业教育的外国公民（混凝土工、瓦工、油漆工、设备调整工等）工资稍低于（有时稍高于）当地从事同类工作的工人，则没有专业知识的移民将获得更微薄的工资。

二是从个别劳动力市场部门排挤出当地居民。外国公民最大程度取代当地工人发生在建筑领域，尤其是房屋建筑、维修服务、农业、木材采运等工作。三是由于特许主要在私营部门工作的移民具有较低的技能，表现出所生产产品质量下降。与劳动移民有关的个别负面表现，如犯罪率提高、违反政治和各民族间的稳定等实际上各地区中没有出现。

因此，在现代条件下应保护国家的劳动力市场，防止外国劳动力过剩，确保俄罗斯公民在空缺岗位优先就业。同时，应合理使用有技能外国公民的移民潜能，与当地工作人员相比，外国劳动力的优势是显而易见的。吸引和使用外国劳动力是降低区域劳动力市场劳动力资源短缺的方案之一。

认识到外国劳动力的需求，没有充分考虑雇主的利益，地区没有补充所需的劳动力资源。使用外国劳动力的现存风险稍微抵消引进外国劳动力的正面效果。移民政策的实施，取决于移民是否成为国家和具体地区发展的资源或者转变成安全的威胁。

参考文献

[1] 俄罗斯地区社会经济指标（2014 年）. 莫斯科：俄罗斯联邦国家统计局，2015 年

[2] 俄罗斯的劳动和就业. 莫斯科：俄罗斯联邦国家统计局，2013 年

[3] 共和国就业机构材料. http：// www. burzan. ru

[4] 俄联邦布里亚特共和国移民局. 2014 年经营活动总结分析报告

[5] 布里亚特共和国人口迁移. 乌兰乌德：布里亚特统计局，2015 年

[6] 布里亚特共和国经济部材料. http：//www. economy. govrb. ru

[7] 伊尔库茨克州劳动就业部材料，外贝加尔边疆区国家居民就业部门的材料. http：// www. zabzan. ru/，http：// www. irkzan. ru

乌兰乌德—乌兰巴托—二连浩特市运输和物流系统的战略前景

加尔桑·达列夫（俄罗斯科学院西伯利亚分院布里亚特科学中心布里亚特国立农学院）
弗拉基米尔·斯莫林（布里亚特共和国经济部副部长）

本文分析了中国和俄罗斯两国之间的货运情况，同时研究了俄罗斯外贝加尔地区目前所面临的交通运输问题，希望可以考虑通过蒙古地区来促进交通发展。

蒙古国地理位置独特，国内共有两大交通连接枢纽：俄罗斯和中国。蒙古的交通运输系统可以提供短途货运服务，发展潜力巨大。蒙古国作为合作伙伴和承运方，其境内交通系统的地位显著提高。

俄罗斯总统弗拉基米尔·普京于2014年访问蒙古期间，与蒙古政要签订了多份双边协议，包括JSC俄罗斯铁路股份公司和蒙古公路和交通运输部之间签订的乌兰巴托铁路现代化与发展战略合作协议、俄罗斯交通运输部和蒙古公路和交通运输部之间签订的民用航空领域合作意向书，以及JSC俄罗斯航空公司和MIAT蒙古航空公司之间签订的相互谅解备忘录。同时，蒙古国、俄罗斯联邦以及中华人民共和国之间还曾协商签订过境运输协议。

俄罗斯于2012加入世贸，中俄两国签订了多项双边协议，同时两国领导人之间曾多次会晤洽谈，这些都促使中俄两国之间往返交通系统的搭建。根据中国的海关数据，2014年，中俄两国的贸易额达到953亿美元，其中俄罗斯对中国的出口额达416亿美元（矿物燃料和石油的份额高达71.63%）。

目前，中国大部分货物均需通过内蒙古的交通枢纽满洲里市运送至东西伯利亚（乌兰乌德、伊尔库茨克、布拉茨克和克拉斯诺亚尔斯克）和西西伯利亚（克麦罗沃、新西伯利亚、鄂木斯克、托木斯克、巴尔瑙尔、秋明和叶卡捷琳堡）地区。而俄罗斯的大部分货物和原材料主要通过返程线路运至中国。这一方法有利也有弊，应考虑在内。

主要工业产品、农业产品（特别是蔬菜和园艺产品）、建筑材料、电子产品等其他消费品的生产集中在中国东部、中部和南部省市。这些省市的铁路和公路网络都很发达。与俄罗斯的主要贸易运输路线是铁路和公路。为方便起见，北京是通往俄罗斯的货运线路的起点。而与欧洲、中东地区、非洲、澳洲、东南亚和美洲地区的国际贸易主要由东部沿海港口通过海运实现。

北京—满洲里—乌兰乌德市运输航线总长 3320 千米（其中北京—满洲里市线路总长 2167 千米，满洲里—乌兰乌德市线路总长 1063 千米）。本线路需要在满洲里市实现货物转运，因为俄罗斯和中国铁路系统的计量方式以及两国公路运输中对于最大轴负载的要求各不相同。同时，该线路还需多次跨境，因此需要接受多项海关管控，从而导致多种附加问题，也就是说会增加运输成本、降低易腐烂货物的质量、由于货物转运导致客户承担时间损失，以及因为货物损伤影响消费质量。

可以修建北京—二连浩特市—乌兰巴托—乌兰乌德市往返运输航线，作为替代线路。该线路航程总长为 1954 千米（其中北京—二连浩特市为 699 千米，扎门乌德—乌兰巴托为 672 千米，乌兰巴托—阿勒坦布拉格为 350 千米，恰克图—乌兰乌德市为 233 千米）。显然，航运距离缩短了 1276 千米，从而可以大大降低运输费用。

然而拟建运输航线存在如下问题。

（1）需要重新铺设乌兰乌德—恰克图—边境—阿勒坦布拉格—乌兰巴托之间路线。该路线现已老化，无法满足现代规范的要求。

（2）需要建设物流和公路基础设施。需统一建设过境运输和货物数据库，从而提高协调效率，便于货运车辆及时过境，避免延期。应将该数据库与 GPS 或 GLONASS（全球导航卫星系统）相连，便于监控过境交通情况。公路基础设施是由服务站、加油站、休息场所、汽车旅馆和餐饮场所组成的整体网络。

（3）需要组织乌兰巴托和乌兰乌德市附近的运销场站。根据公路和地形条件，场站间的距离大约可以定为 600 ~ 800 千米。

（4）需要计算并确定性价比较高的过境运价表，应根据北京至满洲里市至乌兰乌德市之间较低价位确定运输费用。

（5）需要统一制定动物和植物管控规则和程序，并确定俄罗斯和蒙古国的重型车辆轴负载，从而维持货物换装所导致的额外损坏。

（6）需要在乌兰乌德—纳乌什基之间建设次级铁路轨道。

（7）需要为跨蒙古阿勒坦布拉格—扎门乌德建设次级铁路轨道。

需要通过现有乌兰乌德—乌兰巴托—二连浩特市铁路进行货物交付。但是，由于蒙古国、俄罗斯和中国之间没有签订三边协议，大部分返回俄罗斯境内的货运车辆是空车。修建次级铁路轨道和电力牵引能大幅提高交通运输系统的经济效益。

目前已具备建设北京—二连浩特—乌兰巴托—乌兰乌德市铁路的初始条件：

（1）俄罗斯—蒙古国以及蒙古国—中国边境区现有汽车运输的切入点，可 24 小时不间断服务。

（2）乌兰巴托—扎门乌德公路已修建完毕。

（3）古西诺奥泽尔斯克—奥隆科伊公路的重建工作业已结束，本路段建有重量管控检查站，在恰克图地区建有辅路，新色楞金斯克地区附近的道路修建工作已经结束。

（4）乌兰乌德市伊沃尔京斯基地区和恰克图地区附近交通和物流综合体建筑的施工已经开工，其中包括汽车旅游建筑群。

如上所述，中国至俄罗斯以及俄罗斯至蒙古国至中国之间的货运存在巨大潜力。交通运输系统的发展能极大地带动区域发展和繁荣。总之，俄罗斯和蒙古国应该积极与中国合作，促进来往货运系统的共同发展。

参考文献

[1] 佐洛托瓦 YA. V. 中国和俄罗斯之间的外贸现状// 俄罗斯与中国：合作的历史和前景．第五届国际科学实践会议材料（布拉戈维申斯克—黑河—哈尔滨，2015 年 5 月 18 ~ 23 日）第 5 卷．布拉戈维申斯克国立师范大学出版社，2015 年，212 ~ 214 页

[2] 布拉托瓦 N. N. 交通运输成为贝加尔蒙古产业集群平台的战略合作伙伴// 俄罗斯与蒙古的社会经济发展：问题与前景．第三届国际科学实践会议材料．东西伯利亚国立技术与管理大学，2013 年，第 2 卷，60 ~ 63 页。

[3] 阿斯拉尔特 B. 蒙古综合运输和物流系统的形成/B. 阿斯拉尔特，D. 温努尔赛汉．罗斯与蒙古的社会经济发展：问题和前景．第三届国际科学实践会议材料．东西伯利亚国立技术与管理大学．2013 年，第 1 卷，11 ~ 17 页

[4] Dugerjav G. 通过交通网络发展促进东北亚和蒙古国之间的经济合作．东亚交通运输系统研究纪要，第 9 卷，2013 年

[5] Dugerjav G. 跨 GTR 交通走廊中综合交通设施和跨境设施研究——大图们江开发，2013 年

俄罗斯、蒙古国和中国电力系统合作的前景方向

鲍里索夫·根纳季·奥奇罗维奇（俄罗斯科学院西伯利亚分院布里亚特
科学中心区域经济研究部主任研究员经济学副博士）
东多科夫·佐里克托·巴托杜加罗维奇（俄罗斯科学院西伯利亚分院布里亚特
科学中心区域经济研究部主任、教授、经济学博士）

分析了俄罗斯、蒙古国和中国电力合作问题与可能的方向，包括建立新的发电源和发展输电线路。研究确保蒙古国高峰负载和电力需求的可选方案，探讨建立东北亚国家间电力联盟和实施可再生能源全球性方案的可能性。

稳定和可靠的能源保障是国家经济发展不可或缺的条件。在全球化背景下，国家间经济合作的重要方向之一是建立共同的能源系统。

俄罗斯与东北亚国家在电力领域的国家间一体化与合作是我国东部能源政策的组成之一。如果建立国际电力联盟，可以获得显著的节能效果，促进提高供电效率和降低电价。这些效果包括降低对新发电设备的需求（由于降低同时出现重大事故的概率和综合最高负载值）、建设大型发电电站的合作机会、负载不可预见增长条件下（特别是不可抗力应急情况中）提供互助、节省固定和可变的运营费用。

反映俄罗斯东部地区和东北亚国家电力现状的主要指标列出在表 1 中，从表 1 可见，中国、蒙古国和韩国具有最高的增长率。

表1　　俄罗斯东部地区和东北亚国家的主要电力指标（根据2008年的状况）

国家/地区	面积（千平方公里）	人口（百万人）	装机功率（千兆瓦）	电力生产	
				总计（十亿千瓦时）	人均（千瓦时/人）
俄罗斯，总计	17075.4	142.0	225.5 226.4 *	1040.4 1045.1 *	7327
包括：					
西伯利亚	5114.8	19.5	49.8	213.9	10969
远东	6215.9	6.5	14.5	41.8	6431
日本	372.5	127 126 *	202.2 287.3 *	1146.3 937.6 *	8976 7441 *
朝鲜	121.2	22.0 24 *	6.0 7.2 *	20.9 21.6 *	930 900 *
韩国	99.3	48.4 49 *	73.7 86.9 *	422.4 526 *	8727 10735 *
中国	9598	1330.9 1360.4 *	713.0 1247 *	3221.8 5431.6 *	2422 3993 *
蒙古国	1566.5	3.0 3.04 *	0.9 1.1 *	4.2 6.2 *	1400 2072 *
全球（整体上）	144360	6690.7	4420	20181	3662

* 根据2013年的状况。

东北亚积极制定建立统一电力合作组织的方案，包括创建大型电力来源和连接东北亚国家的电网。

“发展东北亚可再生能源的戈壁跨国电力公司和亚洲超级线路网”项目的基础是利用蒙古戈壁沙漠的太阳能和风力（达到100千兆瓦）、建立可能的通道用于建设亚洲超级线路网。

项目的实施可以确保日益增长的电力需求、依靠大型电力系统的效率提高能源的安全性和可靠性、减少环境污染。

“东北亚国家之间全球形成体系的电力连接”项目，意图在挖掘俄罗斯西伯利亚和远东能源潜力、中国快速发展的电力基础上，联合东北亚国家的电力系统和蒙古国有前景的能源潜力。

这可以建立能源和电力的跨国交换，以便于提高每个参与国家电力系统的效率和安全。项目的实施应在东北亚国家之间达成多边协议。

目前，俄罗斯东部正在制定和实施建设电站和输电线路的单独项目，以确保蒙古国和中国东北的电力出口。按照优先程序研究阿穆尔州境内建设功率 5 ~8 千兆瓦叶尔科韦茨基褐煤矿床燃煤发电站项目，从而可以向中国每年供应 550 亿 ~600 亿千瓦时（按照最大供应方案）的电力（表 2）。

表 2　　　　叶尔科韦茨基项目方案的初步经济技术指标

编号	设计的原始数据：	方案 1	方案 2
1	热电站的有效功率（兆瓦）	5280	7920
2	年度工时总额（小时）	6500	6500
3	设计的发电量（百万千瓦时）	34320	51480
4	电力的出口（百万千瓦时）	31488	47232
5	机组的单位功率（兆瓦）	660	660
6	机组数量（个）	8	12

向中国大规模供应电力的“2020 年前俄罗斯联邦电力设施发展和配置的总体布局（考虑到 2030 年前的前景）”规定，在贝加尔地区建设三个燃煤热电站（布里亚特共和国的奥隆希比尔国营地区发电站、外贝加尔边疆区的塔陶罗夫和新哈拉诺尔国营地区发电站）。这些发电的装机功率总额为 600 万千瓦，供给电力 360 亿千瓦时。总投资为 76 亿美元。电力输出示意图和出口输电线路的经济技术指标见图 1 和表 3。

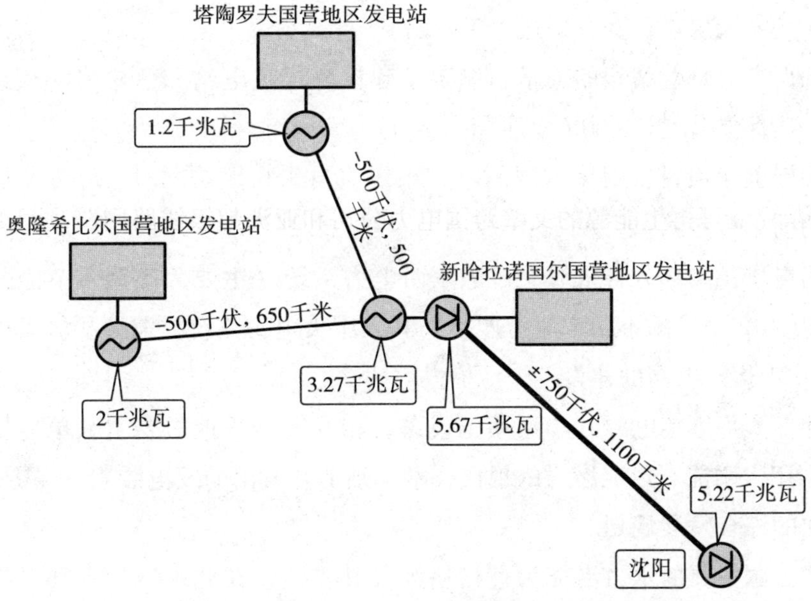

图 1　贝加尔地区向中国出口电力的示意图

表 3　　　　出口输电线路的经济技术指标

输电线路	长度（千米）	电压（千伏）	输电能力（百万千瓦）	输送的电力（十亿千瓦时）	价值（十亿美元）
奥隆希比尔—新哈拉诺尔输电线路	650	-500 3 组链式	2.7	14.4	0.76
塔陶罗夫—新哈拉诺尔输电线路	500	-500 2 组链式	1.8	7.2	0.42
新哈拉诺尔—沈阳（中国）输电线路	1100	±750 2 组链式	6.6	34.0	3.12
总计	2250				4.3

距离维季姆河贝阿干线以南 28 公里的布里亚特共和国与外贝加尔边疆区边界，研究建设总装机功率 3410 兆瓦维季姆水力系统（包括带有装机功率 1200 兆瓦伊万诺夫调节水库的 210 兆瓦莫克水电站、360 兆瓦扬古金水电站、450 兆瓦卡拉隆水电站、590 兆瓦锡格奈水电站、600 兆瓦博代博水电站）的可行性。

2011 年完成“阿穆尔—黑河” 500 千伏高压线建设，并签署了向中国供应 1000 亿千瓦时电力的 25 年长期合同。2014 年出口电力 34.85 亿千瓦时。

根据蒙古国科技大学能源研究所的预测，2025 ~ 2030 年蒙古国中央电力系统的电负载和用电量增加 2 倍以上，分别达到 2000 ~ 2200 兆瓦和 100 亿千瓦时。有前景的主要大型用电客户为“奥尤乌托尔戈伊”和“察加安苏夫拉加”采选公司、塔班托尔戈伊焦煤矿床的露天煤矿、赛音山达市工业园。

为了确保电力日益增长的需求，制定了建设燃煤热电站和色楞格河及其支流水电站的项目，确保显著增长的新生产设备。

如果实施上述项目，则蒙古国的电力系统将自给自足。同时，应提及的是蒙古国电力发展的前景特点：

——用电增长的部分将依靠蒙古国东西电力系统（主要为小型不节能的柴油热电站和电压 10 ~ 35 千伏的小功率电力连接）并入中央电力系统。需要扩大发电功率和加快 110 ~ 220 千伏配电网的建设。

——存在大量远离电源的小型用电设备，相互间客观地需要引入单独的小型发电装置（在利用太阳能、风能潜力的现代技术基础上开发出的发电装置）。需要制定蒙古国在此方向的综合发展规划。

——蒙古国主要的水力潜能为色楞格河及其支流。在此水域的水利设施建设不可避免地影响贝加尔湖的生态系统，需要国际自然保护组织的鉴定，从而显著提高建设这些水利设施的成本。应研究在外贝加尔河流（维季姆河、希尔卡河等）建设水电站和通过建设500千伏输电线扩大“古西诺泽尔斯克—达尔汗—乌兰巴托”国家间输电线路的可选方案。

蒙古国电力系统具有与外贝加尔电力系统220千伏输电线的连接，以及图瓦共和国与西伯利亚统一电力系统的110千伏输电线连接。布里亚特—蒙古国的过电流曲线图见图2。

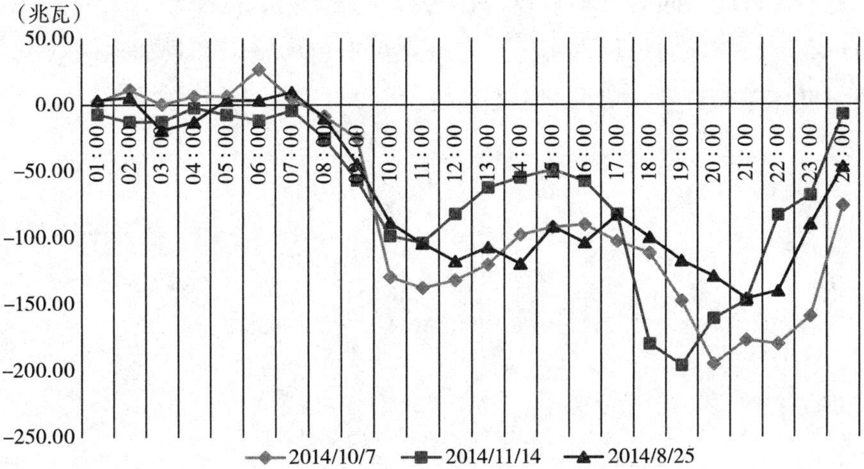

图2　布里亚特—蒙古国的过电流曲线图

从图2可以看出，全天电力过电流的变化0～200兆瓦，也就是，外贝加尔的过电流明显消除蒙古国中央电力系统全天用电量曲线的波动，2010年的波动达到210兆瓦，季节性波动达到250兆瓦。2010～2012年电力输送占总需用量的5%～7%，而最初的年份（1978～1980年）电力输送占总需用量的30%。

随着用电负载的增加，将提高全天和季节性用电波动的绝对值，随着机组单位功率的提高，将提高承担紧急情况负载的用电量，国际线路所需的输电能力将提高至300～500兆瓦，因此，只能建设附加的500千伏“古西诺泽尔斯克—达尔汗”输电线路，然后建设“达尔汗—乌兰巴托”输电线路。

如果进一步发展至内蒙古电力系统的干线网，则可以从外贝加尔和蒙古国向中国出口电力。

通过达到乌兰乌德热电站-2（800兆瓦）、古西诺奥泽尔斯克国营地区发电站（2150兆瓦）和哈拉诺尔国营地区发电站（1800兆瓦）设计功率的发电，确保外贝加尔向蒙古和中国出口电力的第一阶段。向蒙古和中国输电的古西诺奥泽尔斯克国营地区发电站、向中国输电的哈拉诺尔国营地区发电站，应当成为可以进行电力输送的动力枢纽。

将来莫克水利枢纽（1410 万千瓦）和维季姆水电站（20000 兆瓦）级联的建设，将提高外贝加尔电力系统的调节能力；联合下布列亚电力系统的巨大水利潜能，成为建立东北亚国家间电力联盟和实施“东北亚可再生能源戈壁跨国电力公司和亚洲超级线路网”大型项目的基础，因为，同时产生抵补用电荷载和发电量全天和季节性波动的必要性。

在俄罗斯蒙古政府间经贸和科技合作委员会框架内，需要综合研究确保蒙古国经济对电力日益增长需求的可选方案，并考虑到保护色楞格河和贝加尔湖（列入联合国教科文组织世界遗产目录）流域的生态系统。

发展蒙古国、俄罗斯和中国经济走廊的合作

东多科夫·佐里克托·巴托杜加罗维奇（俄罗斯科学院西伯利亚分院布里亚特科学中心区域经济研究部主任、教授、经济学博士）
娜姆日洛娃·维克托丽娅·奥奇萝弗娜（俄罗斯科学院西伯利亚分院布里亚特科学中心区域经济研究部初级研究员、经济学副博士）

研究蒙古国与其周边的俄罗斯和中国地区经济合作的问题。在建立“丝绸之路经济带”和“草原之路”计划的框架内探讨研究区域的发展问题。确定三国经济走廊的远景发展方向，包括交通、能源、农业工业综合体、旅游、商贸。建议以常设的三方委员会形式设立协调经济合作的专门研究所。

风云变幻的国际形势和西方实施的经济制裁，加快俄罗斯“向东看”定位于有前景的亚洲市场和发展东部区域的进程。欧亚战略发展的基础为欧亚经济联盟（包括俄罗斯、亚美尼亚、白俄罗斯、哈萨克斯坦和吉尔吉斯斯坦）基础上的区域一体化。

另一方面，中国于2013年提出建设“丝绸之路经济带”的构想，其主要任务是将东亚和欧洲发达国家活跃的经济联系起来，开发“丝绸之路经济带”广阔区域的经济潜力。

同时，环绕俄罗斯西伯利亚和远东地区、蒙古国、中国东北的新型国际路线的开发，将为这些区域的经济发展带来确定的挑战。过境运输量的下降和经济活力的衰退是完全可预测的。

在这方面，联合“丝绸之路经济带”和蒙古国“草原之路”计划的基础上，俄罗斯、蒙古国和中国发展经济走廊的三方合作具有特殊的作用。这个倡议的提出首先对于蒙古国及与蒙古国接壤的中国和俄罗斯区域来说具有重要意义。

目前与蒙古国接壤的四个俄罗斯联邦主体包括阿尔泰共和国、布里亚特共和国、

图瓦共和国和外贝加尔边疆区。俄罗斯—蒙古的边界总长度为3485公里。现有29个边防口岸，其中全年工作的有8个汽车口岸和2个铁路口岸。

在俄罗斯边境地区中布里亚特共和国具有与蒙古国最长的边境1275公里。穿过其境内的有乌兰乌德—恰克图—蒙古国联邦级公路和通往蒙古的西伯利亚大铁路南线。这里有俄罗斯蒙古边境的主要边防口岸：恰克图国际公路口岸和纳乌什基铁路口岸。布里亚特共和国是俄蒙边境合作最活跃的地区，包括对外贸易：在边境主体中的出口份额占64%，进口占98%（见表1和表2）。

表1　　边境地区出口蒙古国的商品　　单位：百万美元

俄罗斯联邦主体	2011年	2012年	截至2013年	2014年	2015年1~6月
布里亚特共和国	62.5	66.4	64.0	38.3	16.9
外贝加尔边疆区	0.5	0.7	0.5	0.7	0.7
图瓦共和国	0.6	0.6	0.4	0.3	0.2
阿尔泰共和国	18.8	17.1	23.3	20.5	6.7
俄罗斯总计	936.6	1499.2	1851.4	1572.1	571.7

资料来源：俄罗斯联邦海关总署西伯利亚海关署的统计资料：http：//stu. customs. ru/。

表2　　边境地区从蒙古国进口的商品　　单位：百万美元

俄罗斯联邦主体	2011年	2012年	2013年	2014年	2015年1~6月
布里亚特共和国	40.5	30.5	25.3	26.2	14.7
外贝加尔边疆区	1.3	—	—	—	—
图瓦共和国	1.5	0.1	0.04	—	—
阿尔泰共和国	0.07	0.2	1.5	0.4	0.1
俄罗斯总计	79.1	89.1	64.3	40.9	23.9

资料来源：俄罗斯联邦海关总署西伯利亚海关署的统计资料：http：//stu. customs. ru/。

布里亚特共和国是俄罗斯通往蒙古国的大门，欧洲和亚洲之间的最短路径之一穿过布里亚特。这决定了布里亚特共和国在俄罗斯、蒙古国和中国之间经济走廊发展中的关键作用。

引进来自中国和蒙古国有前景的过境货流，对布里亚特共和国的经济产生积极的影响，因此，需要发展交通基础设施和稳固的物流网以提高货运量。随着乌兰巴托铁路的现代化改造，发展经济走廊联运基础设施的必要条件是改造乌兰乌德—二连浩特干线的俄罗斯路段。

发展连续过境运输的障碍之一是货流的不平衡问题，来自亚洲国家的货运量明显超出向亚洲国家运输的货运量。为了解决欧洲至亚洲集装箱最佳装载的问题，可以制定灵活的运价政策，并考虑到运输过程各参与方的利益。

吸引俄罗斯 - 蒙古国方向货流的重要因素是简化过境货物和外贸货物的海关手续。边防口岸工作的首要任务是解决海关检查和办理海关手续长期滞留货物的问题。

目前，旅游业作为边境地区的合作领域之一正处在积极增长的时期。旅游发展中的重大事件是 2014 年 9 月 3 日签署了俄罗斯联邦公民和蒙古国公民相互走访条件的协议，协议规定自 2014 年 11 月 14 日起实施免签证待遇。根据该协议两国公民可以免签在对方国家停留 30 天。

蒙古国公民占走访布里亚特共和国外国公民的绝大部分（90% 以上）（见表 3）。在卢布汇率大幅下跌背景下简化入境程序和恰克图国际公路口岸转为全天工作制，实质性地影响蒙古国公民过境人数的增长。2015 年上半年蒙古国公民过境人数 35 万人，与去年同期相比提高 2.3 倍。

表 3　　蒙古国和中国公民进出到布里亚特共和国的过境人数

时间	蒙古国		中国	
	过境人数	占过境总人数的比例（%）	过境人数	占过境总人数的比例（%）
2010 年	273315	90.6	2172	0.7
2011 年	334889	91.6	3598	1.0
2012 年	364038	91.7	7239	1.8
2013 年	361183	91.1	10057	2.5
2014 年	370793	91.1	10332	2.5
2015 年 1 ~ 6 月	350078	94.5	3813	1.0

资料来源：俄罗斯布里亚特共和国联邦移民局的统计资料：http：//www.ufmsrb.ru。

未来俄蒙边境客流的增长，将促进开发国际旅游路线“万里茶道”和“大湖：贝加尔湖—库苏古尔湖”。为了推进这些项目和活跃边境旅游，已经设立中俄蒙五个地区的旅游产业协调委员会。委员会规定每年举办乌兰巴托市（蒙古国）、内蒙古自治区（中国）、布里亚特共和国、外贝加尔边疆区和伊尔库茨克州（俄罗斯）旅游主管部门代表的会议。

随着货物流和乘客流量的增长，现代化改造俄罗斯乌兰乌德—恰克图公路和蒙古阿勒坦—布拉格—乌兰—巴托尔公路干线的项目是有发展远景的，因为公路运输是运送游客的主要手段。为了增加每天 500 ~ 1000 辆车的输送能力，启动大规模改造恰克图国际公路口岸。

中国、俄罗斯和蒙古国边境地区游客流服务的薄弱环节为航空运输和铁路运输。由于航运亏损蒙古，首都和布里亚特之间的定期航班三年多没有运营。同时，由于相互走访人数的增加，计划开通乌兰巴托—乌兰乌德直达航线。此外，正在进行开设乌兰乌德—呼和浩特定期航线的谈判。

在能源领域（包括建设边境区域的高压输电线和电力系统连接），可以实施有前景的联合项目。通过布里亚特共和国电网可以建立输送至中国和蒙古电力系统的重要过境电力流。蒙古国方面提出建设从俄罗斯至中国的天然气过境管道（“西伯利亚力量”天然气干线分支）的问题悬而未决。

布里亚特共和国与蒙古国合作的薄弱之处为外贸领域，表现出进出口总额的下降趋势。2011～2014年期间在全俄罗斯出口增加背景下布里亚特共和国的出口业务总额减少1.6倍（见表1）。在俄罗斯向蒙古的出口中布里亚特共和国的比例出现令人担忧的下降趋势：从2011年的6.6%降低至2014年的2.4%。

相对于出口，布里亚特共和国巩固了蒙古国商品主要进口商的地位：2011年占全俄罗斯从蒙古国进口总额的51%，2014年提高至64%。同时，布里亚特共和国实际进口量下降35%，而全俄罗斯的进口量几乎为原来的1/2（见表2）。

卢布交易汇率大幅下跌条件下，改变了贸易业务的效率，也就是，中国和蒙古产品在俄罗斯市场的竞争力下降。相反，外部市场对于俄罗斯企业家更有吸引力，扩大了向中国和蒙古国出口产品的机会。因此，为了发现有前途的贸易生态位，俄罗斯企业面临研究边境国家消费需求和现有出口名录的问题。

我们认为，货流重新定位过程中，在俄蒙关系的关键地区布里亚特共和国，合理地组织发送到邻国货物的集聚和分派。考虑到公路货运的预计增长，迫切的问题是在恰克图市建立带有批发仓储中心、货物装卸终端、运输企业和服务公司的多式物流运输综合体。综合体可以提供从布里亚特共和国和邻近地区以及俄罗斯联邦其他主体向中国和蒙古出口供货的物流方案。因此，形成在俄罗斯东部开设大型物流枢纽的有利条件。

我们认为，在中国、俄罗斯和蒙古国之间建立有效的经济走廊，将促进发展跨国合作和加强区域一体化。为了实现三方合作，合理地提出建立专门协调机构，例如，包括三国和边境地区国家行政机关代表以及商务、科研和社会组织的常设委员会。

欧亚大通道文化带的形成问题

伊萨耶夫·亚历山大·谢尔盖耶维奇
（俄罗斯科学院远东研究所首席研究员、历史学副博士）

在蒙古国打通“草原之路”倡议、中国建设“丝绸之路经济带”建议和俄罗斯“欧亚一体化”项目的对接框架内，跨文明、跨文化的交流问题无疑占据着重要的位置。换句话说，蒙古国、中国和俄罗斯在文化领域合作的发展也会在很大程度上促进这三个项目的成功实施。

（1）众所周知，俄罗斯联邦对中国的倡议给予正面评价。对此，2014 年 5 月普京总统访问北京期间通过的联合声明中曾指出：俄方认为，中国提出的建设“丝绸之路经济带”倡议非常重要，高度评价中方愿在制定和实施过程中考虑俄方的利益。联合声明中还表达了俄罗斯和中国愿意继续“寻找丝绸之路经济带项目和正在建立的欧亚经济联盟之间可行的对接途径。为此双方将继续深化两国主管部门的合作，包括在地方发展交通和基础设施方面实施共同项目”。

俄方还以深厚的兴趣接受了蒙古总统查希亚·额勒贝格道尔吉向普京总统提出（2014 年 9 月）的“草原之路”宏伟项目，该项目将有助于全面更新中国和俄罗斯之间交通运输体系的整体结构。在此前提下应该记住，俄罗斯在蒙古国的利益对于俄罗斯具有战略意义。过去和现在都表明，在这个国家（蒙古国）乃至整个东北亚所发生的任何重大变化，都曾经要求、现在也正在要求俄罗斯给予特别的关注和做出相应的反应。因此，俄蒙关系是俄罗斯外交政策中东方路线的天然和重要组成部分，在以依托俄罗斯东部地区的潜能和优势加强本国的政治与经济发展为导向的《俄罗斯联邦外交政策构想》中曾着重指出这一点。

在中国国家主席习近平访问蒙古国期间（2014 年 8 月），“草原之路”项目得到了中方的认同。在中国领导人国事访问期间签署的联合宣言中指出，有必要专门就这一问题组织召开有俄罗斯领导人参加的三方会谈。

（2）同时应当注意到一个情况，即除了政治和经济基础外，实施如此工程浩大的多边项目还需要依托文明和文化平台。

俄罗斯认为中国、蒙古国以及在实施欧亚大陆大型基础设施项目中起着积极作用的中亚国家都处在一个文化上彼此接近的地区内，这一点有其特定的依据，这些国家位于同一个地理区域内。这些国家之间关系的形成由来已久，这些国家的很多人士都曾与俄罗斯人在同一所大学学习过，他们可以说彼此的语言，他们的心理和世界观有很多相似之处。尽管最近20年地区内发生了重大的政治变动，这些国家的政治高层之间仍保持着密切接触和相互理解。

（3）文化交流已经成为世界绝大多数国家外交事务中不可分割的组成部分，而文化对话已经成为国际关系的重要组分。

在这一点上，在亚洲、欧洲和近东文化之间的具体关系影响下形成的欧亚价值体系获得了特殊的意义。在这个过程中，可以看到俄中、中蒙的人文交流对于欧亚精神与文化空间的进一步扩展所具有的重要作用。

同时需要指出的是，目前为止，俄罗斯、中国和蒙古国的文化衍生出与英国诗人拉迪亚德·吉卜林的主张截然相反的文明价值体系，这一体系逐渐成为欧洲与亚洲文化相互接近与融合的关键要素。

论及文化交流对国际往来的总体影响，对外政策的研究者们特别看重文化交流对国际关系质量的正面作用。通过文化交流和其他形式的跨文化往来，会产生新的相互关系和对彼此的相互依赖。这种新的关系让不同文化的人群有机会深入对彼此的了解，为相互共存构筑新的地带并为来自不同国家、参与合作的人群间建立心理相容的基础。

（4）在这一方面可以说，俄中文化交流对双方政治、经济和其他合作的特点和质量所产生的影响是正面的，它让双方的合作更加充分、全面和前景广阔。而且，俄中、俄蒙的人文交流应当被视为扩大和完善战略伙伴关系和协作关系的重要元素。

在谈到“草原之路”项目、“丝绸之路经济带”项目和“欧亚经济带发展规划”项目的贯彻实施时，应当特别指出，人文和文化的这些交流是对实施三大倡议的重要贡献，从而也是对广大欧亚空间经济秩序转型的重要贡献，而今天所谈到的正是经济关系的转型。

针对俄中关系所提出的类似观点也得到多位中国研究者的支持。比如，中国学者丛鹏和张颖在他们的专著《战略视角下的中俄关系》中正是以这一角度分析人文交流对中俄战略伙伴关系所产生的影响。因此，中国的政治学者实际上是把人文合作作为中俄战略伙伴关系和相互协作机制的重要而独立的元素看待。

（5）对于在形成“统一欧亚大通道”框架内对接三个国家的倡议，文化与人文成分可以起到极为重要的作用。而且，对于在贯彻过程中对其进行重大拓展也具备一切先决条件。

首先，三个国家在地理上相邻，都属于欧亚地带，三个国家在经济上相互依存。

其次，具备宗派信仰的宽容性，这一点对于包括中亚、南亚和部分中东在内的整个地区来说是特有的。与欧洲不同，虽然这一地区集中了世界五大主要宗教：佛教、喇嘛教、基督教、伊斯兰教和印度教，但是这一地区的过去没有被教派战争的阴霾笼罩过（诸如中世纪欧洲“十字军东征”时期那样的教派战争）。

第三，这一地区的教育体系立足于相似的结构和组织原则之上，不论是在人文教育领域还是在工科和商务专业领域，这种教育体系都促进并扩大教育交流。在这一领域，上海合作组织大学、多边或本国形式的其他教育机构的行动十分重要。

第四，众所周知，旅游交流对于各国人民之间相互接近和了解起着巨大的作用。中国、俄罗斯和蒙古国拥有巨大的旅游潜力，这种潜力能够促进民族和种族都有差异的三个国家的人民之间彼此深入了解。并且，不论是传统旅游还是极限旅游都有市场，蒙古国和俄罗斯存在极限旅游的巨大潜力，比如在垂钓或狩猎领域。

第五，发展三方在影视制作领域的合作，这有利于在商业方面和人文方面获得双丰收。在这一领域已经取得了一定的成熟经验。例如，谢尔盖·博德罗夫执导的俄罗斯、蒙古、哈萨克斯坦和德国合拍影片《蒙古国人民》，或是谢尔盖·米哈尔科夫执导并在中方协助下拍摄的电影《乌格拉——爱之地》。今天，中俄影视合作总体上正在稳定发展。但是让三个国家的影视制造者有机会踏上“草原之路”进行合作也是不错的设想。

第六，我想特别谈一下大众传媒领域的合作。在欧亚经济联盟框架内的一体化倡议、中国推出的“丝绸之路经济带”构想以及蒙古的“草原之路”倡议，正在受到我们两国政治家、企业家、金融界人士和普通百姓越来越多的关注。同时，媒体和业界正在开展主题讨论，即这些战略举措是相互对立还是相互补充？它们是在激化竞争还是在搭建共同发展和繁荣的稳固桥梁？

在贯彻执行打造“草原之路”“丝绸之路经济带”、在欧亚经济联盟框架内一体化的三大战略任务时，存在一个问题，即各国的公众或者不知道，或者不理解这三个构想的具体内容。媒体往往只抓住闪光点然后竭力进行宣传，但这种宣传只是笼统地使用赞美之辞。这其中，经济、地理、政治的具体事实和细节被忽略掉了。媒体已经注意到了中俄往来中的这个问题，这个问题成为 2015 年 5 月圣彼得堡大会上两国记者和专家讨论的主要话题。今天，是时候让蒙古媒体工作人员参与这一讨论，可能是以形成统一欧亚信息空间为主题的三方论坛形式参与。

最后，如何激活三国学者的相互协作、为三个国家专家团体的合作成立常设机构等也是极为迫切需要解决的问题。

（6）总体来看，目前已经在尝试构建欧亚空间内的“文化带”。2014 年 12 月，在阿斯塔纳市举办了丝绸之路国际文化论坛，论坛聚集了来自中国、哈萨克斯坦、俄罗斯、吉尔吉斯斯坦和塔吉克斯坦等国的学者、艺术活动家和企业家。活动的主办方是中国少数民族文化艺术基金会、中国丝绸之路基金会，协办方是哈萨克斯坦人民精神文明发展基金会。论坛的主题：共创 21 世纪丝绸之路文化合作带。

本周，第二届丝绸之路国际文化论坛在莫斯科开幕。来自上海合作组织各国以及丝绸之路沿线各国的代表云集论坛。论坛的来宾就“发展伙伴关系，共商文化合作”主题开展讨论。论坛最终签署了“丝绸之路欧亚文化合作组织”成立协议。

可能，参照这一论坛，有必要考虑就跨文化对话问题组织有学者和专家们参与的三方对话。

可以讨论的问题很多。尽管目前具备发展良好相互关系的环境和条件，但是至今仍然存在着因历史遗留问题而产生的矛盾。文化对话亦受到财政的限制，三个参与国的预算资金即使对于双边级别的对话来说也显然是不够的。而且必须承认，目前在我们国家正在形成的青年亚文化越来越多地依赖于西方的准文化，其结果是使得当代年轻人对彼此的认识和了解变得极为有限。

这也意味着，所有这些问题还有待于我们去解决，还有待于我们发现新的问题并努力解决新的问题。

通往“绿色经济”的丝绸之路①

依丽娜·格拉济丽娜
（俄罗斯科学院西伯利亚分院自然资源、生态环境与冰川冻土研究所
环境与经济研究实验室主任、教授、经济学博士）

中蒙俄合作路线图指出扩大三方政治对话、加强经贸、投资和人文领域合作、巩固在国际和地区事务中的相互协作的重要性。路线图还计划在对接欧亚经济联盟建设、“丝绸之路经济带”和“草原之路”倡议基础上编制《中蒙俄经济走廊合作规划纲要》。这一重大任务为资源导向型的俄罗斯东部边境地区经济发展开启了新的前景，而利用资源的过程往往伴随着对自然环境的影响，因此我们同时也面临如何协调各方生态利益和经济利益的严峻课题。

解决这一课题要求努力建立并加强各个科研团体间的合作。已经在欧盟等国的学术界和政治层面获得认同的“绿色经济”原则可以作为解决这一课题的基础性纲领。“绿色经济”被定义为一种能够提高人民福祉水平、保证社会公平正义并同时实质降低环境及环境退化风险的经济形式。绿色经济至关重要的特征在于：有效利用自然资本、保全和扩大自然资本；坚持不懈地减少包括污染在内的全部负面影响；预防生态系统服务价值损失和生物多样性损失；经济发展的创新特点、提高收入和就业率；从根本上减少贫困。

虽然三方在资源领域的合作无疑将会继续并扩大，但是现代的技术和策略有助于选择出有效的环境友好型解决方案。重要的是，通过管理一体化进程及协调三方的合作促进三国经济的“绿色”增长而不是“棕色”增长。用于完成预测长期影响和选择

① 本论文的研究成果是在俄罗斯基础研究基金会第 13 – 06 – 00034 号项目的研究框架内取得。

最佳替代方案任务的战略环境评价（SEA）制度可以作为达成上述目标的有效工具。OESD 专刊对战略环境评价的工作程序进行了系统的阐述，其主要内容包括：

* 对计划、政策和规划及其替代方案可能产生的环境影响和风险因素与一整套保障系统性稳定性的目标、原则和标准进行比照分析；
* 对基于精确标准的方案优选和重要权衡进行论证；
* 为计划、政策和规划确定环境等方面的可能性及约束；
* 确保环境、社会和经济各个考量面的联系并制定折中方案；
* 吸引关键利益相关方并激励社会参与。

多数 OESD 国家是在制定经济活动规划和计划阶段完成战略环境评价程序，其中包括在形成产业集群、交通走廊、发展能源基础设施过程中。俄罗斯的外贝加尔边区试点项目已经被地区政府纳入规划并给予支持。

兼顾边境地区发展特殊性的《埃斯波公约》战略环境评价程序试点项目可以提供有价值的经验，这一经验今后可能在政府监管过程中被加以制度化。2010 年，梅德韦捷夫总统曾指示批准《埃斯波公约》和《基辅备忘录》，这项任务要求做进一步工作，已经通过了协调国内法律与国际文件条款的第一步决定。2015 年前，俄罗斯联邦环境保护与自然资源部制定了相关的法律草案。

战略环境评价的工作程序要求考虑对管理责任感和管理质量的提高机制提供支持，以及对调整生态经济关系的制度潜力进行评估。对于国家机构和企业负责人对其所采取的决定和行为对居民所造成影响的责任意识，在战略环境评价过程中应当制定相应提高责任意识的措施，这一问题也涉及银行，银行也应当对其提供资金的投资项目的环境质量负责。战略环境评价能否成功在很大程度上由可用于解决战略环境评价课题的分析潜能决定。通过整合由三个国家的机关部门、科研和教育机构以及社会组织支配的资源，可以获得对大型项目和实施大型项目的长期影响进行决策所需要的可靠信息工具。通过这种方式可以选择出能够让人民的经济、社会与生态利益协调一致的最佳替代方案。

对于计划和战略以及对于大型项目和规划，让全部利益相关方加入战略环境评价的讨论过程是战略环境评价至关重要的属性，这样做可以避免未来的环境冲突、利益和成本分配的跨界不对称以及“环境不等价交换”状况。

路线图规定三国在能源领域开展合作。笔者谨建议把制定和实施合作伙伴计划、建立各种功率太阳能和风能发电机的制造业和推广体系作为优先方向。这一措施将有助于向绿色经济方向迈出重大步伐，并实质性减少对大区域内的生态环境系统可能造成的负面人为影响。

如果把中国提出的“生态文明”理念整合入基于生态系统完整性理念建立的跨国讨论公共平台，那么“生态文明”理念对于达成“绿色经济”目标能够起到有效的作用。生态系统没有国界，对于生态系统来说，资金流的地域分布和国家财政预算制度毫无意义，但是不论是经济福祉还是生活质量，都取决于生态系统能否“正常工作”。以生态文明理念作为三个国家的共同理念，有助于保持和完善三个国家的环境质量从而取得重要的社会和经济成果。我们的任务是：建立科学的决策依据，让丝绸之路成为欧亚大陆的通往“绿色经济”之路。

参考文献

[1] 面向“绿色经济”：可持续发展与脱贫之路．联合国环境规划署，2011 年．http：//www. sustainabledevelopment. ru/upload/File/Reports/ISD_ UNEP_ GE_ Rus. pdf（访问日期 2015. 04. 06）

[2] I. P. 格拉济琳娜，I. M. 波特拉夫内．地区经济增长质量的环境指示物．莫斯科：《自然》国家通讯社，2005 年

[3] 应用环境评价战略．OECD，2006

[4] G. E. 维里切克．实施大型大陆架油气项目的环境要素．莫斯科：俄罗斯科学院地理研究所，2014，304 页

[5] Moran D.，Lenzen M.，Kanemoto K.，Geschke A. 生态不平等交换出现了吗？．生态经济学．89（2013），177－186 页

中蒙俄：三国经济合作的新巨型区格局与跨地区发展问题[①]

洛马金娜·娜塔莉娅·瓦连京诺夫娜（俄罗斯科学院远东分院经济研究所矿物能源综合研究室主任、教授、经济学博士）

论及在三个国家提出的新巨型区格局（“丝绸之路经济带”“草原之路”“欧亚经济共同体”）框架内的三方合作策略，笔者认为，为了探寻到实施这一策略的共同利益和动因，有必要划分出“环节”，即定位若干实际的合作空间。进行这种划分和定位的依据不仅是地理上的相邻性，还有个别地区问题的共同性、协调共同发展的或有经验、长远任务与相互利益的一致。涵盖中国东北和华北地区、蒙古国全境以及俄罗斯东部地区（布里亚特共和国、外贝加尔边疆区、远东联邦区）的大区域，即是为实现新的合作格局所定位出的空间之一。这些地区所具有的特征既有地理的相邻性，也有跨国地区合作的经验以及当前与长远发展所面临的一系列相似的经济结构性问题。在本文所考察的大区域内，目前有哪些促进实现三国合作新巨型区格局的发展因素正在产生效力？大区域有哪些有代表性的共同问题和任务？

一、国家边境地区发展规划及其协调

最近十年可以视为俄罗斯和中国积极发展本国边远地区的时期。俄罗斯正在远东地区实施积极的经济政策，中国推出了振兴和改造东北三省战略。事实上，已经构建

① 本文是在由俄罗斯人文科学基金会赞助的第 15－32－01035 号科研项目框架内发表的。

出一个在本文所考察地区的发展目标、任务和预期成果方面具有连续性和相似性的政府文件“序列”。

政府深入参与本国边疆地区发展的重要阶段是2013年：中国和俄罗斯都通过了新的长期发展战略性文件。中国通过了《黑龙江和内蒙古东北部地区沿边开发开放规划》，根据此项规划，将形成激活东北亚地区合作的必要基础设施。根据多方评估，此项规划首先定位于与俄罗斯的合作：2025年前，中国东北部地区与俄罗斯的贸易额预计将提高至700亿美元（在目前仅略高于100亿美元的基础上），中国这些地区向俄罗斯经济投资的年平均增长速度将增加20%以上。实施此项规划将使东北三省的人均国内生产总值增加至13600美元。

2013年3月末，通过了《俄罗斯联邦远东和贝加尔地区社会与经济发展国家规划》，2014年4月对此项规划进行了重大修正。在此项规划的主要目标中指出“建立加快远东发展的环境，把远东转变为具有竞争力、以高附加值的高科技产业为主的经济多样化地区”。

2009年10月通过了针对边境地区协调发展的共同文件——《2009—2018年俄罗斯远东和东西伯利亚地区与中国东北地区合作规划》，中国与俄罗斯地区在建立合作机制方面进入全新的阶段。此项规划的重要组成部分是计划在俄罗斯和中国境内所实施重大投资项目的名单。

2015年7月，三国高层领导在乌法市会晤期间批准了《中蒙俄发展三方合作中期路线图》，路线图中提出编制三方的“中蒙俄经济走廊合作规划”的任务。

二、地区经济和跨地区合作中的矿物资源

自然资源（主要是矿物资源）在中蒙俄三国个别地区的发展中以及在这些地区的跨地区合作中的作用是本文所考察的三国合作大区域的另一个共同特征。

据专业人士评价，在全球化体系中，原料市场和因利用矿物原料储量而产生的关系占据着仅次于金融市场的主要地位，因此，了解矿物原料产业的进程和变化、矿物资源禀赋状况、采矿工业发展状况以及矿物原料领域的政策状况十分有益。

中蒙俄三国属于矿物资源禀赋尚好的地区，因此可以判断三国在开采业领域的一体化潜力十分巨大。对于这三个国家，不论是在其本国经济中还是在跨国合作中，矿物行业都起着巨大的作用。

矿物原料领域的国家政策与资源潜力一起成为这一经济领域市场活力的最重要要

素之一。制度效能是国际级一体化合作的最重要成分，它由各国矿物利用方面的法律法规体系的发展水平和对接度决定。这些制度包括开采领域的所有制体系、所有者权利的安全性以及权利保护；法律确立的原料勘探期和开采期；所有权转让权：对于进入别国矿物领域的外国投资者和企业来说，政府在管理矿物资源开发利用方面的作用是决定性的。

三个国家的矿物政策中，目前有哪些趋势正在影响本文所考察大区域的矿物领域合作？第一，最近的 10 ~ 15 年中，蒙古国的矿物业正在发生重大变化，即从“过度开放”政策向保护本国矿物资源利用领域的国家利益过渡。其次，近年来，在境外为本国经济建立原料基地方面，中国的矿物政策表现得异常活跃。至于俄罗斯远东的矿物行业，外需导向型与合作开发仍然是当前和长远发展的重要特性。到目前为止，中方企业在远东的矿物领域表现出高度的活跃性。一系列有中方资金参与的大型投资项目正在实施中。在中国工业对矿物原料的需求迅猛增长的背景下，不论是从实施“贸易无国界”战略角度，还是从远东矿物原料产业发展的原料特点来看，中国都是远东矿物领域最活跃的一体化合作伙伴。对于中国和蒙古国在矿物领域的合作来说，也具有相类似的特点。在这种情况下，对于各方利益以及可能对协调发展造成的威胁进行系统性评估显得十分重要。

三、在三方智库联盟框架内开展联合科研的建议

对于以上仅就两个最重要潜在合作领域所举的示例，以及其在实施三国提出的新巨型格局中（“丝绸之路经济带”“草原之路”“欧亚经济共同体”）的重要性，笔者认为，可以建议作为在三方智库联盟框架内开展联合研究的独立科研实践方向。首先，这是个别区域的有计划发展问题（其中亦包括政府参与）以及对这一发展进行跨国协调。因此，《2009—2018 年俄罗斯远东地区和东西伯利亚与中国东北地区合作规划》完全可以视为跨国级别的跨地区一体化机制的范例。该规划在俄罗斯边境地区（远东）和中国（东北地区）的实施经验，在制定三方在“丝绸之路经济带”的合作规划时，对于形成跨国跨地区合作机制也十分有益。机制研究、协调过程中的“加法”和“减法”以及对毗邻地区的可能性和风险的研究，都要求目标明确的联合研究工作。

另一个同等重要的科研合作方向是研究矿物领域的进程，这不仅是由矿物领域在边境地区经济中的重要作用所决定，也缘于实施“丝绸之路经济带”大规模基础设施